TÚNELES DE BUENOS AIRES

Historias, mitos y verdades
del subsuelo porteño

Diseño de tapa: Isabel Rodrigué

DANIEL SCHÁVELZON

TÚNELES DE BUENOS AIRES

Historias, mitos y verdades del subsuelo porteño

EDITORIAL SUDAMERICANA
BUENOS AIRES

Schávelzon, Daniel
Túneles de Buenos Aires - 1ª ed. - Buenos Aires : Sudamericana, 2005.
288 p. : il. ; 23x16 cm. (Obras diversas)

ISBN 950-07-2701-3

1. Ensayo Argentino. I. Título
CDD A864

IMPRESO EN LA ARGENTINA

Queda hecho el depósito
que previene la ley 11.723.

Humberto I 531, Buenos Aires.

www.edsudamericana.com.ar

ISBN 950-07-2701-3

—¿Escribió ensayos sobre qué?
—Cuestiones filosóficas... La libertad, los límites de la responsabilidad individual, fuertes ataques al determinismo, de qué forma se pueden cambiar las conductas [...]
—No parecen ser temas demasiado científicos.
—No, será cosa de la edad...
—¿Qué quieres decir?
—Eso de ponerse reflexivo y abandonar la verdadera ciencia. He visto a otros pasar por eso cuando les llega la menopausia mental. Tengo que decirles a mis alumnos que, si alguna vez empiezo a hacerlo, me saquen afuera y me peguen un tiro.

JONATHAN KELLERMAN
Private Eyes, 1992

Es para desconsolarse por la naturaleza humana el pensar que entre ciertos instantes de Brahms y una cloaca, hay ocultos y tenebrosos pasajes subterráneos.

ERNESTO SABATO
El túnel, 1948

Presentación

No tengo idea de qué es lo que usted, estimado lector (¿por qué es estimado?), busca en este libro; pero si lo compró —o pidió prestado, lo que es más inteligente aún— buscando misteriosos túneles o escondrijos recónditos llenos de suspenso y emoción que intercomunican en silencio la ciudad por debajo, o quiere ver fotos de infernales bocas térreas que penetran a mundos oscuros y soterrados donde sucede todo lo que usted no ha logrado entender que de verdad pasa a la luz del día, mucho lamento que se sentirá frustrado. Si usted quiere emocionarse hasta las lágrimas viendo cómo un grupo de aventureros-arqueólogos a lo Indiana Jones encuentra cadáveres descarnados de los unitarios perseguidos por Rosas, o si lo que imagina es hallar el tesoro de los jesuitas (porque el de Alí Babá está más lejos), huesos de monjas emparedadas, amantes que no se animan a caminar por las calles, o doblones de oro que se les cayeron a los tiranos y dictadores que huyeron aterrorizados ante el clamor popular, o administradores que sacan millones por debajo de la tierra, o enormes contrabandos que penetran silenciosos bajo la mirada corrupta de los funcionarios de turno, lamento decirle que tampoco lo va a encontrar porque todo eso pasa arriba, no abajo. Sí, lo siento; como dicen los norteamericanos: *don't worry, be happy*, y compre otro libro. Elija uno que se llame algo así como *El misterio inenarrable de los túneles secretos* y sea feliz.

¿Qué hay aquí? Muy simple: mucho trabajo y muchas preguntas aún sin contestar. Es la historia de una historia que comenzó cuando alguien se preguntó qué hay debajo del piso, qué eran esas galerías y construcciones bajo tierra que cada tanto salían a la luz y generaban, obviamente, extrañeza e interrogantes. Hubo quienes intentaron contestar esas preguntas de la mejor manera posible, hubo de todo a lo largo del tiempo: desde funcionarios que simplemente describieron lo que sus ojos veían sin tratar de interpretar nada, hasta los que aprovecharon para vender historias sabiendo que no eran ciertas o que por lo menos no tuvieron prurito en exagerarlas un poco (¿cuánto es un poco?). El 9 de julio de 1922, para celebrar nuestra fiesta patria, un escritor tan célebre, recatado y políticamente equivocado como lo fue Leopoldo Lugones publicó en el diario *La Nación* una nota escandalosa titulada "El hundimiento de Buenos Aires"; así, simplemente, como si se tratara de un aviso apocalíptico, Lugones informaba a los habitantes de la ya congestionada urbe que la ciudad se iba a hundir en un inmenso lago subterráneo. Entre esos extremos del amarillismo barato y quienes se dedicaron a trabajar con todo su ahínco para que el conocimiento avanzara, es donde se desarrolla este libro.

Pero no dejamos de lado lo otro: el imaginario, el tratar de entender cómo se construyó el mito y su mitología, y para qué está ahí, en la memoria porteña.

¿Si vamos a contar una historia? Sí, es cierto. Una larga historia de la que en parte somos protagonistas y que tiene otro tipo de acción y aventura, aunque no de suspenso: se trata de arqueólogos, historiadores de la ciudad, restauradores y gente joven —y ya no tan joven— que con sueldos mínimos, equipo insuficiente y apoyo institucional tambaleante, pero con muchas ganas, comenzó la arqueología histórica de la ciudad y logró clarificar un poco este tema.

Cuando Félix Luna presentó un libro mío sobre esto (perdón por la falta de modestia, pero ¿cómo lo digo?) pidió en público que, por favor, no se excavaran y estudiaran todos los túneles; dejen al menos uno sin abrir; nos pedía que dejáramos un último lugar para el imaginario. Por cierto, no se acabó el misterio: únicamente se han abierto puertas un poco más serias en la forma de ver y entender una parte de nuestro pasado. Porque aprendimos mucho sobre los túneles y las construcciones bajo el suelo de la ciudad, pero más aprendimos de por qué fueron destruidos, por qué los olvidamos y por qué no importó borrar nuestra historia. Si ha habido una lección de todo esto es precisamente ésa: que en la pérdida de la memoria está la destrucción de la identidad. Ése va a ser, en las páginas siguientes, el eje del libro: si no recuperamos nuestra memoria jamás podremos entender el pasado, porque entenderlo es a su vez recuperarla. Al bajar a un túnel estamos, día a día, repitiendo la frase de Ernesto Sabato, cuando escribió que "en todo caso hay un solo túnel, oscuro y solitario: el mío". Por eso este libro es una doble indagatoria, es una interpretación de los túneles y las obras hechas bajo tierra en la ciudad y al mismo tiempo es un intento de entendernos a nosotros y lo que hemos imaginado, creído o pensado acerca de esos túneles.

Y volvemos a la memoria: ya sabemos que un país se construye desde la des-memoria y del ensamblaje de los nuevos mitos fundacionales; no casualmente fue la Generación de 1880 la que definió cuál era nuestra historia, lo que quedaba adentro y lo que quedaba afuera, el blanco y el negro (y el indio), los buenos y los malos, cerrando de esa manera —o al menos eso creyeron— un pasado que aún sigue vivo en los enfrentamientos capital-interior, en los espasmódicos Rosas-Sarmiento y en la mitología que las maestras nos repitieron una y mil veces; y también en este tema. Fue necesario desmantelar una trama riquísima de heterogeneidades para fabricar una historia sin indígenas, sin esclavos africanos, sin españoles pobres, sin criollos marginados, sin la heteróclita mezcla humana que era en realidad nuestro país: multiétnico y pluricultural. Había que bautizar al genocidio como Conquista del Desierto haciendo heroica una vergüenza, había que olvidarse de las masacres a nuestro vecinos, había que borrar que para la época de la Independencia el 35% de los habitantes de esta ciudad eran esclavos negros descendientes de los africanos que llegaban a diario al mercado local; nadie podía decir en voz alta que la ciudad pudo sobrevivir por haber sido el puerto negrero más grande de Sudamérica; era mejor asumir que el contrabando era de mercaderías, no de carne humana para las minas de Potosí y de tantos otros sitios. Era un círculo impecable que nacía con los héroes de Mayo, cruzaba hasta Urquiza y se completaba con Mitre, había que escribir de nuevo con la mano y al mismo tiempo borrar con el codo; y así se construyó un país que sin duda era blanco, occidental y cristiano; y tan dependiente, marginal y subdesarrollado que aún sigue pagando ese precio de desubicación en el conjunto de las naciones modernas.

Los túneles porteños darán cabida a la imaginación; pese a ser pequeños tendrán espacio suficiente para que proyectemos allí lo que no sabemos, o lo que preferimos no saber de nuestro pasado; serán el lugar de lo inexplicable, de lo que no fue y quisiéramos que haya sido, lo que podemos aseverar sin necesidad de explicar por qué nadie sabe realmente dónde están o si existen... Los escritores bajarán al inframundo y caminarán kilómetros hasta encontrar lo insólito, los periodistas podrán aseverar cualquier cosa, total nadie lo puede probar. Allí pasará de todo y no pasará nada a la vez, allí estará ubicado el país de fantasía que en realidad oculta al de verdad.

En este panorama vamos a hablar nosotros también de túneles y construcciones subterráneas; y vale la pena preguntarnos ¿para qué? Es cierto, no es mala la pregunta: qué sentido tiene profundizar tanto en aspectos reducidos y parciales del pasado, revisar textos de segunda importancia escritos a veces hace muchísimos años, muchas veces por personas muy poco conocidas y publicados en revistas menos conocidas aún; el haberles dedicado esfuerzos humanos, de recursos y de instituciones, para saber más sobre esto que puede parecer hasta anecdótico en una ciudad con tantos y tan graves problemas. Pese a eso creo, y creemos los muchos que hemos trabajado en esto, que sí lo vale. El fracaso de la posmodernidad y su fin de la historia es prueba de ello. Incluso aquí, o quizá más que nada porque estamos aquí, es que tenemos claro que el futuro se construye sobre el pasado. Y que la función de la historia sigue siendo la de explicar el presente, no porque no sepamos que el pasado se construye desde el ahora sino porque al hacerlo nos entendemos a nosotros mismos; y mientras creamos en eso, en que sólo es posible entender el presente si nos explicamos el pasado, estos esfuerzos valdrán la pena.

Este trabajo es el resultado de muchos años de búsquedas en archivos, de excavaciones, de recorridas y visitas a los sitios más insólitos que uno pudiera imaginar, la mayoría de las veces en forma inútil; hay mucho trabajo de laboratorio, de biblioteca, de dibujo y fotografía. En las respectivas notas del libro he ido tratando de agradecer en forma específica a los que participaron en cada etapa del trabajo, pero quiero desde el principio agradecer a todos los que trabajaron y trabajan en el Centro de Arqueología Urbana y en el Instituto de Arte Americano (FADU, UBA), a los que se suma la Dirección General de Patrimonio, de la Subsecretaría de Patrimonio Cultural de la Secretaría de Cultura (GCBA), y en forma especial a Carlos Moreno por sus excelentes dibujos. Sin todos ellos esto no existiría.

Y como final de esta introducción, y aunque parezca un poco exótico, como autor necesito aclarar cuáles son los límites del libro, de otra forma ni yo terminaría de escribirlo ni usted de leerlo. Traté, obviamente, de túneles y de todo tipo de construcciones subterráneas históricas y recientes, pero hay tres temas de los cuales no hablaremos: 1) de las instalaciones sanitarias de la ciudad posteriores a la introducción del agua corriente en la década de 1880; sí de las anteriores, ya que son parte de la explicación misma de lo que se llama "túneles" y, por cierto, no existe bibliografía sobre el tema por fuera de la que se nombra en el Capítulo 4, que es producto de la arqueología urbana de Buenos Aires; sí existe cuantiosa y a la vez excelente bibliografía sobre el tema de las Aguas Corrientes y sus instalaciones; 2) de los trenes subterráneos (el subte), cuya historia ocupa el siglo XX y son un tema en sí mismos, a excepción del túnel Castelar-Puerto Madero del antiguo Ferrocarril del Oeste, por ser excepcional en muchas cosas; y 3) del tema de las criptas de las iglesias, aunque sí haremos alguna referencia. Eso es todo, lo demás se analizará lo mejor posible.

Después de que este libro fue escrito —pero antes de que se publicara— el Gobierno de la Ciudad estableció el Programa Historia Bajo las Baldosas, que tanta difusión ha tenido, en especial a nivel de los colegios porteños. Este proyecto de trabajo intentó difundir y proteger el patrimonio bajo el suelo y ha permitido publicar libros, folletería, hacer exhibiciones y recorridos, lo que sin dudas es un paso hacia adelante impensado e impensable por su envergadura. Agradezco que mi información haya servido para seleccionar muchos de los sitios elegidos con ese propósito. Leticia Maronese, Margarita Eggers Lan, Néstor Zaquim y Marcelo Weissel fueron los interlocutores eficientes y con quienes recorrimos muchos de esos lugares. La búsqueda de imágenes antiguas y su digitalización fue hecha por Julieta Penesis y Jorge Tomasi.

Daniel Schávelzon
Septiembre de 2005

A GACETA MERCANTI
DIARIO COMERCIAL, POLITICO Y LITERARI
...S 25 de su publicacion. No. 7,358 BUENOS AIRES, Martes 16 de Mayo

I

Túneles por todos lados, o hablando de una ciudad perforada

◀ Primera hoja de *La Gaceta Mercantil* del 16 de mayo de 1848, que describe los túneles ya conocidos en la ciudad, en este caso citados como diferentes al supuestamente construido para matar a Juan Manuel de Rosas (Biblioteca Nacional).

¿Túneles bajo la ciudad? Absurdo: debajo del piso sólo hay caños, cloacas o el subterráneo, ¿qué otra cosa puede haber? Bueno, quizás algún tesoro, o al menos unas moneditas de oro, algo. Pero haber, no hay nada importante.

Estas palabras son las habituales en una ciudad como Buenos Aires al hablar de la existencia de construcciones subterráneas. Sirven como indicador de lo que la mayoría de nuestros conciudadanos imagina que hay debajo de sus calles, casas o plazas: nada, o en el mejor de los casos nada útil. Resulta un ejercicio de imaginación difícil pensar que gran parte de la cultura de la humanidad se conservó bajo tierra, y hasta hace muy poco; incluso para muchos pueblos no hay grandes diferencias entre abajo y sobre la superficie. La civilización occidental se ha ido separando del subsuelo en forma acelerada, desde el Renacimiento primero y en el siglo XX con inaudita velocidad, hasta transformarlo en sitio de oscuros designios como indica la Biblia: al final allí estaría ubicado el Infierno, lo que no es poca cosa para tener colocado en algún lugar; y bastante le costó al Dante bajar a visitarlo, o a Milton buscar su paraíso perdido, y Homero se las tuvo que ingeniar para que sus eternos viajeros llegaran hasta donde se los mandaba en sus historias. Aun en nuestro imaginario todos los tiranos que nuestra pobre patria tuvo —no importa para quién lo hayan sido— huyeron con los tesoros públicos por oscuros pasadizos bajo tierra que veremos; Perón, Sobremonte, Rivadavia, Rosas y hasta Cavallo están asociados en el imaginario con túneles tan misteriosos que hasta Ernesto Sabato los describió magistralmente en sus libros. Es más, el primer túnel del que tenemos noticias en Buenos Aires lo hicieron precisamente dos ladrones, es decir un ladrón y su sirviente, en el lejano año de 1631. El objetivo era robar la caja de caudales del Fuerte, en ese entonces la casa de gobierno virreinal. Y lo lograron; lo que no pudieron hacer fue evitar que el pueblo notara su ausencia al día siguiente —¡eran tan pocos!—, y los capturaran casi de inmediato. El dinero volvió a su lugar, las cabezas cortadas de ambos fueron puestas en exhibición en la plaza como era habitual, pero del túnel nadie volvió a acordarse. Imaginemos si un día alguien lo encuentra, el desborde de imaginación que podría producir.

Que el tema es complejo y universal, ni qué decirlo, y por supuesto no tiene sentido describir aquí las antiguas ciudades excavadas en la roca que aún existen, los templos monumentales tallados en la piedra bruta bajo el suelo en Etiopía o en la India, adonde el turismo mundial va a extasiarse con su rareza; o la famosa ciudad de Petra, sin duda la gran maravilla de la humanidad, tallada en las montañas de Arabia y a la que se llega por un oscuro paso entre rocas. Aun para los seguidores del Corán, libro que una vez deteriorado no puede ser destruido, existen largas galerías subterráneas en Chittan (Paquistán) donde se los coloca piadosamente en espera de que la naturaleza los destruya, mas no la mano del hombre. ¿Quién no ha querido visitar las tumbas etruscas de Tarquinia y Fiesole, que forman una verdadera ciudad de muertos? Los enamorados van a París a ver sus largos túneles, o pagan por recorrer las catacumbas de Roma, las galerías antiguas bajo la barranca de Seattle y hasta los desagües del Londres de la reina Victoria por los que aún deambula un geronte Jack el Destripador.

Ejemplos hay hasta el infinito y quizás el que más turistas atrajo, porque a la vieja generación le resulta trágico y la nueva ya lo olvidó, es el de los túneles de Chu Chi, cerca de Saigón: la guerra de Vietnam se hizo en gran medida en el interior de estrechos túneles bajo la selva, algunos de los cuales miden muchos kilómetros y tienen áreas de reunión, de descanso y depósitos de armas, incluso zonas para cocinar. En los ejércitos de ambos contendientes existían batallones enteros entrenados para arrastrarse durante semanas y luchar en su interior sin pararse nunca, lo que generó novelas y películas. Y podemos recordar la Chinatown que se construyó debajo de Pendleton, Estados Unidos, para que los coolies vivieran fuera de la vista, aunque eran la mano de obra de la ciudad que se hacía arriba; hoy la calle principal tiene vidrios en el asfalto para que se vean los restaurados corredores y fumaderos de opio. Recordemos la Casa Eterna que construyó la demencial viuda de Winchester (el millonario inventor del rifle), que creía que si paraba de hacer galerías y pasillos los espíritus la matarían, y hoy se visitan las 160 habitaciones construidas en San José, California, tras treinta y ocho años de hacer pasillos interminables para unirlas, dejando a Kafka y sus infinitos corredores por la justicia hechos una verdadera fantasía.

Los muy malos tienen refugios enormes y cuevas para esconderse: Hitler y su búnker bajo la cancillería del Reich, el que parece que era bastante cómodo por la cantidad de gente que trabajó adentro desde 1936 hasta 1945. Eisenhower hizo vaciar toda una montaña en Virginia para refugio del gobierno de los Estados Unidos en caso de guerra —fue desmantelado en 1992—, donde entraban más de mil personas. Yasser Arafat tenía algo similar aunque más chico, y Saddam Hussein también; ahora Bin Laden anda por interminables cuevas en Afganistán. Ni hablar de los sitios de tortura de nuestras dictaduras y de otras, de los silos de misiles, los refugios antiatómicos y las bases nucleares proatómicas; y el que quiera ver más puede sintonizar el History Channel y ver *Secret Passages* hasta que el aburrimiento lo aniquile. Sí, es cierto, puede parecer un mundo alucinado, pero no lo es más que el de la superficie en la que vivimos.

En la década de 1970 se puso de moda un libro que se vendió en varios idiomas: describía un descubrimiento asombroso, digno de *El retorno de los brujos* que encandiló a mi generación: la tierra era hueca. Sí, ni más ni menos, era sólo una cáscara dentro de la cual vivía una civilización que guardaba su existencia en silencio para que los de afuera no destruyéramos su ecología y la sabiduría ancestral en la que se mantenían silenciosos. La entrada era un gran agujero en el Polo Norte; y si uno quería pruebas era cuestión de ir y verlo. No casualmente la obra de Arthur C. Clarke, *Cita con Rama* (1968), sucedía en el interior de una nave gigantesca, en realidad un pequeño universo vuelto hacia el interior. Y quien quiera pensar en la génesis de la idea en el autor no tiene más que recordar la escena de *2001: Odisea del espacio* en la cual el astronauta corre dentro de la estación orbital dando vueltas sobre su propia cabeza. Era posible pensar de adentro hacia afuera y no sólo al revés.

Para mitos, también muchos siguen creyendo que el cristianismo nació en las catacumbas de Roma, cosa que no es cierta pese a que los romanos lo usan como excusa para generar divisas. Porque al fin de cuentas también los superhéroes de Hollywood viven en cuevas: Batman bajo su mansión de Ciudad Gótica o Superman en una montaña del Polo Norte y hasta El Zorro tiene su cueva de utilería bajo Los Ángeles. Y no por ser supervillano se vive fuera de ellas: el Pingüino viene de las cloacas, en donde también vive Lex Luthor; y ambos son vecinos de las Tortugas Ninja. Por allí es por donde se escapan los maleantes urbanos desde que se inauguró la costumbre en la Londres del siglo XIX y en tiempos más modernos los sagaces detectives televisivos recorren los edificios de la nueva jungla de cemento a través de cómodos ductos de ventilación —por suerte siempre limpios y bien iluminados—, que desembocan en rejillas ubicadas justo donde están los malos. Es el mito del héroe que surge de la cueva, renovado desde los griegos infinitamente; si no ¿para qué James Bond tiene que destruir, una y otra vez, centros nucleares enemigos bajo tierra o agua?

Y nosotros, aquí en este fin del mundo, ¿para qué querríamos construir bajo tierra? La respuesta a esta pregunta es extensa, pero tengamos en cuenta que cuando los españoles llegaron (e invadieron) a estas tierras y fundaron sus ciudades, conservar la comida no era tema sencillo, en especial la carne, que era el alimento más preciado, o el grano para esperar el invierno. Para ello existían las llamadas heladoras (parecido a nuestras heladeras) que no eran más que sótanos chicos donde la temperatura en verano era ligeramente más baja que en la superficie, y también existieron silos de gran tamaño. La primera obra bajo tierra en Buenos Aires de la que tenemos noticias es justamente un gran silo construido por el gobierno bajo el Fuerte. Hasta entrado el siglo XX la cerveza se hizo y se guardó, tanto en las fábricas como en las envasadoras, bajo tierra; las abuelitas conservaban sus frascos de mermeladas y comidas caseras en el sótano, que al fin de cuentas era para eso. Ésta será una de las funciones más concretas para las cuales se perforará constantemente el suelo.

La otra necesidad era el agua: había que extraerla y luego descargarla una vez usada; esto que suena tan fácil implicó excavar pozos de todo tipo, luego agrandarlos, hacerles galerías de unión entre uno y otro, cámaras conexas a medida que se secaban o caía basura o tierra de sus costados. Más tarde vinieron los grandes aljibes con sus cisternas, algunas de importantes dimensiones (hasta doce metros de largo y siete de alto). Más tarde hubo que hacer túneles para pasar cables, caños, carbón, agua... Y los sótanos se hicieron cada vez más complicados, hasta laberínticos cuando había fábricas trabajando sobre ellos.

Y por fin veremos que también hubo túneles, verdaderas largas galerías construidas en los siglos XVII y XVIII con un proyecto que quedó frustrado: un sistema defensivo moderno para su tiempo, basado en la huida silenciosa en caso de que la ciudad fuera tomada, para poder organizar un ejército y reconquistarla desde afuera, tal como se hizo en las Invasiones Inglesas (aunque no por túneles, sino por arriba). Pero este sistema, extremadamente complejo y caro, jamás se terminó; lo que estamos encontrando no son sino retazos de un sistema cortado, algo que nunca se completó y que, además, ya lo han destruido en su mayor parte; sólo se hicieron algunos puntos y un nodo central —la Manzana de las Luces—, bajo algunos pocos edificios. Al menos ésta será, modestamente, nuestra hipótesis al respecto.

En el año 2001, en la multifacética Buenos Aires, además de iniciarse un nuevo siglo se destruyó en absoluto secreto el antiguo búnker que perteneciera al ex presidente Juan Domingo Perón bajo un abandonado edificio en la avenida Leandro Alem entre Córdoba y Viamonte. Puede parecer increíble que existiera un refugio contra una guerra nuclear bajo el suelo de la ciudad y más increíble que permaneciera entero hasta hace poco; y aun más que haya sido demolido en silencio en lugar de preservarlo. Pero parece que eran más importantes las tres cocheras que lo reemplazaron que la historia.

Éste puede ser sólo un ejemplo más de lo que hay y lo que sucede en una ciudad dinámica como Buenos Aires, por lo que nos interesa mostrar que bajo el suelo de la ciudad existe una variada y heterogénea cantidad de construcciones de las que habitualmente no tenemos siquiera noticias, tal como era el búnker de Perón. Para muchos bajar y subir del subterráneo es sólo una rutina empañada ligeramente por los extraños y desagradables olores que encierra, o por la oscuridad y cierto leve misterio de sus túneles; pero ahí se acaba todo. En cambio, para quien haya leído el cuento de Julio Cortázar llamado "Texto en una libreta" en el que extraños y sufridos porteños van copando lentamente los vagones y las estaciones bajo tierra para vivir eternamente allí sin salir nunca, salvo para dar el gran golpe y apoderarse de la ciudad, esos mismos espacios cobran otra dimensión.

¿Cómo podemos imaginar que durante cuatrocientos años los porteños hicimos todo tipo de obras que no se veían desde la superficie? ¿Cómo podemos reconstruir la vivencia de estos espacios en su mayor parte en proceso de desaparición y olvido?

Un ejemplo que quizá nos permita asomarnos a este mundo inexplorado, o apenas explorado y que tan fácilmente oscila entre el mito y la historia, entre la literatura y la arqueología, es el hallazgo de un avión en un túnel debajo del centro de la ciudad. La última semana de enero de 1950 seguramente no fue olvidada por muchos porteños que no estaban de vacaciones o encerrados en sus casas por el calor (que en esa época se decía "canícula"). El día 25 aparecieron, como por magia, tres cirujas empapados que se asomaron por una tapa de ventilación en medio del cruce de Cangallo y Reconquista tras golpear insistentemente para que quien estaba parado encima de la tapa se corriera. Los cirujas, chorreando un líquido nada agradable, fueron a la comisaría del barrio a denunciar que en una enorme bóveda bajo tierra ubicada allí mismo —donde solían ir a buscar desperdicios metálicos—, habían encontrado flotando un avión entero y llevaron como prueba los documentos del piloto.[1] Podría parecer una aventura de espías de la televisión barata, pero era real y ocurría aquí mismo, en pleno centro de Buenos Aires. Efectivamente se trataba de un hidroavión caído un par de días antes en el Río de la Plata que había penetrado por unos enormes túneles —salida de los colectores pluviales— ubicados en Puerto Nuevo, y por la bajante del río se había ido deslizando a través de esas enormes galerías que desde finales del siglo XIX cruzan la ciudad para desaguarla.

¿Tan grandes son? Sí, es parte de ese mundo que a veces asoma con asombro para quienes vivimos arriba y no abajo, una parte que vislumbraron varios de nuestros más conocidos escritores, con personas que jamás salían a luz y que veían transcurrir su vida en el inframundo urbano. Pero por supuesto no son *tan* grandes. Una cosa es la fantasía y otra la realidad. Veremos historiadores y periodistas que en su afán de exagerar llegaron a darles a los túneles de la Manzana de las Luces hasta diez metros de alto; y hace sólo dos años los interpretó una historiadora como de la altura necesaria para poder andar a caballo por dentro, pero sólo con el caballo criollo, que es más pequeño que otros. Y a no reírse: pueden leer esos textos en las hojas siguientes. Es más, en 1984 se los agrandó casi al doble de su tamaño original para que los visitantes estuvieran más cómodos: era más fácil adaptar la historia al turismo que los turistas al pasado. Ver lo que realmente eran hubiera sido considerado poco digno. Para los que tomaron esa decisión, los argentinos somos lo que se supone que debemos ser, no lo que somos. Al final de cuentas, entre las exageraciones de Sarmiento sobre los túneles de Córdoba y las de la Manzana de las Luces, parece que nada ha cambiado.

Los túneles irían variando de función y uso: nacerían en los papeles de la mano de Sarmiento, y de sus alocuciones anticlericales, transformados en sitios donde los jesuitas torturaban o se escondían; la policía rosista los usaría para acusar a sus enemigos de querer matar a Rosas y, por esos absurdos de la historia, poco más tarde serían esos mismos túneles los sitios de la Mazorca y del terror rosista. Cuando eran atribuidos a los federales, fueron calabozos con rejas, armas y potros de tortura; cuando eran para los unitarios, simplemente se los describe como "usados para huir de la tiranía". Allí irían a parar las trenzas cortadas a los Patricios en 1811, las monedas de oro caídas a Sobremonte, las armas con que se luchó contra los ingleses invasores. Tantas cosas que creo que no hay lugar donde guardarlas.

Todo sería usado como argumento para justificarlos, explicarlos o denostarlos. Los túneles serán donde se refugien los porteños contra los malones, contra los piratas, contra los ingleses, contra los federales, contra Perón y hasta contra la guerra nuclear. Hay casos insólitos donde una serie de cisternas de sólo un par de metros de ancho y diez de profundidad serán cámaras para esconder a la población, sin decirnos cómo se apilaba la gente allí adentro. Incluso expertos en la materia verían en los agujeros que los poceros dejaban habitualmente en las paredes de los pozos ciegos —los necesitaban para entrar y salir mientras excavaban— los intentos de los encarcelados para escaparse. Es por eso una historia alucinada y alucinante, una historia en donde los límites de la realidad y la fantasía se entrecruzan constantemente y donde sólo podemos creer lo que nosotros mismos vemos. Cuesta aceptar que el 90% de los túneles que existen bajo la ciudad fueron hechos por ladrones: la mitad para robar, la otra mitad para escaparse de las prisiones, aunque también es cierto que los que nos interesan son los otros túneles.

La construcción del imaginario

Obviamente el imaginario se construye. Lentamente, día a día, como si fuera un gigantesco edificio en el que se coloca ladrillo tras ladrillo. Y mirando con cuidado podemos ver cuáles de ellos se colocaron primero; lo que es difícil de saber es el porqué y por quién. No sabemos en qué momento del siglo XIX se comenzó a transformar algo ya existente aunque inconcluso, de escala no muy grande y poca significación, en algo que no era. Cuando Sarmiento en su *Facundo* atacó a la religión usando como ejemplo los túneles de Córdoba en donde la Inquisición "sepultaba vivos a sus reos", no sabemos si ya repetía algo oído o, simplemente, usaba un dato anecdótico para transformarlo en un arma indiscutible, poderosa, porque no era comprobable ni explicable. En esos mismos años, Vicente Quesada los presentó igual aunque sin la carga antirreligiosa, y la viajera Lina Beck-Donner les dio para Santa Fe el tono romántico típico de la literatura de viajeros. Pero el asunto no iba más allá de eso. El caso que describimos ampliamente sobre el jefe de policía de Rosas y los túneles de Buenos Aires es bastante claro para mostrar que sí había "túneles de tradición", que existían desde hacía mucho tiempo y que todos lo sabían. Lo que se discutía era el uso, no la existencia.

Cuando hacia fines del siglo XIX, el periodismo de Buenos Aires comenzó a describir sus recorridos fantásticos bajo el suelo de la ciudad, ya se había construido el mito: para Pedro Benoit lo que encontró bajo el Cabildo "parecía más un calabozo" que otra cosa. En esos años varios otros hicieron hallazgos; por ejemplo, Federico Burmeister transformó rápidamente una cisterna y un pozo ciego en un túnel de diez metros de alto, que al verlo en 1991 no pudimos creer la frondosa imaginación con que había sido descrito un siglo antes.

Un periodista, Blas Vidal, parece haber sido el primero que sintetizó todo en 1904: su recorrido por debajo de la Manzana de las Luces, al margen de que fue realmente interesante y sin luz como ahora, transformó la palabra túnel en "catacumba", creó la idea de que todos estaban enlazados en una inmensa red, que había "trenzas de mujer" que luego serían transformadas en las "trenzas de los Patricios", en "una oscuridad de infierno", con "respiración fatigosa" y al recoger algo del piso se encontró con que "¡un fémur era lo que teníamos entre manos!" en lo que él consideró un recorrido de "vía crucis". Para 1909, los diarios hablaban con soltura de "una red que unía los conventos" por debajo de la tierra. No todos pensaban así, y veremos textos de quienes trabajaban en eso, por ejemplo en las obras de salubridad del subsuelo, que no encontraban nada extraño salvo la existencia de estas y otras construcciones. Será interesante contrastar las descripciones. En 1910, las cosas estaban montadas: se trataba de una red enorme que unía conventos, toda hecha en el período colonial y simultáneamente, que Rosas había aprovechado para torturar y esconder. Podía haber monjas torturadas, chicos emparedados, cadáveres de unitarios, armas y, por supuesto, tesoros, muchos y variados tesoros. Cuando en 1920 comenzaron a publicarse los estudios más serios de Héctor Greslebin, ya todo estaba armado y dio las explicaciones que cerrarían el tema, que lo harían redondo y consumible, y hasta exportable al interior del país, donde lo veremos surgir una y otra vez. La llamaremos la Gran Explicación Canónica: no importaba si era verdad o no, lo que importaba era excomulgar al que no la creía. Hay que decir que paralelamente otros escribían con posturas diferentes pero nadie los tenía en cuenta. Otro experto en historia de la arquitectura, como fue Juan Kronfuss, publicó en 1919 un estudio sobre los túneles de Córdoba hecho con todo rigor académico, pero ni siquiera fue citado por sus colegas porteños. Ya estaba claro qué había que recordar y qué había que olvidar, qué era bien aceptado y qué era simplemente desconocido.

Desde ese momento todo lo que se encontraba bajo tierra, fuera lo que fuese y aunque de diferentes épocas, era parte de la red de túneles coloniales hecha por los jesuitas. Se discutían los propósitos y los detalles, las ramificaciones y los accesos, pero no se ponían en duda los tres supuestos básicos. En 1954 alguien escribiría: "¿Qué extraño submundo de sufrimientos y persecuciones se agitó en los subterráneos de Buenos Aires? ¿Quiénes fueron los hombres que se ocultaron en esos oscuros pasadizos o sufrieron las dramáticas horas de prisión subterránea?". Para ese entonces las galerías "daban paso a cuatro hombres a la par" y en un libro reciente se indica que la lucha contra los ingleses se hizo "moviendo la caballada" por los túneles, mostrando que ya las cosas no tenían límites.

Los otros grandes temas que en la segunda mitad del siglo XIX se sumaron al imaginario fueron:

1) todos los túneles fueron hechos en secreto,
2) se usaron para el contrabando,
3) servían para esconder esclavos.

Las tres son interpretaciones absurdas, por cierto muy atractivas, pero sin sentido alguno. Primero, porque en una ciudad de quince cuadras de largo en donde todos eran conocidos entre sí, nadie usaba docenas de esclavos para excavar, alarifes para dirigir y gente para darle de comer, y a la vez sacar y descargar la tierra, comprar herramientas, ropa, comida, usando carros y caballos, en secreto. Segundo, porque el contrabando no era escondido; ése es un concepto moderno (aunque la Aduana Paralela reciente demostró que no lo es ahora tampoco). El contrabando era una actividad comercial —en realidad todo el comercio de importación era de contrabando— realizada por los comerciantes (cabildantes en su mayoría), y su producto era vendido en las tiendas y el mercado y pagado con plata en transacciones abiertas. Era incorrecto, escandaloso a veces, porque no se pagaban impuestos; era encubierto por las autoridades, sí, pero nunca escondido. Más adelante veremos esto con mayor detalle. Y por último, los esclavos africanos eran introducidos, tanto legales como ilegales, por grandes empresas —las Compañías— que tenían oficinas, galpones, mercados, y sus negocios eran por todos conocidos. Las ventas de esclavos se hacían en los mercados negreros —Retiro y la casa de Balsavilbaso (Balcarce y Belgrano)— y antes, en los arcos del Cabildo. Nadie escondía a nadie ni hacía falta.

Paralelamente con estos textos se iban destruyendo lentamente los verdaderos túneles y otras construcciones bajo tierra que en verdad a nadie le interesaban. Hablar y escribir sí, proteger no. Imaginar sí, hacer ciencia o conservar un patrimonio, no.

En el año 1928, cuando ya gran parte de la mitología estaba sólidamente establecida, en Buenos Aires se publicó un libro patético, de una tristeza inenarrable. Se trataba de una novela hispanista que reivindicaba a Liniers y el levantamiento antirrevolucionario de 1811 en Córdoba: *El caserón de las brujas*[2], tal el título puesto por su autor, Rodolfo Juárez Núñez, que firmaba como Patrick Brown (¡por favor!). Tenía un capítulo en el que el hidalgo y su esclavo se escapaban por un túnel que iba desde La Compañía hasta la calle de La Caridad que "atraviesa la ciudad de medio a medio y comunica todos los conventos del poblado, y esto, si no tiene su boca terminal en la estancia de Alta Gracia"; un poco más y lo hacía llegar a Machu Picchu. Son siete hojas preciosas donde está todo el imaginario condensado: la oscuridad ("quedaron así sumidos en plena lobreguez, aislados del mundo viviente"), el olor ("el repugnante vaho a humedad que lo inundaba todo, característico de las tumbas"), la suciedad ("recibiendo en sus caras el polvillo salitroso" y "el polvo cenizoso de los huesos"), el miedo ("sin animarse a avanzar ante aquella boca tenebrosa que quién sabe qué misterios encerraba"), el aire irrespirable ("ensayó su pedernal y no sin dificultad por el enrarecimiento de la atmósfera consiguió encender una resquebrajada vela de sebo que extrajo de su faltriquera"), ¿se acuerdan de lo que era la faltriquera?, bueno, si se acuerda pregúntese cómo entraba allí una vela; entierros y tumbas en las paredes ("nichos encalados en la muralla... dejan asomar huesos humanos"), los esqueletos en el piso ("las calaveras de profundas cuencas, a la escasa vislumbre, adquirían contornos fantásticos. Todo era tétrico"), los ruidos extraños ("era como un crujir de vértebras resecas"), las ratas ("bandas numerosas de ratones famélicos que se ensañaban en mis carnes"), la aventura a lo desconocido ("propia de los cuentos de aquelarre o de aparecidos"), los monjes buenos huyendo de los malos liberales ("como medio de eludir las persecuciones de que fueron víctimas"), los esclavos torturados ("fue hecho con fines de... encerrar en él a los esclavos revoltosos") y la salida, la luz maravillosa que enseña el camino y eleva el espíritu ("por las rendijas de la puerta penetraba una débil claridad. Afuera era de día").

Es fantástico, no falta nada, está todo, absolutamente todo, comprendido en poco espacio y nada de literatura. En 1979, la revista *Convicción*, al final de un artículo sobre túneles, puso las posibles funciones, más de medio siglo después que Juárez Núñez: "¿Esclavos rebeldes?, ¿enemigos políticos?, ¿familiares con alteraciones mentales cuidadosamente ocultos como un baldón?, ¿trágicas historias de honor mancillado?". No hace falta decir más. Pero resulta interesante ver hasta qué grado todo este imaginario estaba establecido en los inicios del siglo XX, cerrado, asumido. Se había construido un universo que iba desde lo físico hasta la explicación del mismo, montado todo sobre pura fantasía. Había calado profundamente en muchas ciudades del país desde fines del siglo XIX y cubría la investigación, la historia, el periodismo y la literatura.

Baste un ejemplo para el multicitado tema del hallazgo de cadáveres y huesos humanos: en varios escritos se habla de ellos pero nunca jamás hubo una cita concreta o verificable. Lo único que existía era un simple rumor: que en el archivo de la Manzana de las Luces había una misteriosa foto que mostraba un amontonamiento de huesos humanos en un túnel. Por suerte la reciente organización de ese archivo[3] permitió acceder a la famosa y buscada foto jamás publicada, archivada bajo el ostentoso título de "Restos humanos hallados en la demolición del Colegio Nacional de Buenos Aires". Era un verdadero hallazgo ya que por primera vez era posible ratificar o rectificar las habladurías. Aquí va lo observado en la foto:

1) la foto fue, posiblemente, tomada por Héctor Greslebin entre 1918 y 1920,
2) el sitio no es un túnel sino una habitación de la que se ve un piso excavado groseramente con un amontonamiento de huesos,
3) hay una puerta, una ventana, parte de un zócalo roto y recolocado, fragmentos de revoques y tablas de madera que cubrían la pared,
4) el piso es de tierra (¿levantaron un piso de madera?),

5) los huesos sueltos no están *in situ* sino que han sido excavados y "recolocados" para la foto, suponemos que en forma más o menos similar a la original.

Una consulta a un experto en huesos con esa foto determinó que los veintiún fragmentos visibles son: seis epífisis distales de metapodios, un calcáneo y una epífisis proximal más la diáfisis de un radio. Si bien es difícil de determinar con una foto, corresponden a mamíferos grandes del tipo *Bos taurus* (vacuno) y *Equus caballus* (equino). Por la cantidad de metapodios hay restos de dos animales, descartando en forma absoluta que sean humanos[4]; aunque en la fotografía aún se ven huesos metidos en la tierra, lo que posiblemente demuestra que lo encontrado es verdad y el hallazgo debió ser en el sitio, la interpretación es otra. En resumen, se trata de una pequeña excavación hecha en un relleno o contrapiso en algún sitio de la Manzana de las Luces, en la cual había huesos de animales mezclados con la tierra, cosa que los arqueólogos ven todos los días. Era común que a los rellenos se arrojasen las basuras disponibles en el sitio o incluso la de la comida diaria, ya que era eso, un relleno bajo un piso. Y por eso Greslebin nunca la publicó: no valía la pena. Al final, no había misterio alguno, sólo una vieja foto a la que nadie había mirado con detenimiento.

Y para ver cómo se descarga la responsabilidad de lo dicho de uno a otro autor, tenemos el caso de un memorioso porteño, Manuel Bilbao, que en 1934 relató en un libro clásico[5] que hacia 1898 existió un rancho que él conoció, que fue habitado en 1867 por un inglés venido con las Invasiones Inglesas (del que le contaron) a quien le gustaba contar historias. Entre ellas estaba el cuento de que él recorrió un túnel desde El Socorro hasta la Recoleta, en el cual años más tarde creería Sabato y lo usaría en uno de sus libros. Veremos más adelante cuán común es esto de alguien que repite lo que alguien le dijo que alguna vez, hace mucho tiempo... La anécdota sigue siendo repetida como prueba indiscutida ya que la dijo Bilbao. Y así son muchos de los ingredientes que nunca faltan: los calabozos para las torturas a los unitarios (sí, pobres unitarios, ellos nunca se portaron mal), armas y lanzas siempre federales (ellos sí eran los malos), celdas rosistas, escondites siempre de Rosas, las trenzas de los Patricios (en veinte textos) y monedas de oro (en nueve textos). No hace falta entender que esto es expresión de esa historia no superada que dividió a los argentinos por un siglo y medio, y que aún divide a Buenos Aires del resto del país. Si bien son sólo perlitas, muestran en qué grado hay temas no resueltos del pasado nacional, profundamente mezclados con la política y que fueron tapados por los largos años de oscurantismo cultural de las dictaduras. Sí podemos entender que la población, o una parte de ella, imagine que hay monedas de oro escondidas; pero lo que llama la atención es que sistemáticamente sean treinta (la cifra bíblica en la que se vendió a Cristo). Todo esto no es casual, tiene explicaciones que calan más hondo.

Pero ahora podemos comenzar a preguntarnos cómo se construye el imaginario y por qué. Y no parece ser cosa simple el pensar que algo tan obvio como un aljibe, que fue parte de la vida cotidiana de todos en Buenos Aires —en el interior también, por supuesto—, que pobres y ricos tuvieron o quisieron tener y que llegaron en algunos casos hasta hoy en día, jamás, y digo con claridad que jamás, ningún historiador haya descrito cómo eran y cómo funcionaban. Se escribieron varios libros dedicados al tema, a los aguateros, a la decoración de los brocales de mármol de los aljibes,[6] incluso a la herrería con la que estaban decorados,[7] a quienes los usaron o en qué fecha se iniciaron y a mil detalles más, pero a nadie se le ocurrió explicar que no eran simples pozos sino que tenían grandes cisternas que muchas veces tenían escaleras, puertas y cámaras conexas. Lo que para Lucio Mansilla o para José A. Wilde en sus memorias de juventud hacia 1810-1830[8] resultaba tan obvio que ni valía la pena detallar demasiado, medio siglo más tarde sería visto como una rareza. Y para 1910 habría quien creyese que una cisterna rectangular servía para esconder gente, para cárceles, para ocultar esclavos, para emparedar monjas o esconder tesoros. Un pozo de balde para sacar agua se transformaría en la misteriosa entrada a mundos subterráneos.

¿Cómo se operó el cambio? Es cierto que la construcción de un país se hace a partir de una selección de lo que se debe recordar y lo que se debe olvidar, de lo que hay que enaltecer y lo que hay que repudiar, de vencedores y vencidos. También es cierto que el país, y Buenos Aires en especial, es una sociedad aluvial, inmigrante —inmigrada desde lejos, no desde cerca—, que antes de la llegada de esos inmigrantes con un genocidio descomunal se acabó con los indios y los afroargentinos; a unos con pólvora, a los otros con el abandono y la marginación. La Argentina es una imagen, una representación, una fachada hábilmente construida en la que lo más importante de olvidar fueron precisamente sus orígenes difusos, bastardos y, más que nada, pobres.

Obviamente no era posible aceptar que la ciudad fue factible por el contrabando; y no sólo de objetos sino de seres humanos, cientos de miles de africanos esclavizados que eran ingresados en la ciudad para ser enviados desde los mercados porteños a las minas, las haciendas o los obrajes. No desearíamos recordar el comercio ilegal, la corrupción, las grandes guarniciones militares sostenidas por España que no cumplían misión alguna, una población criolla en gran parte de origen indígena hablante más de guaraní y portugués que de español y una ciudad que era usada para reenviar hacia la metrópoli la plata sin sellar —sin pagar impuestos— sacada ilegalmente de las minas de Potosí. Todavía hoy nos enseñan que la ciudad fue fundada en 1580 y luego simplemente saltamos hasta la creación del virreinato: en el medio el gran desierto, un vacío historiográfico absurdamente enorme.

¿Fue la gran inmigración la que nos hizo olvidar nuestros orígenes aceptando reemplazar la memoria viva por otra en construcción a través de la educación pública? Es posible, pero hay otros factores a considerar: el abrupto crecimiento de la ciudad y la consecuente desvinculación con la naturaleza también son parte del problema. Buenos Aires era la ciudad del progreso infinito, la París de América, la Atenas del Sur; las empresas inglesas y alemanas introducían tecnologías y el ferrocarril las difundía por todo el territorio ya libre de rémoras del pasado, una vez culminada la supuestamente gloriosa Conquista del Desierto. Los pozos ciegos habían traído la muerte, la fiebre amarilla, el cólera (no una sino dos epidemias en el siglo XIX). En los censos eran la marca que mostraba el progreso (o la falta de él) de la ciudad, de la higiene pública, del paso del conventillo a la casita propia, del ascenso y la movilidad social de esos tiempos. En ese contexto, cuanto más se olvidara, mejor; en la segunda mitad del siglo XIX, la historiografía ya había sentenciado a los jesuitas (si es que realmente fueron los constructores de los túneles de la Manzana de las Luces) a ser inquisidores y torturadores, y bien lo dijo Sarmiento; así que todo lo que hubieran hecho debía estar cargado con esas connotaciones. En cambio los aljibes, los pozos y las cisternas habían sido parte de la vida cotidiana en la Buenos Aires federal, de la barbarie, del rosismo, de la colonia; aún no llegaban los tiempos de la reivindicación de lo hispánico en las décadas de 1920 y 1930, los años cuando Greslebin inició los estudios sistemáticos de estas construcciones. Con él los túneles pasaron a ser explicados como una gran obra, un esfuerzo singular, un megaproyecto (diríamos hoy) obra de geniales visionarios y constructores.

¿Quieren una muestra? Bueno, volvamos al agua: el fin del siglo XIX vio un profundo cambio en la forma de usarla a partir de la influencia del higienismo y la llegada de esa moderna y exótica moda de bañarse. Sí, ese diario ritual nuestro hace cien años no existía sino para grupos muy selectos. En 1904 todavía un socialista y abogado de alto nivel como fue Juan Bialet-Masse determinó que una de las causales de la desnutrición del obrero era "el abuso del baño en ciertas localidades (lo que) da como consecuencia llegar al otoño enflaquecido".[9] Y tomándolo un poco más en chiste, Edmundo Wernicke en 1918 escribía un cuento en el que una paisana moría por haber tomado un baño en bañadera, cosa tan inusitada que la curandera a cargo del problema reconoció que "no conocía doña Roma el caso de un baño en tina tomado por paisana alguna". Eso era considerado sólo como una medicina muy fuerte a la que "ella jamás había tenido necesidad de recetar a ningún cristiano".[10] En cambio parte de las clases altas porteñas lo veían diferente: Mariquita Sánchez en 1846, al llegar a Río de Janeiro, escribió en una carta, con asombro inusitado, que

> En el hotel tomaba un baño con toda comodidad. Tienes sobre la tina dos llaves: de agua fría y de agua caliente. Entre personas como nosotras esto es impagable. En la misma tina, ¡si quieres más frío o más caliente, lo tomas![11]

Le resultaba increíble eso de dos canillas por las que saliera agua; aquí tardaría veinte años más en llegar. Esto nos sirve para entender la profundidad del cambio que significó el sistema de Aguas Corrientes, u Obras Sanitarias como se llamó más tarde: dejar el pozo para pasar a la canilla. Sin duda el agua corriente y las cloacas fueron los cambios urbanos más significativos en la historia física de la ciudad y quedaron marcados a fuego en el inconsciente de la sociedad; todo lo anterior fue borrado a una velocidad asombrosa. Para siempre jamás. Y cuando algo se encontraba, bien se podía imaginar cualquier cosa, todo menos lo que realmente era.

¿Y por qué los túneles? Los túneles tomaron importancia, al margen de que existieran o no, porque permitieron darle a la ciudad inhumana, desnaturalizada, a la que se le borró la topografía, la identidad y hasta la mayor parte de su arquitectura monumental, un sentido romántico (no es casual que esto se inicie en los finales del siglo XIX), de pasado, de historia propia y única, de unicidad y misterio. Lo que no pasa arriba sí pasa abajo, lo que no vemos igualmente existe. Los túneles existen y si no los hay es porque los destruyeron. Se necesitaba humanizar un hábitat cada vez más hostil que se extendía al infinito y donde cada vez se viajaba más tiempo para llegar al trabajo diario. No es lo mismo ver la iglesia de Belgrano como un edificio simplemente viejo que imaginar que es cierto el pasaje subterráneo que creó Ernesto Sabato que llevaba desde ahí hasta infinitas cavernas bajo tierra y en donde se definía el destino de gran parte del universo: "Estamos bajo la cripta de la iglesia de Belgrano; ¿la conocés?", escribiría en *Abaddón el Exterminador.*

Memoria y des-memoria, hacer tabla rasa con el pasado y crear mitos históricos, explicar mal o explicar bien, todas facetas de una sociedad cambiante, más preocupada por sí misma y su bienestar material que por tradiciones o relictos del pasado. En este *mare magnum* entre pasado y futuro, entre modernidad y tradición, entre conservadores y progresistas, entre unitarios y federales, entre mirar al interior o mirar al exterior, se debatió buena parte de nuestra cultura.

En 1980, Julio Cortázar escribió un cuento corto que al leerlo en este contexto resulta lleno de contenido. Según creo, se trata del único cuento de nuestra literatura que sucede íntegramente bajo el suelo: es el "Texto en una libreta", incluido en la antología *Queremos tanto a Glenda,*[12] esa Glenda Jackson a quien sus seguidores quieren tanto que necesitan asesinarla para poder adorarla en su imagen eterna, sin los cambios que ella misma introducía en su propia vida. En ese conjunto, Cortázar narró una historia que a quienes conocimos los viejos subtes de la línea A nos toca muy de cerca. La historia ocurre hacia 1947 y es muy simple: un grupo de personas comienza a organizarse desde los subterráneos de Buenos Aires con el objeto de dominar la superficie y controlar todo. Para ello montan una estructura silenciosa que les permite comer, cambiarse y vivir sin salir nunca a la luz del día, recibir órdenes, dormir y esperar el momento adecuado para salir al exterior. Se reconocen entre ellos por el color verde pálido de su piel, que jamás ve el sol, van ganando lentamente adeptos y, finalmente, deberán triunfar. Los porqués y para qué quedan abiertos, lo importante es ese mundo de abajo que pugna con el de arriba, esa posibilidad insólita de poder alimentarse de chocolatines y turrones, de cambiarse subrepticiamente de ropa en los vagones, de pasarse paquetes sin que nadie lo note, de comunicarse en silencio en trenes siempre llenos. En esa realidad de submundo, en ese cotidiano diferente en las entrañas de una ciudad que no se da cuenta de lo que pasa, se abre una nueva alternativa a la realidad. Y una visión del mundo de abajo que, insólitamente, no tiene apoyo alguno en los mitos conocidos de túneles porteños; posiblemente ni siquiera supo que existían.

Pero así como Cortázar construyó un mundo en donde se supone que no lo hay, Beatriz Guido escribió en 1970 sólo un párrafo dedicado a esta otra realidad, en su libro *Escándalos y soledades.*[13] Allí, narrando acerca de su colegio secundario, incluyó muchos de los mitos que rondan en el imaginario porteño sobre el tema:

> Tenés las llaves de las catacumbas del Nacional Buenos Aires. Las llaves de la Manzana de las Luces. Las llaves que nos llevarán hasta la Casa de Gobierno, hasta la Casa Rosada. Desde el sótano de tirar al blanco una puerta de hierro se abre al misterio. Somos dueños del mundo, te miran, te observan. Operación catacumbas, a empujones, a tientas, porque los fósforos se apagan [...] Las catacumbas del Nacional Buenos Aires son transitadas por las almas de los Unitarios. Y ahora dicen que Perón —¿no lo sabías?— pasó lingotes de oro a Suiza [...] y sólo pienso en encontrar un cráneo de Unitario para regalárselo a Rodolfo, para su escritorio.

Quizá sin saberlo, puso allí casi todo: a los unitarios (¿por qué no había cadáveres de federales?, ah, cierto, ésos no eran los buenos...; y ¿cómo reconocer un cráneo de unitario y separarlo de uno federal?), catacumbas que llevan a la Casa Rosada, y obviamente por allí huyeron los tiranos, siempre los malos, si hasta Perón llevó lingotes a Suiza. La construcción imaginaria hecha en los finales del siglo XIX pasó del periodismo a la literatura y el círculo de la des-memoria se cerraba.

Un tiempo antes, en 1948, se publicó una famosa novela de Ernesto Sabato, *El túnel,*[14] donde sentó la estructura que continuaría en *Sobre héroes y tumbas* de 1961[15] y en *Abaddón el Exterminador* de 1974.[16] En su primera novela, el túnel no existe como realidad descrita, es un conducto interior, un pasadizo, un espacio cerebral: "Pensaba [...] que toda la historia de los pasadizos era una ridícula invención o creencia mía y que en todo caso había un solo túnel, oscuro y solitario: el mío". Esta frase maravillosa sintetiza bien la idea en esa novela: todo va por dentro de uno mismo. Pero en el libro siguiente las cosas tomarán otro camino: los túneles son externos, son hechos físicos que el personaje recorre con estupor primero y con terror más tarde, va a haber sótanos, escaleras extrañas, pasajes, criptas, grutas, o como él mismo clasifica:

> cuevas, cavernas, sótanos, viejos pasadizos, caños de desagüe, alcantarillas, pozos ciegos, grietas profundas, minas abandonadas con silenciosas filtraciones de agua; y algunos, los más poderosos, enormes cuevas subterráneas a veces a centenares de metros de profundidad, como se puede deducir de informes equívocos y reticentes de espeleólogos y buscadores de tesoros.[17]

Éste era el mundo sombrío que imaginaba que podía existir bajo la ciudad en su *Informe sobre ciegos* y el personaje de la novela se mete dentro de él en su viaje de iniciación y de muerte. Pero las cosas no son como en el imaginario establecido porque el submundo de Sabato no tiene límites, tiene entradas pero no salidas: "Me acercaba a algunos de los canales subterráneos que en Buenos Aires forman una inmensa y laberíntica red cloacal de miles y miles de kilómetros [...] ¡Abominables cloacas de Buenos Aires! ¡Mundo inferior y horrendo, patria de inmundicias!", y por esos conductos iba llegando hacia los verdaderos túneles secretos, en donde "los héroes al revés, como yo, estuvieran destinados al trabajo infernal y maldito de dar cuenta de esa realidad". Y así logró acercarse a "una galería excavada en la tierra misma" para pasar a "una cavidad subterránea cuyos límites ni siquiera podría sospechar", una "vasta caverna, (donde) entreveía por fin los suburbios del mundo prohibido [...] y cuyo descubrimiento se paga con terribles castigos". Sabato construyó otra red bajo la ciudad, también misteriosa e inexplorada, a la vez parecida y diferente a la hecha por el imaginario colectivo.

Creo que Sabato recién se dio de bruces con el imaginario colectivo en su último libro, *Abaddón el Exterminador*, o al menos en forma consciente, y él mismo lo dice por primera vez en toda su obra:

> Más de una vez había leído en los diarios y revistas acerca de los túneles secretos de Buenos Aires, construidos en tiempos de la colonia y descubiertos durante la construcción de subterráneos y rascacielos. Y nunca había visto que nadie diera una explicación aceptable. Particularmente recordaba el túnel de casi un kilómetro y medio entre la iglesia del Socorro y la Recoleta, las catacumbas de la Manzana de las Luces que intercomunicaban esos túneles con viejas casas del siglo XVIII, todos integrantes de un laberinto cuyo objetivo nadie ha logrado desentrañar.

Y si bien regresa a sus descripciones de cavernas y galerías de su libro anterior, le queda claro al lector que se asumieron las grandes verdades establecidas un siglo antes: que eran secretos, formaban una inmensa red, eran todos coloniales, la asociación directa con la iglesia y que formaban un laberinto. Y no casualmente en ese libro sus descripciones de lugares bajo tierra serán más simples y más cargadas de tono melodramático que en su obra anterior. En *Sobre héroes y tumbas*, los lugares comunes serán ahora las ratas que atacan, la luz a lo lejos que indica el camino (y la redención, por supuesto), los grandes ladrillones coloniales, las paredes húmedas y los túneles que se abren a grandes habitaciones.

Hay un pequeño detalle en toda la obra de Sabato que quien se dedique a estos temas no puede pasar por alto, pero que parece que ninguno de los estudiosos del escritor lo notó: que la asociación que él hace entre el subterráneo, los túneles y la ceguera había sido planteada en una novela desconocida para el público, escrita en Buenos Aires por Mercedes Holguín y titulada *Palermo-Plaza de Mayo* (nombre de las terminales del subte y a la vez de un tango), que fuera editada en 1950 por la imprenta de Torres Aguirre en Lima, ya que la autora era peruana aunque residía en la Argentina.

Pero en esta narración me salteé, adrede, a Leopoldo Marechal con su clásico *Adán Buenosayres*, escrito entre 1930 y 1948 y editado en ese último año. Este escritor también utiliza el recurso de descender a los abismos infernales bajo nuestra ciudad, pero en este caso si bien se encuentran los lugares comunes para describir estos extraños sitios, el modelo es Dante, un Alighieri porteño que desciende desde un ombú en el bajo del barrio de Saavedra —en ese entonces recién fundado y casi vacío ya que ubica su historia en la década de 1920—, usando piolines, un encendedor y una curandera de barrio llamada doña Tecla. Su Cacodelphia, su infierno argentino, era "un descenso infernal y una exploración de aquellas comarcas tenebrosas que pocos héroes visitaron en la edad antigua y ninguno, que yo sepa, en la vulgar y pedestre que ahora vivimos". No faltaron la "densa bruma", "una atmósfera de cenizas volcánicas gravitando sobre nosotros", un "suelo que pisábamos a tientas y crujía debajo de nuestros talones", "las ratas que chillando casi entre mis piernas", "un rumor indefinible", el "ir hollando la cáscara reseca de un paisaje lunar", mientras "avanzábamos y crecía la luz".

¿Conocía Marechal los textos sobre túneles ya publicados? Sinceramente lo dudo, al menos no creo que tuviera conciencia de ellos si es que los vio pasar frente a sus ojos, lo que es probable. Creo que estaba sumergido en su tiempo y lo expresó con todos sus detalles.

Los tiranos siempre huyen por túneles

Resulta muy interesante observar que existe una constante asociación imaginaria entre lo que muchos denominan tiranías o dictadores —lo fueran o no, eso no importa— y la forma en que se escapan de la ciudad, porque nunca "se van", sino que "huyen" por túneles. Esto era así al menos hasta que Isabel Perón inauguró la era del helicóptero.

Los casos son famosos y se repiten constantemente; aunque nunca sucedieron, están tan arraigados en el imaginario porteño que es imposible suponer que eso cambie: Sobremonte huyó por un túnel colonial con la caja de caudales hacia Córdoba; Rosas usó un túnel hacia el puerto para llegar a la cañonera inglesa que le dio refugio; Perón hizo lo mismo para llegar al barco que lo llevó hacia Paraguay por los supuestos túneles de lo que ahora es el Museo de Casa de Gobierno. Ninguno de los cuatro citados anduvo por túnel alguno y sabemos exactamente qué hicieron en cada minuto, pero lo cierto es que eso no es importante: los tiranos sí huyen por túneles bajo tierra, sea o no verdad.

Cuando los próceres hicieron cosas indebidas para su carácter de próceres, parece que siempre ocurrió bajo tierra: nada más difundido que el hecho de que Rivadavia visitara a su amante cruzando por el túnel de la calle Balcarce, donde ahora funciona Michelangelo (con forma de túnel).[18] No lo es ni lo fue nunca y ya he publicado un libro con las excavaciones arqueológicas allí hechas.[19] Es más, el sótano (es decir el supuesto túnel) fue construido cuando Rivadavia ya estaba muerto. Y cuando excavé el terreno que se le atribuía al virrey Liniers, en la calle que lleva su nombre —y en donde él jamás estuvo, por cierto— siempre se nos indicaba la necesidad de buscar el túnel por donde iba a ver a La Perichona, su amada francesita; y si no hubiese sido por eso posiblemente no se hubieran hecho los estudios y excavaciones que se hicieron. De más está decir que el túnel nunca apareció. Urquiza fue asesinado al descubrirse que estaba escondido bajo el entablonado del piso, y ya vimos que un personaje de la escritora Beatriz Guido quería entrar al túnel de su colegio nacional para encontrar un cráneo de unitario. Sirvan estos ejemplos para mostrar que no hace mucho la vida cotidiana era tanto abajo como arriba. Y para cerrar el capítulo una increíble nota periodística publicada en 1968 en la revista *Así* describía las cosas de este modo, imaginando un mundo subterráneo que ni la ficción de Sabato ni la imaginación exaltada de Marechal siquiera pudieron sospechar:

> Con el transcurso del tiempo y con los diversos vaivenes de nuestra historia nacional, se fueron creando más y más subterráneos. Cada gobernante creaba el suyo para poder escapar en caso de necesidad, cada contrabandista se tomaba el trabajo de excavar la tierra para ingresar cómodamente los productos extranjeros y so-

bre todo la mayoría de los curas jesuitas unían sus conventos e iglesias entre sí para huir de sus eventuales enemigos. El caso es que toda la ciudad quedó inundada de túneles secretos que se ramificaban y se unían a veces.

En los últimos años el tema de asociar políticos y túneles ha salido a la luz nuevamente: primero fue Menem quien quiso uno para no tener que ir hasta el helipuerto caminando, más tarde el ministro Cavallo mandó hacer uno para no cruzar la calle entre su ministerio y la Casa Rosada en el año 2001 y en 2003 fue la Cámara de Diputados la que propuso algo similar entre ambos lados de la calle Rivadavia. Y en todos los casos los diarios se llenaron de críticas, no por los costos sino por lo que significaban en cuanto a políticos que no querían ser vistos por la sociedad para la cual trabajan.

es de los subterráneos de la manzana limitada por las calles Alsina, Bolívar, Moreno y
El arquitecto Sr. Greslebin realiza una interesante excursión por la red subterránea, que se supone fué construida en el año 1800
PLANO DE BUENOS AIRES DE 1780 PUEDE DEDUCIRSE CUAL FUE LA DIRECCION QUE SIGUIERON LAS GALERIAS. — OPINA AQUEL TECNICO QUE LAS COMUNICAC
NO FUERON SOLO INTERCONVENTUALES, SINO ENTRE LOS CUARTELES DE SOLDADOS Y LA CASA DE EXPOSITOS Y DE LA VIRREINA. — POR DEBAJO DE LOS FUNDA
TOS DE LA CUPULA DE SAN IGNACIO PASA UNA GALERIA QUE AFECTA LA ESTABILIDAD DEL EDIFICIO.
NUEVOS INFORMES RESPECTO DE LAS CARACTERISTICAS DE LAS GALERIAS
Dos sistemas distintos de galerías—
La manzana en cuyo vientre existe una red de galerías subterráneas—
Frontispicio del templo de San Ignacio — El arquitecto Greslebin advierte que por debajo de los fundamentos de la cúpula pasa una galería, la que es necesario que sea tenida en cuenta si — como se ha dicho — se realizan obras de restauración. — (Véase el plano general).
Lo que el arquitecto Greslebin vió al descender hasta la entrada del citado debajo del gran nicho de la antigua bodega del convento.
Debajo de los fundamentos de la cúpula de San Ignacio—
La segunda galería de Este a Oeste.
¿Cuándo fué construido este subterráneo? ¿En 1800?—
Hallazgo de objetos—
La iglesia de San Ignacio—
Los fundamentos de la cúpula del templo—
¿Formarían estos hallaz perfecta?—
Calle Bolívar
Calle Perú
Calle Alsina
Calle Moreno
Iglesia de S. Ignacio
Colegio Nacional
Museo D.N.H.
Facultad C.E.F.y N.
Concejo Deliberante
Escuela de Arquitectura
GALERIA

II

Historia de la historia de los túneles de Buenos Aires

◀ Primera nota periodística de Héctor Greslebin, del 11 de octubre de 1920, donde se establecen la atribución a los jesuitas y el modelo de interpretación que luego se repetirá durante el siglo XX (Biblioteca Nacional).

Del asombro a la historia

Los túneles de la ciudad de Buenos Aires —verdaderos y míticos— fueron un tema de gran atractivo para los porteños a lo largo de todo un siglo, más aún para los profesionales del pasado y ni hablar de los entusiastas de extrañas aventuras urbanas. Fueron tema para literatos y para buscadores de lo insólito. Permitieron a la población poblar sus lugares comunes, sus aburridos sitios de trabajo y de vivienda, sus deterioradas plazas y sus congestionadas calles, con misteriosos personajes de caras inescrutables que aparecían y desaparecían en forma subrepticia recorriendo en silencio la ciudad bajo tierra. A partir de ellos se crearon historias fantásticas de aparecidos, de grandes contrabandos, de insólitas huidas de novias al igual que de viejos militares o antiguos dictadores. Desde recolectores de anécdotas hasta historiadores de la ciudad, muchos escribieron sobre ellos, pero salvo por unos pocos investigadores serios nadie aportó soluciones a las múltiples preguntas y variados problemas que los túneles presentan, y muy pocos han dado información que podamos asumir como definitivamente válida. Cuando revisamos lo escrito vemos cómo generalmente se describen túneles sin darnos sus medidas o su orientación, cómo se asevera que un tramo se une con otro a varias —o muchas— cuadras de distancia sin tener ninguna certeza o, lo que es más grave, se asume que todos forman una red compleja y vasta y que son contemporáneos entre sí. Incluso hubo supuestos investigadores que ni siquiera estudiaron los objetos incluidos en la tierra que extraían, o que no se molestaron en fotografiar lo encontrado en el interior. En cambio, se usó lo que alguien decía o escribía para repetirlo una y otra vez, transformando la bibliografía en una serie de aseveraciones que, si bien pueden ser ciertas, muchas nunca han sido probadas.

Penetrar en el mundo subterráneo porteño es una tarea histórico-arqueológica para la cual necesitamos primero despejar el terreno bibliográfico. Los túneles por cierto existen, pero sólo a través de una estricta metodología científica podremos arrojar un poco de luz sobre ellos; incluso sobre el mismo imaginario colectivo. En las páginas siguientes describiremos eso: lo que se escribió y dijo, y lo que de todo eso podemos extractar y utilizar.

Túneles de tradición y túneles nuevos: las primeras noticias (1848)

Las primeras referencias publicadas en el siglo XIX acerca de la existencia de túneles en el centro de la ciudad aparecieron en 1848: la causa fue un escándalo relacionado con un supuesto atentado contra la vida de Juan Manuel de Rosas. El motivo de la publicación no fue tanto el hecho en sí mismo, que no era tan insólito ya que no era el primer atentado contra la vida de don Juan Manuel, sino la oportunidad que los rosistas aprovecharon para inculpar a un viejo enemigo y para insistir en la necesidad de destruir a los unitarios, demostrando la eficiencia de su policía. Por su parte, los unitarios divulgaron la noticia a los cuatro vientos para mostrar la barbarie federal que acusaba a Claudio Stegman de forma no probada. A unos y a otros les sirvió para escribir páginas más llenas de epítetos que de verdades; de allí que hoy sea bastante difícil entresacar qué fue lo que realmente sucedió, que por cierto terminó con la libertad de Stegman. Lo importante es que ese episodio permitió descubrir por lo menos dos túneles, que fueron descriptos con bastante detalle y se enumeró la información que se tenía sobre el tema, que no era poca por cierto.[20]

La primera denuncia policial sobre la existencia de un túnel se produjo el 3 de febrero de 1848 cuando, cavando un pozo, se encontró uno en Belgrano 93 (hoy la numeración sería el 447). Al adentrarse en él se ubicó una salida construida en mampostería que conducía a la casa ubicada en Belgrano 97 (medianera de por medio con la anterior), propiedad también del citado Stegman, y que supuestamente conducía a la manzana vecina donde vivía Juan Manuel de Rosas en la casa de su mujer, Encarnación Ezcurra. Este hombre fue denunciado por unitario y por un supuesto acopio de armas, por lo cual se excavó un pozo en su patio sólo unos días antes —a metros del túnel realmente existente—, aunque nada se descubrió. En esta nueva oportunidad se lo encarceló rápidamente y el mismo jefe de policía tomó cartas en el asunto. Se inició una larga pericia que llevó a abrir el túnel, descubrir sus accesos, hacer un plano, describir los objetos encontrados en su interior, y —lo más importante— enumerar los túneles que se conocían en la época. En medio de esto quedaron los peritajes de expertos constructores como Felipe Senillosa, Saturnino Salas, José Arenales y Feliciano Chiclana. Lo interesante es que sus descubrimientos y las pruebas aportadas contra Stegman hoy serían utilizadas por la arqueología para demostrar su inocencia. Pero ése es otro tema, y por cierto el jefe de policía debió aceptar que nada probaba la culpabilidad del acusado.

En la investigación se encontró un túnel al cual se accedía desde la boca de un pozo de balde —de los habitualmente llamados aljibes—, con una orientación este-oeste en el tramo mayor —quizá de unos 20 metros—, que luego torcía hacia el norte. Estaba sin terminar, había pruebas de que había sido abandonado y, como se deduce de los textos, sus bocas de acceso fueron rellenadas y luego fue apisonado y cubierto por dos niveles de pisos posteriores, en los patios donde estaban las entradas. Uno de los túneles había sido construido por el conocido ingeniero inglés Eduardo Taylor al remodelar el edificio en 1839; más adelante volveremos a este personaje íntimamente unido por sus obras con el tema de los túneles de Buenos Aires. El tramo más alto tenía "la altura de un hombre" y luego se reducía a una altura como para tener que andar "a gatas"; el ancho máximo descrito era de una vara, es decir escasos 75 centímetros. Las marcas de las azadas y picos usados para trabajar la tierra estaban aún intactas, lo que se utilizó de prueba para demostrar que eran muy recientes; incluso había una escalera excavada en la tosca misma. Más tarde se halló otro tramo con sus respectivas entrada y salida, aunque independiente del primer sistema. Pero el discutido túnel en realidad no iba más lejos que a la casa de al lado, y hoy en día podemos decir que las marcas de picos y palas permanecen intactas a veces por siglos, como lo han demostrado los túneles de la Manzana de las Luces y del Cabildo. Lamentablemente no todo se describió con detalle, y cuando más tarde se descubrió que existían otras entradas y que el túnel tenía ramificaciones, no se las describió adecuadamente. Además, el plano levantado en la ocasión nunca llegó a publicarse. Pero no es justo criticar el pasado desde el presente.

El mismo jefe de policía comenzó desde sus primeras actuaciones por diferenciar este túnel de otros más antiguos que la población conservaba en su memoria. En los artículos publicados sobre el caso Stegman constantemente se escribía acerca "de una tradición de que en tiempos de los antiguos jesuitas expulsos había un conducto subterráneo que conducía al actual Hospital de Hombres o Residencia",[21] también se insistía en que era necesario definir si "la mina descubierta era una mina de explosión o más bien una de esas mismas de que hay tradición se hicieron en el país en otros años", dejando en claro que existían túneles antiguos y que a éstos tampoco había que confundirlos con cisternas, sótanos, aljibes y otras obras privadas que según sus palabras "tenían algún uso en las familias o en las casas de comercio". Quedaba claro que el panorama era complejo, que existían innúmeras construcciones subterráneas y que no todas habían sido hechas para matar al brigadier general.

En los documentos citados se da una lista de los túneles de tradición respecto de los que se pudo obtener información en ese ya lejano año de 1848:

> La primera vía subterránea de que se ha hablado desde tiempo inmemorial [...] se halla debajo de la calle Potosí [actual Alsina], es decir, atravesando desde el templo de San Ignacio hasta una de las casas que fueron de don José María Coronel, casas que pertenecieron antiguamente a la Compañía de Jesús, antes de su primera expulsión, y en la cual daban aquellos padres ejercicios espirituales. El objeto para que se construyó esta vía de comunicación subterránea es desconocido, pero se sabe que ella fue obstruida completamente después de su expulsión. La segunda, que es la que puede llamarse legítimamente mina, sobre cuya construcción, que fue en 1806, [...] queda en otra manzana y en distinta dirección de la que se contrae la presente nota. La tercera de que se ha hablado también, y que se decía ser construida en 1812, no fue más que una excavación, de poca profundidad, que se hizo en lo que hoy es el fondo del almacén en la calle de Belgrano Nº 97, es decir, el de Stegman [...] aquel trabajo tuvo como objeto buscar un armamento que entonces se denunció [...] También se ha hablado de una vía subterránea que se decía conducía, desde el ya citado templo de San Ignacio, hasta la Residencia, actual Hospital General, mas esto no es cierto según he podido inquirir, hasta no quedarme duda. De donde infiero que es equivocada con la que atraviesa la calle de Potosí y a que ya me he referido.

Esto demuestra que ya para esa época se conocía la existencia de túneles y que había memoria de ellos. De más está decir que esta investigación hecha por el funcionario es endeble, pero nos trae al menos algunos datos que luego veremos que serán de gran utilidad. El resultado del análisis de este texto es parco: de los cuatro casos, uno era de 1812 (una simple excavación), otro no existiría, otro sería una mina hecha en 1806 con objetivos no especificados (¿parte de lo hecho por Centenach contra los invasores ingleses?), y sólo quedaría como realmente antiguo el túnel que pasa por San Ignacio hacia la calle Alsina, que por cierto existe. Nada más hubo en esos tiempos sobre este tema, o al menos no nos ha llegado a nosotros, pero esta lista nos señala la posibilidad que ofrece un estudio más detallado de la información sobre túneles escrita o documentada en el siglo XIX.

Sarmiento se mete con los túneles (1845) y lo sigue Vicente Quesada (1881)

Si seguimos con la búsqueda de las primeras noticias publicadas creo que podemos atribuírselas al *Facundo*, cuya primera edición se hizo en Santiago de Chile en 1845. Allí el futuro presidente argentino desplegó su fuerte verborragia contra la ciudad de Córdoba y se metió de lleno, como comprobación del tradicionalismo de esa ciudad, en el tema de los túneles. Dice con toda precisión que están en:

> la Compañía de Jesús, en cuyo presbiterio hay una trampa que da entrada a subterráneos que se extienden por debajo de la ciudad, y van a parar no se sabe todavía a dónde; también se han encontrado los calabozos en que la sociedad sepultaba vivos a sus reos.[22]

Pero si bien no nos meteremos nosotros con los túneles cordobeses al menos hasta llegar al capítulo 7, debemos decir que esa piedra que oficia de entrada existe tras el altar mayor y da paso a las dos cámaras abovedadas de la cripta antigua: lo demás corre por cuenta de Sarmiento. En 1919 se hizo un estudio detallado de la cripta y se lo publicó, cerrando así el tema, al menos el de ese lugar; más adelante en este libro lo analizaremos en detalle. Pero nada le quitó importancia al hecho de que Sarmiento opinara y publicara sobre la asociación jesuitas-túneles, y por eso las cosas no se quedaron quietas. Es interesante ahora ver que quien quiso desmitificar el tema —que se mantenía sólo por tradición oral— fue el que lo dejó escrito en el papel por primera vez. Esto llevó a que en la misma línea, aunque más sobriamente, escribiera Vicente Quesada acerca de la existencia en la misma manzana jesuítica de una "gran galería subterránea con sus altares, sus sólidas murallas" y tanto más, aunque en la misma página indica que sólo la conoció por terceros ya que él nunca penetró en ella. Pese a eso pudo aclarar que "es prueba de que se tuvo en mira algo de importancia para la Compañía".[23]

Con el tiempo, muchos más siguieron esta senda en los años finales del siglo XIX, pero tenemos que recordar a quienes, como Joaquín V. González en 1886, estuvieron en el mismo sitio que los antes citados, oyeron las mismas historias acerca de "los grandes tesoros acumulados por los jesuitas en sus subterráneos", como escribió éste en su clásico *La tradición nacional*, pero no entró en detalles y se cuidó mucho de repetir cosas no probadas.

Los primeros descubrimientos y las Obras de Saneamiento Municipal (1881-1920)

Corría el año 1881 cuando Pedro Benoit, el arquitecto más conocido de la llamada Generación del 80, y favorito del intendente Torcuato de Alvear, inició la transformación del Cabildo de Buenos Aires. La idea era modernizarlo, adecuarlo al gusto de su tiempo con una gran fachada francesa, una torre-faro gigantesca y los interiores decorados al gusto adoptado para los Tribunales de la nueva capital de la Nación.[24] Mientras llevaba a cabo estos trabajos seguramente debió encontrarse con innumerables pozos ciegos, desagües y aljibes, lo que era habitual en su tiempo y él mismo los hacía en cada edificio que construyó; al fin de cuentas no había otro sistema para proveer agua. Pero, y esto es lo notable, Benoit se encontró con algo que no supo explicar:

> un pequeño patio en el que se halló un subterráneo que comunicaba con otro, por medio de una galería; parecía más un calabozo que aún conservaba la lumbrera sobre la puerta. Este calabozo no

fue posible explorarlo por haber convertido parte de él en letrinas, comunicándose también con otro que por su gran dimensión y clase de bóveda, en donde se notaba ojivas, se deducía que no fue su primitivo destino.[25]

Es evidente que su descripción es poco clara, posiblemente producto de algo que sólo vio por poco tiempo mientras se excavaban los nuevos cimientos e instalaciones, pero no hay duda de que no era un pozo de letrina o un aljibe común; Benoit no se confundiría a tal grado. Y si bien nos adelantamos, cuando se excavó el Cabildo en 1991 intentamos hallar una construcción rectangular subterránea que teníamos ubicada a través de un plano de 1936 y que creíamos que era la descrita por Benoit;[26] lamentablemente había sido destruida al hacer las ampliaciones de 1960. Haya sido lo que fuera, ya está perdido. Años más tarde Julián Vilardi, sin ninguna seriedad, hizo una supuesta lista de lo que se descubrió en el interior de esa construcción (sí, ¡increíble la fantasía!) que incluía las infaltables trenzas de los sublevados Patricios, lanzas rosistas, una enorme caja fuerte y varios objetos más. Con los años, algunos objetos que guarda el Museo del Cabildo, incluyendo una caja fuerte del siglo XVI y donada en pleno siglo XX, fueron considerados como los hallados por Benoit.[27] Nada hay que confirme esta tradición imaginaria, hermosa pero no cierta.

Para el ciudadano común de finales del siglo XIX sí existían diversos tipos de túneles: los llamados tradicionales, los grandes desagües como el Tercero del Sur construido a mitad de ese siglo, las nuevas obras de salubridad y los relacionados con las criptas de iglesias; por supuesto, las casas tenían sus cisternas de aljibes y sótanos varios. Todo esto era parte de la vida cotidiana pero, al parecer, diversas causas llevaron a su olvido desde la mitad del siglo XIX. Para el final de ese siglo ya eran poco más que una leyenda, un chimento de barrio que tampoco tenía demasiada importancia. Por razones que iremos lentamente tratando de desentrañar, ese mundo usable del subsuelo fue perdiéndose, ya no era útil: la nueva arquitectura y la ingeniería sanitaria los iban haciendo, día a día, más obsoletos.

Que sepamos, recién en 1893 a alguien se le ocurrió investigar con cierto cuidado un hallazgo de este tipo, en ocasión de descubrirse lo que se describió como una gran habitación bajo piso, abovedada, con un túnel conexo. Fue Federico Burmeister, hijo de quien había fundado el en ese entonces llamado Museo Nacional, ubicado en lo que ahora denominamos Manzana de las Luces, quien trazó un plano del lugar.[28] Hoy, al haber visto el sitio en 1987 (aunque fue cubierto nuevamente en 1991),[29] es fácil darse cuenta de que Burmeister exageró y mucho. El recinto denominado sótano era una cisterna de 6 por 15 metros, que en nada difería de muchas de las que había en las casas de la ciudad, y a su lado había un simple pozo ciego cubierto por una bovedilla de ladrillos. El conducto pequeño que figura en el plano parecería ser un albañal que pasaba por encima de la cisterna; al menos ésta es la interpretación que se pudo hacer antes de que fuera destruida durante las obras recientes. Este plano, publicado en un artículo periodístico por primera vez en 1909, fue interpretado como parte de la entrada a los túneles de la Manzana de las Luces, pero al contrastarlo con los planos existentes de la misma época, no coincide con ellos. También se publicó el corte de un sector del túnel del antiguo arroyo Tercero del Sur (Zanjón de Granados), que en lugar de los 4 metros de altura que tiene creció hasta 10; y si bien al leer el artículo uno puede darse cuenta de que Burmeister no estaba tan confundido, el periodista supo sacarle el jugo al tema.

Fue en 1904 cuando Blas Vidal publicó un breve artículo en *Caras y Caretas*,[30] excelente aunque muy sensacionalista, en el cual incluía toda la información que logró encontrar sobre este tema, que ya era una curiosidad para su tiempo. Profusamente ilustrado, el artículo mostraba las diferencias que había entre los túneles de la calle Defensa del entubamiento del Zanjón de Granados (el Tercero del Sur), lo descubierto por Burmeister, los túneles redescubiertos bajo las obras del Colegio Nacional de Buenos Aires en la Manzana de las Luces y citaba varios más a los que logró bajar, en especial uno no bien identificado en la calle Victoria (actual Hipólito Yrigoyen), entre Bolívar y Defensa. A continuación describió criptas como la de la iglesia de San

Francisco, incluyendo las momias que había allí depositadas. Es indudable que estas catacumbas, como él las llamó, dieron mucho que hablar en su momento, y su falta de rigor en la descripción quedó compensada con creces al reabrir el tema con su artículo "Una excursión por los subterráneos de Buenos Aires", que hoy leemos como una verdadera joya periodística:

> Rehuyendo a las digresiones históricas a que podríamos recurrir, preferimos concentrarnos a relatar lo que hemos visto en nuestra excursión por el Buenos Aires subterráneo. Desconocemos la procedencia de la primera noticia que llegó a nosotros: alguien debió decirnos: ¿sabe usted que en Buenos Aires hay catacumbas? Y preguntando aquí e indagando allá hemos comprobado la existencia de pasajes subterráneos, cuyo fin no deja de ser sugestivo puesto que obedecen a un plan general de comunicaciones entre los conventos que datan de la época colonial.[31]

Ésta fue la primera vez que alguien planteaba la idea de que los túneles eran circulaciones entre iglesias —la sutileza de que era entre conventos de hombres y mujeres no pasó desapercibida— y que formaban una supuesta red bajo la ciudad. Esto, que no era cierto, fue la base de la explicación más común del imaginario porteño y que aún se mantiene. Pero sigamos a Vidal:

> No cabe suponer que hayan servido para el desagüe de la ciudad pues hemos comprobado que esos subterráneos nada tienen que ver con los Terceros que en aquella época hicieron oficio de cloacas, siendo el principal de ellos el que va de la calle Chacabuco a la de Chile [...] y que mide cuatro metros de ancho por dos y medio de alto, mientras que los subterráneos en cuestión tienen de ocho a diez metros de alto por siete de ancho, capacidad exageradísima que impide admitir que han sido construidos para desagüe. Uno de ellos va de la calle Piedras y Alsina, donde está el convento de San Juan, hasta la calle Defensa atravesando el Museo Nacional, la Facultad de Ingeniería y las iglesias de San Ignacio y San Francisco. Sucesivos hundimientos en el Mercado del

Centro y en la esquina de Perú y Alsina orienta la existencia de esa comunicación [...] Este mismo camino corta en un ángulo recto con la iglesia de San Francisco, atraviesa por la calle Victoria entre Defensa y Bolívar y sigue en dirección a la calle Viamonte; y es posible que por el sur tenga otra comunicación que una el citado convento con el de Santo Domingo que dista dos cuadras. Una parte del primer recorrido lo hemos hecho nosotros, habiendo podido comprobar que esa comunicación se extiende por el oeste [...] al convento del Salvador; siguiendo de allí al antiguo convento de los Irlandeses. Dícese que en el hundimiento que hubo hace unos veinte años frente al convento de San Juan se encontró una vía subterránea y unos huesos humanos dentro de ella, dícese que en un boquete que hicieron en la esquina de Perú y Alsina, el general Nazar encontró unas trenzas de mujer; dícese... dícese tantas cosas que no asentamos nosotros por no haberlas podido verificar. En la calle Ecuador entre Paraguay y Mansilla se produjo un derrumbe en el año 1878 y su dueño, el señor Colombo, vio el subterráneo que quedó al descubierto.

Bueno, esto es sí mucho decir, no sólo el que haya estirado la red de túneles por todas partes sino la dimensión imposible de 10 metros de alto con kilómetros de extensión. Casi era la descripción de una Buenos Aires hueca por debajo. La verdad es que a más de uno debió asustar. Pero aún nos falta leer la verdadera aventura, su bajada a las fauces del Averno porteño:

En posesión de estos informes que reputamos fidedignos logramos dar con los boquetes que nos permitieron la introducción en los subterráneos. Y bajamos. Nuestra retina pasó rápidamente de la claridad de la calle a la oscuridad de infierno que rellenaba el ambiente. La linternita que llevábamos apenas nos permitía distinguir el círculo movible que iluminaba débilmente y que rondando a nuestras figuras les daba perfiles dantescos en aquellos antros en donde reinaba un silencio de muerte [...] Y avanzamos con lentitud [...] No sabemos lo que anduvimos caminando medio a oscuras y en semejantes condiciones en que se pierde el concepto de la distancia. Nos orientamos: la aguja señalaba el nor-noreste, es decir que íbamos en camino a la calle San Martín, cortando transversalmente la Plaza de Mayo. Quizá pasáramos debajo de la Catedral. Seguimos avanzando. La linterna se amortiguaba poco a poco, falta de gases combustibles. La respiración era cada vez más fatigosa. Tropezamos con algo: nos agachamos a recogerlo en el suelo y ¡horror: un fémur era lo que teníamos entre manos! Aguijoneados por esa maldita curiosidad proseguimos aún por aquel via crucis, escoltados por el fotógrafo, hasta que un derrumbe que obstruía por completo nos hizo retroceder a buen paso, ávidos de aire oxigenado que tonificara nuestros embotados pulmones.

Bueno, sin palabras, si hasta un fémur descarnado encontraron. Pero detrás de la noticia hay otras cosas que ahora podemos ver, muy especialmente en relación con la pérdida de la memoria respecto de los sistemas de aprovisionamiento de agua que en esos mismos años se estaban dejando de usar —cisternas, aljibes y pozos— y la construcción de un imaginario colectivo a partir de una nueva sociedad de inmigración desvinculada del pasado de la ciudad.

En 1904 se generaría una larga serie de noticias producidas por los trabajos de saneamiento urbano que puso en marcha la Asistencia Pública bajo la dirección del doctor Della Penna y que le encargó a su asistente, el ingeniero Carlos E. Martínez. La intención municipal era cancelar todo tipo de estructura subterránea para que sólo se utilizara el nuevo sistema de aguas corrientes, basado en la Ordenanza del 8 de junio de 1894 que prohibía el uso de agua de pozo y los desagües con el sistema conocido como "pozo ciego".[32] No es que la ciudad dejara de tenerlos, ya que sabemos que en las casas pobres y conventillos siguió en uso por mucho tiempo más, pero al menos fue un sistema que permitió tapar cientos de pozos y cisternas y mejorar la salud pública. Este trabajo se hizo recopilando toda la información suelta por la ciudad respecto de la existencia de construcciones bajo tierra de cualquier tipo, y allí acudían los poceros con carros de escombro a tapar y rellenar.

Uno de los trabajos que se hicieron fue enfrentarse con un grupo de enormes cisternas; de esa tarea quedó como registro una excelente nota en la revista *PBT*[33] en la que se informó sobre varias construcciones halladas bajo el demolido Mercado Central. Este conjunto que ocupaba la manzana delimitada por las calles Perú, Alsina, Moreno y Chacabuco fue construido en 1865 y demolido en 1907. Allí se encontraron dos grandes cámaras rectangulares, al menos una de ellas cubierta por una bóveda con un nicho en un extremo, construidas en parte con mampostería. El piso se hallaba a 14 metros bajo el nivel de la calle y, según las fotos existentes, era de tierra. Lógicamente la nota es sensacionalista y habla de cárceles, osamentas, trenzas de Patricios y de armas escondidas:

> Impulsado por móviles de higiene pública el director de la Asistencia se propuso sanear las galerías que hay en el subsuelo del Mercado del Centro. Esos amplios conductos inhabitados desde tiempo inmemorial eran nido de colosales ratas que tenían infestada una buena parte de la ciudad. Ignórase con qué objeto se hicieron esas amplias galerías o pasadizos: tal vez se hicieron como lugares de refugio donde el vecindario pudiera escapar a los ataques de los indios. Acaso se hicieron para esconder las riquezas de la colonia. La tiranía los habilitó como mazmorras para recluir a las infelices víctimas sepultándolas en vida en una horrorosa tumba. Las exploraciones practicadas en esas galerías no han tropezado con los tesoros que algunos imaginaban encontrar. Osamentas más o menos completas, restos de furnituras y de uniformes, y bastantes trenzas de cabellos, es lo único hallado.

Este artículo es excelente ya que reúne en pocos renglones todos los lugares comunes del imaginario de principios del siglo XX sobre el tema: las trenzas, las mazmorras de la tiranía rosista y hasta el absurdo de imaginar un refugio contra indios. Hubiera sido interesante que el articulista nos explicara cómo colocaría a los habitantes de la ciudad en un pozo de 14 metros de profundidad y sólo 2 de ancho. Cualquier analogía con la forma de viajar en un colectivo moderno es totalmente casual.

Lo que nadie recordaba era que las posibilidades de explicación eran pocas y bastante claras:

1) eran cisternas de agua del propio mercado, que por sus dimensiones necesitó agua en grandes cantidades, y por supuesto necesitaba poder desaguarlas. Esto parece la explicación más racional hasta el momento, por lo que no serían anteriores a 1865; la tipología y las dimensiones así lo demuestran,
2) que hubieran pertenecido a la Brush Electric Co., que en 1882 instaló allí la primera usina eléctrica bajo la dirección de conocido ingeniero Cassel y que asombró a los porteños con la luz eléctrica domiciliaria (producida con motores de vapor con gran consumo de agua),
3) que se hubieran aprovechado pozos preexistentes ya que allí tuvieron los jesuitas su Ranchería. El sitio en el que vivieron más de doscientos esclavos e indios de las misiones usados por los jesuitas en las obras de construcción.

Varias revistas de su tiempo difundieron estos descubrimientos con tono espectacular y misterioso.[34]

En 1909, la ciudad leyó una serie de cuatro notas publicadas en días consecutivos sin firma en *La Nación*.[35] La primera se titulaba "Los subterráneos de Buenos Aires" y describía el sótano descubierto en la casa de un tal Aguirre, en la esquina de Bolívar e Hipólito Yrigoyen. Martínez y sus brigadas de poceros detectaron una cámara subterránea de forma redondeada, con hornacinas excavadas en sus paredes —una incluía aún un cabo de vela—, con una escalera de cómodas dimensiones y en gran parte revocada; la casa fue demolida en 1914 para la ampliación de la Diagonal Sur. Se hicieron excavaciones para ver si se comunicaba con otros túneles o sótanos, pero nada se pudo descubrir. Por cierto, dicho texto es de un periodista que supo manejarse con cautela, aunque sin dejar de demostrar su asombro. Por suerte no recordó que ese lote perteneció en tiempos coloniales al Inquisidor de la ciudad, si no su imaginación hubiera quedado desbordada. Según él:

> La serie sorprendente de estos descubrimientos encierra más de una sorpresa, desde el antiguo convento de los Jesuitas hasta la Casa de Rosas (Moreno entre Bolívar y Perú) recientemente hallados. [...] Pero limitándonos al subterráneo que hoy nos ocupa, el hallado bajo la casa del señor Aguirre [...] se trata de dos cámaras [...] la otra igualmente grande está en comunicación con la primera por medio de un corredor. ¿Qué destino han tenido? Esto es un misterio ¿depósito?, ¿refugio?, ¿culto? No puede establecerse ni lo uno ni lo otro pues la afirmación que se ha hecho de que aquello sirviera de tribunal religioso no es posible comprobarla [...] Se han practicado perforaciones en todo sentido buscando comunicaciones, pero como en los otros casos nada se ha encontrado. Son obras aisladas no sucediendo así con los sótanos que existen debajo del Museo de Historia Natural [...] esos sótanos deben comunicar con la casa situada en la esquina de Perú y Alsina, antiguo seminario de los Jesuitas, ligado por un subterráneo con el convento de San Ignacio.[36]

Quede ese artículo sin autor como un ejemplo de buen periodismo: por una parte entendía que había obras que, más allá de ser exóticas o extrañas, no por eso formaban largas redes o se conectaban con otras, mientras que en la Manzana de las Luces existía una red reducida de túneles que no se conectaba con otros más alejados. Asimismo estableció una lista de lugares comunes que serían utilizados en el siguiente siglo para explicar las construcciones de este tipo. El autor veía cómo se construía un imaginario sin sustento real y por eso escribió que:

> Mucho se ha hablado de los subterráneos de Buenos Aires, las leyendas han existido siempre y se contaba y se sigue contando de misteriosas comunicaciones entre los conventos, entre sitios determinados por la autoridad y el Fuerte viejo [...] nada de esto se ha encontrado hasta ahora, no sólo en los trabajos que se practican por orden del Dr. Penna, sino en los serios y profundos que se hicieron

para las obras de salubridad [...], subterráneos aislados sí se han hallado muchos y curiosísimos, pero red de comunicaciones no.

Al día siguiente se publicó una nueva nota titulada "La casa de don Juan Manuel de Rosas, escondrijos misteriosos"[37] en la cual se describían, esta vez sin gran sapiencia, los sótanos descubiertos en la casa de Moreno y Bolívar. Se trataba de una compleja construcción autónoma bajo el patio central compuesta de cuatro pozos y tres cámaras subterráneas con comunicación entre sí. Es difícil explicar ahora este rompecabezas, porque el único plano y el corte publicados no coinciden con la descripción del texto. De lo que no quedan dudas es de que Rosas tenía allí, con bastante lógica para la época, una construcción mucho más compleja de lo que se podía ver a simple vista. Lo que sí vemos es que se tomaron como raras construcciones a varias simples cisternas de aljibes y por lo menos un pozo ciego. Incluso la extraña comunicación entre un pozo y la cámara no sería, a la vista de lo que la arqueología puede decir hoy, más que un sistema para ampliar la capacidad de absorción del pozo, ubicado en un patio donde no había lugar para excavar nuevos. No había rastros de túneles ni comunicación con ninguno de los ya conocidos.

Para la arqueología moderna sería interesante que se hubieran diferenciado las construcciones de la época de Rosas o incluso anteriores (ya que la casa pertenecía a la familia Ezcurra desde hacía tiempo), de las instalaciones posteriores, cuando el edificio fue usado como casa de gobierno, aduana, correo, policía y escuela, pero el tema ya es insoluble. Otro punto que hoy podemos ver es que el autor, en aras de hacer la nota más vendible, les dio a las cosas dimensiones que no tenían: una bajada de agua desde el techo que medía 15 cm de ancho en el plano terminó en el texto como un "pasaje de grandes dimensiones". El artículo se cierra diciendo que:

> aquellos emparedados, aquellos cuartos ocultos, aquellos subterráneos profundos, aquellas vías entre paredes y en el subsuelo, el misterio de las salidas y entradas por pozos en el patio, ¿a qué han respondido?

Demasiada exageración en vista de lo que el mismo autor describió renglones antes.

Un dato llamativo, por lo poco común en el periodismo de su tiempo y del posterior, es que se hizo una lista de los objetos descubiertos en el interior:

> un pedazo de plato de loza con el rostro de Napoleón, un bozal, dos cuernos tal vez de chifles, nueve cucharas, tres tenedores, cinco cuchillos, varias botellas, una cacerola de cobre, cinco tinteros, una espada, una bayoneta, un pito (pipa), dos vasos de noche (bacinicas o pelelas), varios trozos de granito, restos de lozas, un mate, un embudo, una canilla y una puerta en pedazos con su cerrojo.

Lo que no sabemos es si estos objetos fragmentados estaban mezclados con el relleno —es decir que fueron a parar allí como simple basura—, si estaban sobre un piso vacío, o si fueron arrojados al fondo del pozo de agua. Lo primero es lo más probable, porque en las fotos se ve que el sistema de desagüe fue reemplazado por un sistema más moderno de cañerías de obras sanitarias. El tipo de objetos coincide con los años de uso de la casa y lo que habitualmente se descartaba del uso cotidiano.

La tercera nota de la serie describió con detalle lo hallado al demoler el Mercado Viejo en 1907, en la esquina de Perú y Alsina, de lo que ya hablamos antes.[38] Allí los descubrimientos fueron de verdad sensacionales y despertaron la curiosidad de la población: al abrirse el primer túnel, que tenía tirantes de madera en el techo en lugar de la bóveda habitual, intervino la municipalidad. Se procedió a vaciarlo y se descubrieron (¿por qué siempre lo mismo?) armas en desuso, vasos, cuchillos y pelos a los cuales la leyenda rápidamente atribuyó un origen relacionado con el viejo Motín de las Trenzas. También se encontraron seis cámaras o sótanos que seguían en uso en el mercado, algunos con comunicación entre sí. Los objetos descubiertos no eran más que los esperados en esos contextos. Más allá del gran tamaño de estas cámaras y pasadizos no hubo pruebas de que estuvieran comunicados con el exterior, pese a que se excavó en dirección a la iglesia de San Juan, la calle Chacabuco, San Ignacio y otros sitios. Al igual que se había hecho con lo hallado en la casa de Aguirre, se realizaron esfuerzos para encontrar comunicaciones de algún tipo, las que realmente no existían. Me pregunto ahora qué pasaría si halláramos esas excavaciones (es decir, esos túneles) hechas para encontrar los otros túneles. Pero, yendo hacia atrás y según la descripción:

> A los 14 metros de profundidad había una sala enorme con bóveda y muros gruesos, aunque en mal estado. ¿Qué había allí? Basura, despojos de todas clases y trenzas de cabellos en gran cantidad, [...] un esqueleto de perro, una aceitera, un pito (pipa), un estuche, una jeringa y una calavera de gato.

No parece ser material que corresponda a nada muy misterioso por cierto; y las trenzas ¿no serían crines de caballo? Las dimensiones de las cámaras eran de 12,80 por 5 metros; 12,50 por 5 metros y 12,60 por 7,50 metros. Una de ellas, la más amplia, fue remodelada y siguió en uso por muchos años como depósito de fruta para el almacén de Camuyrano. Hoy en día, repetimos, creemos que estas cámaras fueron cisternas de aljibes para agua. Las dimensiones y la profundidad, al igual que los sistemas constructivos, son similares a las que descubrimos en trabajos recientes. Si entre ellas hubo construcciones anteriores, es difícil saberlo ahora. Más adelante reproducimos un documento en el que el virrey Liniers, en 1806, pide la construcción de un sistema similar en forma y dimensiones bajo el Fuerte para conservar agua en caso de una invasión o ataque.

Para terminar estas notas del año 1909, la cuarta describía y fotografiaba una extraña cisterna, una cámara en forma troncocónica de 13 metros de profundidad descubierta en Belgrano 550 y que perteneció a los dominicos.[39] Dado que no tenía túneles que llevaran a ella y que en la parte superior estaba rematada con un agujero de un metro de ancho con un brocal de aljibe, no caben dudas de que era uno de los típicos pozos de balde hechos durante los siglos XVII al XIX para extraer agua y que abundaban en la ciudad. Su tamaño no era mayor que el de varios que más adelante describimos y todos ellos perfectamente documentados. Quien visite el Museo Sarmiento en la ciudad de Buenos Aires, podrá ver limpio un pozo de aljibe con esa misma y peculiar forma, aunque un poco menos profundo. Pero sí, el de Belgrano 550 era realmente grande en su base y la foto con varios obreros excavando en su interior no deja de llamar la atención. También se mostraba el túnel de San Ignacio, que según el autor fue excavado por el ingeniero Martínez y que unía un pozo revestido de mampostería —tal vez otra cisterna— con la parte inferior del altar mayor; por lo menos ésas son las palabras del texto. Quizá más interesante sea la descripción que le sigue, de una cámara bajo el Taller Drysdale en la calle Perú y Venezuela, la cual tenía ornatos, decoración y ¡hasta artesonado en la bóveda del techo! La describe de 5 metros de lado y aclara que estaba aislada de túneles de cualquier tipo y que era una construcción —sótano— del edificio. Pero las cosas no nos quedan nada claras:

> Esa cámara situada a la profundidad de 4 metros (sin techo) es tal vez la más interesante de todas por su decoración; ha sido sin dudas un sitio de lujo en la remota época en que fue construida, pues los ornatos, la decoración toda, artesonados, etc., en su regular extensión de cinco metros de largo por igual de ancho, revelan que aquello no era un simple escondrijo vulgar, sino una cámara, puede decirse, señorial.[40]

Aquí sí las dudas que se nos presentan son muchas; luego volveremos a este caso.

El eco de estos artículos y la repercusión del trabajo de saneamiento practicado bajo la ciudad por el ingeniero Martínez —al que se le atribuye haber descubierto muchos túneles que luego fueron redescubiertos y supuestos como antiguos—, y en especial lo que se halló en el mercado, hicieron que una nueva nota de *Caras y Caretas*[41] destruyera ilusiones y fantasías:

> Habiendo la Asistencia Pública emprendido obras de saneamiento [...] se llegó a descubrir una vez un subterráneo en el Mercado

> Viejo. La noticia produjo honda impresión, pues se encontraban los ánimos predispuestos. [...] El ingeniero Carlos E. Martínez, que dirige las obras, ha venido a estropear "todas las ilusiones" ya que sólo se han descubierto objetos por demás muy comunes: "de instrumentos de tortura, ni siquiera una navaja de afeitar; de cadáveres de monjas y chiquillos clavados en la pared, ni el pelo; y de onzas de oro... ¿habían de ser precisamente onzas de oro lo que se olvidase algún abuelo nuestro en el sótano? Colóquense ustedes en el lugar del presunto abuelo y verán cómo la presunción carece de base.

Más allá de la postura sarcástica del anónimo autor, las fotografías son de importancia: la escalera y el interior de la cámara abovedada de Bolívar 107 en la cual se aprecia el piso de baldosas, las hornacinas para la luz y el revoque de las paredes y la escalera. Estas fotos nos permiten fechar la construcción como cercana a 1800-1820 y más adelante veremos cómo este sistema de construcción de aljibes se mantuvo al menos hasta 1880. También se incluyeron fotos de los objetos provenientes del sótano de Rosas y una vista del túnel del Colegio Nacional de Buenos Aires.

Todas estas notas más los rumores intensos que corrían en la ciudad dieron sus frutos: muchos se interesaron por los túneles. Entre 1910 y 1920 se iniciaron en el tema varios de los investigadores que años más tarde harían buenos aportes: Vicente Nadal Mora, Héctor Greslebin, Félix Outes, Ángel Gallardo y el ingeniero L. Topelberg penetraron y recorrieron la zona en busca de información; levantaron algunos planos detallados y tomaron fotografías que serían únicas al comenzarse la destrucción de estos túneles y sótanos. Una primera generación de investigadores que hizo todo lo posible por clarificar las cosas y nos legaron información ahora insustituible. Aparecieron en esos años algunas notas como la de Ángel Gallardo en el diario *La Nación*,[42] en la cual se describía las visitas que se organizaban en grupos al conjunto de túneles de la Manzana de las Luces. En una de ellas, magistral, Gallardo atribuyó las obras bajo tierra de la Manzana de las Luces a una travesura escolar hecha en 1886 en la que:

> Hace 32 años [...] llevados por la curiosidad visitaban varios de ellos [alumnos del sexto año] la parte antigua del colegio, donde en época del internado funcionaban las cocinas y otras dependencias, la casualidad hízoles descubrir un amplio sótano que constituía, probablemente en épocas remotas, las bodegas del establecimiento jesuítico. El travieso espíritu estudiantil supo sacar provecho de este hallazgo, fraguando la novela de subterráneos y catacumbas que no fue difícil pasar por historia verídica, entre aquellos condiscípulos de imaginación más exaltada o de menor grado de malicia. Hábilmente sugestionados, éstos emprendieron la tarea de explorar las galerías, comenzando por abrir un boquete en el muro, que al decir de los inventores de la broma había sido cerrado para evitar visitas indiscretas. Todas las tardes después de clase, el equipo [...] se dedicaba, pico en mano, a la tarea de apertura [...] El entusiasmo de los crédulos muchachos llegó al colmo un día en que, en plena obra de perforación, descubrieron nada menos que una vieja caja metálica en la cual se encerraba una cantidad de monedas del siglo XVIII, acompañada del plano de los subterráneos, con indicación de las galerías que conducían a la Catedral, los conventos y otros lugares. Inútil parece decir que los interesantes objetos habían sido previamente colocados por los autores de la broma. Lo curioso del caso es que éstos, sin sospecharlo siquiera, engañaban con la verdad, por una de esas raras intuiciones, al describir con cierta aproximación lo que el hallazgo de ahora ha venido a corroborar tan curiosamente. En los nichos del sótano de entrada en la galería se ven esculpidos los números romanos que los jóvenes autores de la novela [...] grabaron en 1886 para indicar las diversas ramificaciones subterráneas del arcaico plano por ellos fraguado.

El alumno engañado se llamada Hainard y la broma se dio vuelta y resultó verdadera. Como dijo Gallardo en sus memorias, "la broma resultó cierta, pues después en la demolición total del viejo colegio, para la actual reedificación, aparecieron los subterráneos, tal como los habíamos imaginado". Pero la nota de 1918 trae, por cierto, una historia fascinante y muchos datos útiles: además de la narración de una travesura escolar tenemos el detalle de los números romanos grabados sobre los nichos que realmente estuvieron allí hasta que esa parte fue destruida hacia 1904 y se los ve en las fotos existentes. Por otra parte, es obvio que los alumnos, por más energía que hayan puesto en su excavación, no deben haber hecho demasiado, seguramente ni siquiera lograron modificar un tramo cualquiera. La lista de los visitantes que iban al sitio, que Gallardo incluyó en su artículo, es también de interés ya que varios de ellos tendrían participación en el futuro con los túneles de este sitio. El autor recuerda a Alejandro Christophersen, Antonio Dellepiane, Martín Noel, Enrique Udaondo, Rómulo Ayerza, Ricardo Güiraldes y otros más, quienes luego se convirtieron en personalidades de su tiempo.

Hoy, para nosotros lo más divertido de esa antigua broma es que aún circulan copias de ese plano fantástico, algunas de las cuales logré ver aunque nunca fui autorizado a copiarlas. Tanto es el secreto con que sus propietarios guardan la información de un tesoro que algún día piensan recuperar para ellos solos.

En 1915, ante tanta bambolla sobre los túneles, el municipio tomó una nueva iniciativa: envió a L. Topelberg, un topógrafo profesional, a hacer los planos de lo que había en el Colegio Nacional de Buenos Aires, es decir en la Manzana de las Luces, plano que por suerte llegó hasta nosotros y que nos muestra el estado original del lugar antes de la construcción del nuevo edificio del colegio hecha por Norberto Maillart tal como la conocemos actualmente.[43] Esta última obra significó la destrucción de una buena parte del conjunto, tanto del edificio jesuítico como de lo que había debajo, aunque hay que destacar que el mismo arquitecto preservó la galería que corre bajo el contiguo templo de San Ignacio, al que le colocó una buena puerta de entrada hecha de hierro, que resistió a los alumnos del colegio hasta hace pocos años, cuando se vino abajo. Estaba ubicada a un lado de lo que fuera el antiguo polígono de tiro, el que también se mantiene intacto aunque ya sin uso. Al parecer este plano realizado por Topelberg se basó en otro anterior, también obra municipal, del que sólo tenemos referencias aunque nunca hemos logrado ubicarlo.[44]

Recién hubo mayores novedades cuando en 1920 salió un extenso artículo de Héctor Greslebin[45] que era resultado de una investigación hecha junto con el historiador Rómulo Carbia. Greslebin era un joven arquitecto inquieto por el pasado, al que le dedicaría la obra de toda su vida,[46] mientras que Carbia era un historiador que empezaba a ser un hombre de prestigio en su tema; el proyecto encarado por ambos implicaba que uno haría los estudios técnicos y los planos, y el otro buscaría la documentación de archivo; es decir lo que hoy llamaríamos, salvando las distancias, arqueología histórica.

El artículo que publicaron fue el primer aporte al análisis científico del tema y algunas de sus conclusiones aún no han sido rebatidas. Los autores, aunque la nota parece haber sido hecha sólo por Greslebin, inician su trabajo con la hipótesis de que los túneles de la Manzana de las Luces fueron construidos en los últimos años de los jesuitas (como máximo hasta 1800) y que sirvieron como sistema para intercomunicar conventos, la Casa de la Virreina Vieja, la Casa de Expósitos y otros edificios oficiales del centro. Es decir que asumen la hipótesis de Blas Vidal de unos años antes; aunque por cierto no resulta clara su postura ya que dicen que "quedaría a probar si estos ramales son comunicación interconventual o de orden militar, pues la misma casa de Rosas no es difícil que haya estado unida al sistema", dejándonos más confusos que al principio. En la nota hicieron una reseña de todo lo hallado hasta la época con un dato que hay que destacar: señalan que la cámara descubierta por Burmeister no tenía conexión con ningún túnel y que no formaba parte de la red más antigua, es decir que la intención de comprobar sus hipótesis no nubló su inteligencia. A continuación, tras mostrar un detallado plano de las galerías con sus correspondientes secciones verticales, describieron los túneles, sus dimensiones y características constructivas, destacaron un ramal que pasaba justo debajo de uno de los pilares que sostienen la cúpula de San Ignacio y el riesgo que esto significó para quienes lo excavaron. Greslebin fue bastante cuidadoso en muchos aspectos, como al publicar fotografías de varios azulejos, dos bayonetas y un escudito. Hizo la aclaración de que no fueron encontrados en los túneles, sino fuera de ellos, y no por él, aunque en el mismo edificio. Pese a eso, hasta hoy muchos autores siguen indicando que fueron encontrados por Greslebin y en el interior de los túneles.

Greslebin escribió que la red estaba formada por dos sectores hechos con poca diferencia de tiempo entre sí pero con marcadas diferencias técnicas. Observó por primera vez la manera de excavar, la dirección de las marcas en las paredes, la forma y altura de las bóvedas, los declives del piso, los cruces entre ramales y las intersecciones con cimientos y pozos ciegos. Sólo dejó abierta de interpretación sobre su función al decir que "quedaría por probar si estos ramales son comunicaciones interconventuales o de orden militar". Por supuesto hay algunos puntos que se podrían discutir, incluso a la luz de la información con la que ellos mismos contaban, como haber incluido la casa de los Ezcurra (y usada por Juan Manuel de Rosas) en su esquema de redes, pero son detalles de su tiempo. Por desgracia para nosotros, parece que Carbia y Greslebin tuvieron desacuerdos y nunca más trabajaron juntos, lo que hubiera sido de desear. Greslebin siguió solo hasta su último texto de 1966 —publicado en 1969—. Carbia nunca más habló del tema. A partir de estas investigaciones se pudo establecer lo que hoy llamamos el "modelo canónico" de interpretación de los túneles, sin que Greslebin supiera o quisiera hacerlo. Greslebin cerró una época sumando sus ideas a las precedentes y contemporáneas y dando una explicación acorde con su momento histórico. Desde entonces, lo que para él eran hipótesis quedaron establecidas y se difundieron a todo el país como explicaciones cerradas, completas, acabadas. Así, los jesuitas fueron transformados de los inquisidores de Sarmiento en los grandes constructores que planearon cómo proteger la ciudad.

El 6 de octubre de 1920 se publicó una nota escrita por Félix Outes, un arqueólogo e historiador de prestigio. El artículo del diario *La Unión*[47] explicaba el descubrimiento de una entrada al túnel del Zanjón de Granados, que quedó a la vista en Chile y Defensa —en 1987 excavé el mismo túnel y hoy puede ser visitado[48]— y que acumuló gran cantidad de agua. Outes explicó que este túnel fue construido por Bateman en 1871 para desaguar el antiguo Tercero del Sud y pedía que se rellenara. Recordemos que en 1904 Blas Vidal también lo recorrió y trazó un plano.

El error de Outes fue que el túnel no era obra de Bateman (se construyó en 1865, antes de que el ingeniero llegara al país), quien sí lo dejó fuera de uso hacia 1880. Parecería que Outes les dedicó mucho tiempo a los túneles, y él mismo escribió que tenía listo un libro sobre el tema y que lo publicaría en poco tiempo; pero eso era ya en 1939. Su muerte, ocurrida poco más tarde, acabó con el proyectado libro, el que sabemos que fue hecho con posterioridad a 1922. Ojalá algún día dicho manuscrito pueda ser encontrado, ya que su autor fue un fuerte defensor de una hipótesis hasta ese momento casi no tratada: que eran parte de un sistema defensivo. La nota de Outes a que nos referimos decía:

> El profesor de la Universidad de Buenos Aires doctor don Félix Outes [...] ha tenido la suerte de descubrir, en compañía de ingenieros del Ministerio de Obras Públicas, la existencia de un verdadero lago subterráneo en el corazón de dos manzanas céntricas de la ciudad. El lago, que según parece se ha formado por filtración de agua de lluvia y servidas dentro del cauce de un antiguo Tercero, es parte integrante de una antigua galería subterránea que se extiende a través de varias manzanas.
> El Tercero: desde tiempo inmemorial las aguas pluviales del barrio sur de la ciudad tuvieron su canal natural de salida al río, en un Tercero que corría de noroeste a sudoeste y que luego de formar un recodo a la altura de la actual calle Chile desembocaba en el estuario por una doble bifurcación. Este Tercero fue aprovechado por Bateman, iniciador de las Obras Sanitarias, de desagüe entre nosotros, como caño maestro colector. Para ello se le revistió de mampostería dándosele una amplitud de 4,40 metros de ancho por 3,50 de alto [...] prestó excelentes servicios [...] y pronto se perdió la memoria de su existencia.[49]

No hace falta destacar la seriedad del texto, y aunque el Tercero del Sur no fue entubado por Bateman, la interpretación de lo encontrado es acertada y sobria, sin grandes redes de túneles o cosas misteriosas por el estilo. Lo más sagaz: que se estaba perdiendo la memoria incluso de obras no tan antiguas.

Mucho ruido y pocas nueces: las cosas se complican (1920-1930)

El período precedente fue de avances en el tema; surgieron investigadores que se interesaron en la cuestión, hicieron planos, tomaron excelentes fotografías, midieron todo lo que hallaron y hasta lo publicaron. Y si bien era evidente que la des-memoria desvanecía todo, rápidamente se iban construyendo hipótesis acerca de la cronología y la función de estas obras bajo tierra. Pero las cosas irían cambiando y, por variadas razones, una década más tarde todo este esfuerzo comenzó a perderse. Por una parte proliferaron los artículos de difusión sin asidero científico alguno, incluso rayando la más increíble fantasía, como el publicado en 1922 titulado "El hundimiento de Buenos Aires",[50] donde se hablaba acerca de la existencia de un túnel en Callao y Corrientes que partiría de un convento cercano para unirse a una vasta red bajo la ciudad. La falta de mayores datos no permite tomarlo en serio. En cambio, y totalmente en broma, la revista *Caras y Caretas* del 14 de junio de 1926 publicó en su tapa "Dibujos prehistóricos encontrados en una caverna de la Casa Rosada". De más está decir que los prehistóricos eran los políticos del momento, incluido el presidente Alvear.

En 1926, Manuel Olivier publicó otra nota[51] en la que cuenta que durante la demolición del cuartel de plaza Lorea, del que se confunde la dirección, se descubrió parte de un túnel:

> El cuerpo militar ocupaba en 1877 un edificio municipal, Moreno entre Defensa y Balcarce. Éste y el de Policía, en la plaza de la Victoria, fue preciso desalojarlos. Se eligió en reemplazo el que tenía las famosas crujías en Plaza Lorea. Maillard [*sic*, por Maillart], el instructor [*sic*, por constructor] preparó los planos; yo era el técnico dibujante [...] Las antiguas crujías del siglo de los virreyes se demolieron, los tirantes intactos eran de lapacho. En-

> tre los ladrillos, formidables adobes, se hallaron envueltas en género negro, monedas de oro con el busto de Carlos III, fecha 1792 y 1799. Cavando en profundidad se vio un túnel o subterráneo que daba paso a la iglesia de la Piedad. Esto alborotó la opinión. Me metí en el hueco y comprobé el hecho. ¡Creo que hasta había esqueletos!.. Pero un día el jefe de la obra, por orden del jefe, mandó tapar el túnel.

Leer esto es abrumador: en primer lugar era un hecho que sucedió cuarenta y nueve años antes y nos deja alelados que la persona que vio todo eso tuviera dudas acerca de si había o no esqueletos o de dónde quedaba exactamente ubicado; no era para olvidar estas cosas si tenía tan buena memoria como para recordar que las vigas eran de lapacho y no de otra madera. Y las monedas, si es que existieron —vimos que desde 1886 se repetía el tema de las monedas de oro—, el autor las ubicó entre los ladrillos de las crujías, no en el túnel si es que hubo alguno.

Pero más allá de los confusos memoriosos, para fines de la década de 1920 todas las posturas historiográficas estaban planteadas y por cierto fueron las que prevalecieron hasta que la investigación retomó nuevos cauces casi a fin del siglo XX. Una de esas tendencias de pensamiento es la que podemos denominar como científica (Greslebin sería su mejor exponente), la otra es la periodística-romántico-fantasiosa, de la que hemos visto y veremos muchos escritos originales pero sin fundamento, y una tercera postura que podemos llamar crítica (Félix Outes como ejemplo). Cuando alguien del primer grupo hacía un análisis lo más metódico posible, el del tercer grupo trataba de encontrar errores que modificaban la perspectiva una y otra vez. El segundo grupo, que manejaba sensacionalismo, datos a medias o chismes de barrio, seguía siendo el más escuchado, pero nada nuevo aportaba al tema. Entre estas tres posiciones se manejó el pensamiento y el conocimiento de los túneles de la ciudad.

Un buen ejemplo de las polémicas que se generaban lo da un artículo publicado en *La Unión*[52] en el cual se informaba nuevamente que cuatro manzanas céntricas estaban ante el inminente peligro de hundirse al haberse detectado la existencia de un lago subterráneo. Por suerte, más tarde se oyeron voces de cordura que demostraban que no era más que el siempre presente Tercero del Sur entubado. Podemos recordar que en 1922, en su historia de la iglesia de San Ignacio, Enrique Udaondo puso reparos a la existencia de túneles de cualquier tipo y tachó de inexistente cualquier construcción subterránea. Esto fue producto de una discusión entre el cura y Greslebin, que se completó con la visita de Ayerza a las galerías bajo tierra y la toma de varias fotos que luego fueron publicadas; pese a que el enviado se fotografió en el túnel, eso no fue óbice para que Udando escribiera:

> Después de diversas perforaciones que se han hecho en el subsuelo de los alrededores de la iglesia y aun bajo los cimientos de la misma, no se han hallado galerías y sí sólo cámaras que sirvieron en otras épocas como depósitos o sumideros [...] Podemos, pues, afirmar con toda certeza que debajo o en los alrededores de este templo no existen subterráneos.[53]

La postura que llamamos crítica (no negadora sino realmente crítica) se consolidó cuando Félix Outes publicó un nuevo artículo en *La Prensa* en 1927[54] respondiendo a la consulta de un periodista, ya que supuestamente al demoler la vieja Farmacia Rolón en Alsina y Bolívar se habían descubierto varios túneles y cámaras subterráneas. El diario incluyó una descripción muy interesante de lo encontrado; aunque es muy confusa, sin datos exactos y con medidas tomadas a ojo:

> El subterráneo se inicia en el ángulo sudeste del terreno. En ese lugar hállase la boca de acceso. Descendiendo por la misma unos 15 metros al interior, se aparece una habitación desde la cual, hacia la derecha, se ve una balaustrada con rejas de hierro y de ahí se desprende una escalera que tendrá cuatro metros y conduce a un plano inferior. Hacia la izquierda existe otra entrada que conduce a una rotonda en la que aparece una puerta con reja, tras la cual se advierte la continuación de un tramo de 10 metros. Pasan-

do la dicha reja se observa una gran cantidad de escombros que no permiten avanzar; pero se ven hacia el fondo grandes boquetes que dan la impresión de que el subterráneo tiene otras ramificaciones. La forma del subterráneo, que está construido en mampostería revestida con cal, es abovedada. Un subsuelo que aparece en el subterráneo está inundado seguramente por las filtraciones exteriores, aunque el agua no tiene gran altura. A cada lado de la galería pueden apreciarse dos habitaciones de dimensiones regulares. Se suceden después otras galerías que conducen al exterior del subterráneo, cuya salida hállase ubicada en el otro extremo del terreno.

A partir de este artículo y de otros similares Outes desarrolló su posición frente al tema. Sus ideas pueden sintetizarse de la siguiente manera:

1) "Se puede afirmar que no existe [...] un complejo de construcciones subterráneas que obedezcan a un plan orgánico, es decir que se hayan hecho con el propósito de vincular entre sí, mediante galerías, a edificios públicos o privados"; "la versión tan difundida de que existe en el subsuelo de Buenos Aires una red de subterráneos que ligaba a las viejas iglesias y conventos, carece en absoluto de sustento".[55]
2) Las construcciones subterráneas son de diferentes sistemas constructivos, para diferentes funciones y todas ellas de uso domiciliario.
3) Si bien algunas son coloniales, por lo general son del siglo XIX o incluso posteriores.
4) Una parte de los túneles de la Manzana de las Luces fueron hechos por las obras de saneamiento de 1909, excavados por el ingeniero Martínez "con el objeto de estudiar el subsuelo y proceder a su saneamiento".
5) Los túneles de Alsina y Chacabuco fueron excavados por Felipe Centenach durante las invasiones inglesas para atacar a los ingleses en 1806.
6) Los túneles de Belgrano-Bolívar-Perú-Moreno son los

del escándalo de Stegman de 1848, hechos supuestamente para asesinar a Rosas.

7) Los sistemas antiguos de desagüe de letrinas y retretes eran muy sofisticados hasta 1880 y por ello hoy nos resultan incomprensibles. Otras construcciones tuvieron usos como silos, bodegas y depósitos; incluso según él una fue un oratorio (Taller Drysdale).
8) Hay construcciones a las cuales no es posible aún atribuirles una función precisa, como las del Mercado Central.
9) Los túneles de los entubamientos de los Terceros son del siglo XIX.

En síntesis, Outes echaba un manto de realidad cruda sobre muchas fantasías aunque no lograba explicar algunas cosas; pero de todas formas sentaba una postura. Era absurdo por un lado darle el crédito al ingeniero Martínez por las galerías que sabemos estaban mapeadas y descritas antes de que él siquiera naciera, pero era una forma de llevar a ultranza su escéptica postura. Entre otras cosas, en ese reportaje se olvidó de explicar lo hallado bajo la Farmacia Rolón, tema que era el motivo de la entrevista.

Todo esto ponía un primer punto final a la discusión, obligando a dejar de lado la imaginación para entrar en el debate con argumentos sólidos, en uno u otro sentido. Lo lamentable es que en ese momento el único que continuaba con una posición seria era Greslebin, ya que Outes fallecería poco más tarde. Pasarían cuarenta años hasta que alguien tratara de revisar las diferentes posiciones y todo lo discutido: los historiadores abandonaron la cuestión, los historiadores de la arquitectura y los arqueólogos que podían ayudar se abrieron abruptamente del problema, y como las instituciones se preocupaban más por ellas mismas que por la ciudad, evitaron comprometerse y hacer algo al respecto. Como no eran de nadie, se permitió destruir túneles y construcciones bajo tierra en forma impune. Como en tantas oportunidades en que los porteños pudimos hacer algo bueno por nuestra ciudad, nuestro patrimonio y nuestra historia, nos lavamos las manos: ganaron la destrucción y la anticiencia.

Por último, en 1928 se dio a publicidad el redescubrimiento de un túnel en la vieja calle Victoria (actual Hipólito Yrigoyen) entre Bolívar y Defensa.[56] Se trataba de un túnel del tipo clásico, que doblaba tras un tramo perpendicular a la fachada, hacia Defensa. El autor, posiblemente Olivier, asume que iba hacia Catedral por un lado y que se unía con la red que venía de San Ignacio —que casualmente queda hacia el otro lado—. Pero tampoco hay datos suficientes salvo una foto que bien podría ser de una estrecha cisterna de aljibe cortada al medio. Es una obviedad decir que también fue destruida.

Todo vale

Los años del Gran Olvido (1930-1957)

Así como la década de 1920 había sido importante para el estudio de los túneles porteños, parecería que la citada publicación de Greslebin y las duras respuestas de Outes cerraban temporalmente la cuestión. ¿Qué sucedió? Sucedió lo que le pasó a todo el país, no al tema: el golpe militar de 1930 paralizó la cultura, generó la diáspora de los investigadores, impidió la publicación de libros y, en general, de cualquier cosa que sonara extraña a mentalidades militares; ni hablar de túneles. ¿Qué quedaba de lo anterior? Se hicieron mapas y se tomaron fotografías, se establecieron hipótesis serias que oscilaban entre la intercomunicación de conventos (¿para qué?), de edificios públicos, sistemas de desagüe y salubridad, y otras simplemente inexplicables. Outes planteó seriamente que no había una única explicación ni que todo formaba una misma red general. En síntesis, se sabía bastante y se había avanzado mucho. Pero la dureza de los tiempos que vinieron fue implacable: Greslebin tendría que exiliarse en San Luis por muchos años tras ser expulsado del museo donde trabajaba; Outes pasó al silencio hasta su muerte en 1939; Carbia, que se había separado de su colega, abandonó el tema y se dedicó a la historia política de los grandes héroes. El libro de Greslebin tardó cuarenta años en publicarse, el de Outes falleció con él.

En 1934, un descubrimiento casual vino a complicar las cosas: la policía descubrió que un grupo de contrabandistas instalado en la zona mísera del Bajo Belgrano —ranchos y arboledas que se inundaban diariamente— usaba una cañería maestra de desagüe de Obras Sanitarias, el entubamiento del arroyo Vega recién hecho bajo la calle Blanco Encalada, para cruzar cerca de una comisaría sin ser detectados. Este publicitado hallazgo fue la base para que por muchísimo tiempo se les diera a los túneles históricos una nueva función: el contrabando.

En los siguientes treinta años se hicieron muchos descubrimientos casuales bajo el suelo de la ciudad, ya que Buenos Aires crecía a un ritmo cada vez mayor. La arquitectura moderna necesitaba destruir el subsuelo de forma total para instalar los cimientos de hormigón armado, por lo que las excavaciones eran cada vez más grandes, pero nada se hacía por conservar o siquiera estudiar con detalle lo encontrado. Las instituciones no se preocuparon y el Estado nunca tuvo ninguna política patrimonial. Los arqueólogos estaban únicamente interesados por estudiar el pasado lejano y los historiadores no sentían que la conservación de parte de sus objetos de estudio fuera su propia responsabilidad más allá de los documentos escritos.

En 1931, se hizo una gran remodelación de la Asistencia Pública, que ocupaba en ese entonces el terreno que hoy es la plaza Roberto Arlt en la calle Esmeralda. Se encontraron algunas cámaras bajo tierra que fueron confundidas con túneles. Luego las describiremos, ya que en años recientes las excavamos y las estudiamos.[57] En 1936, nuevas obras en el Cabildo permitieron encontrar estructuras bajo tierra, esta vez sí parte de túneles antiguos de los que se levantó un plano;[58] en 1934, Manuel Bilbao publicó unas referencias sobre el tema y Vicente Nadal Mora describió más adelante estos nuevos hallazgos.[59] En 1937, también casualmente, se encontraron construcciones que están bajo la Casa de Gobierno al demolerse la fachada sobre la calle Hipólito Yrigoyen para ensanchar la calle. Se trataba de las galerías subterráneas hechas por Eduardo Taylor para la Aduana en 1856. Estas dos galerías, ya que eran eso y no túneles, les resultaban impresionantes a quienes las veían —aún hoy lo son— y dieron lugar a una nueva entrevista con Félix Outes, hecha por Dardo Cúneo, quien sabía lo que era hacer entrevistas serias. Y de allí salió una nueva interpretación funcional para el tema:

> Circula bajo la Casa de Gobierno de Buenos Aires un sistema de antiguos subterráneos. Subsisten desde la época de la conquista unos, desde el coloniaje otros y fueron construidos todos por el español [...] ¿Con qué fines? Los de defensa. Los de conservarse en sus posiciones ante el habitante de la tierra huraña que descubría y ante el río [...] No extrañará pensar en la posibilidad de su construcción, el saber [...] que era, en la época, una desarrollada costumbre de propietarios europeos que los hacían excavar para unir sus distintas posesiones inmediatas, mediante una combinación de ellos. Pocos son los castillos que no los cuentan. La ciudad de París está atravesada por infinidad de anteriores comunicaciones [...] Donde hoy y desde 1857 se levanta la Casa de Gobierno, estaba el viejo Fuerte de la ciudad colonial [...] En el siglo XVIII, a fines del gobierno de Salazar, o al comienzo del de Robles, se abrió en la tierra un silo con el propósito de hacerlo depósito de granos. Hacia la misma época existía ya la Puerta del Socorro [...] El Fuerte no fue totalmente derribado, no se clausuraron sus construcciones subterráneas ni tal vez algunos fosos, la Puerta del Socorro y el silo, que aún existen bajo la casa de Gobierno actual.[60]

Este texto es atractivo para otro análisis, el de la des-memoria, producto de la destrucción de la identidad ciudadana. Hitos urbanos tan importantes como la Aduana, que fue destruida en 1897, sólo cincuenta años más tarde ya estaba olvidada. ¿Cómo podemos pedir que se recordaran los túneles de siglos anteriores? Habrá que volver una y otra vez a este tema, única explicación para muchos de los misterios que en el fondo no lo son. Valga como ejemplo una leve referencia de Outes en el texto anterior: la existencia de silos coloniales en el Fuerte, en los que nadie había reparado antes. En 1910, un historiador municipal publicó todos los documentos referidos a ese silo, su construcción y forma, en una obra de varios tomos editada por la Municipalidad.[61] Los túneles bajo Casa de Gobierno en gran medida habían sido hechos por la Real Hacienda a nivel del río, en el siglo XVII tardío, y luego Taylor los aprovechó para su Aduana, lo que aún puede verse en los ladrillos de diferentes tamaños y disposición.

Estas dos galerías son grandes por cierto: miden 4 metros de ancho cada una y 124 metros de largo máximo. El extremo sur está cortado por otro túnel, también olvidado hasta que hace poco tiempo fue reutilizado para un ferrocarril, que fue iniciado en los primeros años del siglo XX.[62] Es decir que mientras se discutía acerca de unos túneles se estaban haciendo otros con técnicas de excavación que, sin contar las vagonetas sobre rieles, no eran tan diferentes de las usadas antiguamente. La iniciativa de la Comisión Nacional de Monumentos impidió que esas galerías de la Casa de Gobierno fueran destruidas. Por el contrario, se decidió crear allí un museo y preservarlas, pero eso sería en 1957. Estas bóvedas fueron también un tema controvertido, y cuando se destruyó la Aduana hacia 1895 quedaron olvidadas. Pero siempre hubo memoria de ellas, incluso una nota aparecida en *El Nacional* en 1871 decía que "los terraplenes que se construyen en la plazoleta de la Aduana Vieja para el tranway de La Boca comprometen el estado de las bóvedas que sirven de depósito a la aduana", lo que era parte de un temor extendido en su tiempo: que el tren que se les puso encima las derrumbara, cosa que por suerte no sucedió nunca.

En 1940, un periodista publicó una nota en *La Prensa* que hemos citado en relación con el Cabildo y lo hallado por Pedro Benoit. Vale la pena recordar toda la anécdota, ya que es ejemplificadora de cómo se producían las cosas en nuestro medio cultural. Vilardi escribió, sin sostén documental alguno, que

> durante esas obras el arquitecto Pedro Benoit encontró en un túnel una caja de hierro que perteneció al Cabildo en la época del virreinato, y unas trenzas de pelo, cartucheras y guarniciones

que pertenecieron al regimiento 1º de infantería de Patricios sublevado el 7 de noviembre de 1811.[63]

La mentira era mayúscula: trenzas, armas y un tesoro que había crecido hasta ser una caja fuerte entera; la fantasía no tenía límites. Pero Vilardi no se quedó allí, y poco más tarde publicó un folleto más exagerado todavía. Según él:

> Recientemente se puso en descubierto otro de los túneles donde fueron encontradas puntas de lanza, un cepo, rejas de calabozos y otros objetos probablemente de la época de Rosas.

Ahora sí nada faltaba en el imaginario popular: se sumaban el calabozo, la reja, el cepo y la maldad rosista; ni siquiera se les ocurría que un arma podría ser de cualquier otro momento o persona; Rosas era la maldad personificada. Pero lo increíble, lo que torna absurdo todo, es que al año siguiente el prestigiado historiador Enrique Udaondo, director entonces del por él fundado Museo de Luján, le escribió al Cabildo ofreciéndole una caja fuerte "del año 1800" encontrada "en 1884 en una galería subterránea por el arquitecto señor Benoit" y que le había sido vendida "alrededor de 1930" por supuestos herederos de Benoit. Udaondo la ofrecía en canje por otros objetos históricos para su museo.[64] Hoy es posible observar esa caja fuerte, la que obviamente nunca estuvo bajo tierra ya que se conserva intacta y hasta sus cerraduras funcionan a la perfección, y por cierto es del siglo XVII. Toda una superchería montada sobre los lugares más comunes del imaginario colectivo. Cabe preguntarse ahora si no fue más que una astuta maniobra de Udaondo para hacerse de antigüedades para su nuevo museo, aprovechando la ingenuidad de su par.

En el año 1943, un historiador de la vida cotidiana en la ciudad, José A. Pillado, ubicó con cierta precisión el antiguo túnel de Setenach hecho en 1806 con el objeto de poner una bomba bajo las tropas inglesas acuarteladas en La Ranchería de los jesuitas que ya nombramos. Pillado ubicó esa obra bajo tierra en

> la manzana norte de Plaza de Mayo, exactamente donde estuvo la casa de la madre del almirante Blanco Encalada, se construía el Coliseo de Comedias, y hacia la calle Nueva o del Santo Cristo (actual 25 de Mayo), seguía la casa de Santiago Castilla, atrás del teatro, casa de los Gascones y cruzando la esquina de F. Esquivel, ahora Domingo Belgrano, construida en 1779, la antigua Elejalde y la del presbítero Martiniano Alonso, con salida a la Alameda.[65]

Tres de esas casas tenían el túnel por debajo, aunque ahora nos resulte un poco complejo el sistema que Pillado utiliza para identificar el sitio en la ciudad. Pero lo que sí suena muy interesante es la hipótesis funcional que les da a estas obras, asociándolas al contrabando y a esconder esclavos negros:

> Cuando este negocio tomó incremento, sus dueños los alojaban en sótanos o habitaciones abovedadas construidas bajo nivel del suelo de algunas casas de los colonos dedicados a este comercio.

Resulta atractivo, y luego discutiremos esto que no tiene ningún asidero, ya que, como dijimos antes, el contrabando era abierto, público, hecho por los cabildantes y militares mismos, y los mercados negreros funcionaban en la ciudad, incluso para la venta de los contrabandeados, en la casa de Miguel de Azcuénaga (antes de Basavilbaso), en Retiro y en Lezama; y antes aun se los vendía bajo los arcos del Cabildo.[66]

Este período tiene un momento interesante con unas notas en diarios, en especial en *La Razón* durante 1948, publicadas por el hallazgo de lo que hoy entendemos que eran dos complejas cisternas de aljibe y al menos otro par de construcciones menores bajo tierra, en el sitio del antiguo Mercado del Plata, donde éste había sido demolido para construir el edificio que actualmente existe en el sitio para el Gobierno de la Ciudad. El autor de una de ellas fue, además de escéptico, muy crítico:

> La fantasía popular se echa a rodar y si alguien habla de misteriosos pasadizos, que vaya a saberse por qué siempre se vinculan con conventos, no faltan los obsesionados por sus lecturas infan-

tiles; éstos opinan que se está frente a un posible tesoro, compuesto desde luego de doblones de oro. Sin embargo la realidad es muy distinta...[67]

Luego describe someramente lo hallado en ese sitio y dice que el experto para fechar las obras fue el arquitecto Mario J. Buschiazzo, quien determinó que por el tipo de muros no tenían más de un siglo. Las fotos de la época nos muestran al menos dos grandes cisternas que, al haber sido abiertas de costado, aparentan ser túneles aunque su interior es redondeado, con ampliaciones en su base, como en un caso similar que más adelante describimos en la actual Casa de la Cultura de Avellaneda.

De esta etapa nos queda recordar nuevos informes respecto del Cabildo, del que curiosamente nadie se había preocupado mucho desde los viejos tiempos de Benoit. En 1936 se hicieron instalaciones sanitarias en los patios y se encontraron, sin mucho ruido, varias galerías subterráneas. Los funcionarios municipales hicieron un excelente plano[68] y aprovecharon para pasar por ahí mismo sus caños, de esa forma se ahorraron el trabajo de hacer canaletas. Resulta intrigante por qué dos años más tarde, cuando se inició la restauración del edificio, se demolieron las construcciones por encima de esas galerías y se instaló allí la Comisión Nacional de Museos y Monumentos Históricos —presidida por Ricardo Levene y en la que participó Buschiazzo—, no se hizo pública ninguna mención de estos hallazgos. Sólo los mal recordó Vilardi en su ya citado artículo de 1940 y luego Vicente Nadal Mora, a quien Buschiazzo llevó a trabajar a la Comisión Nacional de Monumentos Históricos, en un artículo publicado en 1957.[69]

Existe un artículo sobre este tema, escrito por alguien que se dio cuenta de esta contradicción en 1968, aunque no firma la nota, pues quien lo escribió fue Roberto Vacca, un periodista de los buenos que hay en el país. Lo que hizo fue lo siguiente: le presentó el plano de Obras Públicas de 1936 a Buschiazzo, quien vio los túneles con asombro y declaró: "No se trata de colectores de agua, éstos tenían una medida de 30 a 40 centímetros de diámetro y éstas son galerías de 1 metro de alto, con bóveda". También le dijo al periodista que al entrar un camión en el terreno, éste "cedió y nos encontramos con un recinto subterráneo poco profundo, con una bóveda de ladrillos coloniales". Lamentablemente, pese a ser un notable historiador de la arquitectura, Buschiazzo no dejó datos concretos sobre estas observaciones. Después le fue presentada la misma evidencia al director del Cabildo, Julio Gancedo, quien sólo pudo decir: "Considero que este tema hay que investigarlo", y ahí se acabó todo.

Excavé el patio del Cabildo en 1991 y luego en 2001, y gracias a ello es posible contrastar los planos de 1936 con lo encontrado, pese a que en 1960 se hizo una gran obra en ese patio y se destruyó buena parte de lo existente. El plano en cuestión —que es lo que debo narrar aquí— muestra dos ramales que se interceptan y cuya procedencia resultaba desconocida. Se conectaban con una habitación o recinto bajo tierra de 12,70 por 5,10 metros, techada con bóveda de ladrillo; era en buena medida similar a las ya citadas cisternas del Fuerte o del Mercado Central. Los túneles estaban hechos a 1 metro por debajo del piso de la época, y medían entre 1,10 y 2 metros de ancho; en total eran 66 metros de galerías bajo tierra, uno de cuyos extremos estaba indefinido bajo el edificio del Cabildo mismo, y el otro al llegar a la Diagonal Sur. En 1992, cuando volví a publicar esta información, supuse que el tramo hacia la avenida pudo haberse unido (o haber intentado unirse) con el que viene en la misma dirección desde San Ignacio. La coincidencia no podía ser más llamativa; luego veremos qué pasó al ser excavado. Recordemos que el Cabildo había sido construido por el hermano jesuita Andrés Blanqui[70] entre 1725 y 1765, y que por entonces la misma orden trabajaba en la Manzana de las Luces en la construcción de la iglesia de San Ignacio.

Lo simpático de esto es ver cómo se tergiversan los datos con el tiempo. Carlos Krieger escribió que cuando se hizo el tramo de la línea A del subterráneo debajo de Hipólito Yrigoyen, justo al lado del Cabildo, se encontró de nuevo "en el fondo de un pozo negro, una bolsa de cuero conteniendo treinta monedas con la efigie de Carlos III"; por suerte este hallazgo ya no nos resulta raro.[71]

Otra nota periodística, de 1954, ejemplifica la manera de manejar las cosas en esos años. Se trata de un artículo publicado por el diario *Democracia* con el sugestivo título de "¡Cuevas, galerías y mazmorras enrejadas!". Lo mejor era la foto en la que se veían las cisternas del Mercado del Plata, pero el texto tenía un tenor macabro:

> ¿Qué extraño submundo de sufrimientos y persecuciones se agitó en los subterráneos de Buenos Aires? ¿Quiénes fueron los hombres que se ocultaron en esos obscuros pasadizos o sufrieron las dramáticas horas de la prisión subterránea? Nunca lo sabremos. Pero bajo el empuje constante del progreso van apareciendo vestigios de ese trasmundo que hoy se nos antoja casi irreal, pero en cuya oscura profundidad hombres de carne y hueso arrastraron tragedias que siempre ignoraremos.[72]

No hace falta decir que la nota se completa con una lista de túneles de los que ya se habló en alguna oportunidad e incluso de otros que, creo, el redactor inventó en ese momento. Por supuesto, el artículo finaliza con el infaltable subtítulo de "La leyenda negra de Rosas".

En 1956 una nota de *El Mundo: diario moderno, cómodo y sintético*, tal era su nombre completo, dio a luz otro artículo en el que lo único rescatable es la excelente foto. Aprovechaba el hallazgo de las galerías bajo la Casa Rosada para hablar de túneles "que daban fácil paso a cuatro personas a la par" y logró en segundos lo que nadie había podido hacer: dar la fecha exacta en la que se construyeron todos los túneles de la ciudad: el año 1635. Nos dice:

> Y es que todas estas galerías perfectas en todos sus detalles se construyeron hace 321 años con el simple método del pico y la pala; con mano de obra indígena conducida por los maestros españoles y sin asomarse a la superficie, en secreto, sin mayores medios de iluminación, y extrayendo la tierra de noche para arrojarla al río.[73]

¿Alguien puede hoy imaginar tamaña fantasía? Una ciudad que en 1635 tenía una docena de manzanas construidas, cuya población total, incluyendo indios y esclavos, era de aproximadamente 1.850 personas, ¿podía tener obras en secreto? ¿Era siquiera posible que esclavos, carros, caballos, alimentos, herramientas y tierra pudieran moverse en la ciudad sin que nadie lo supiera? Bueno, no era más que una nota periodística, pero sintetizaba bien lo que flotaba en el imaginario colectivo.

Recuperando un poco la memoria (1957-1967)

En 1957 se produjeron dos hechos coincidentes: se inauguraron las galerías del Museo de Casa de Gobierno y a su vez se publicó un artículo bastante amplio sobre el tema escrito por un historiador del arte y restaurador de monumentos históricos, Vicente Nadal Mora, quien había participado en varias bajadas a los túneles organizadas por Ángel Gallardo y de quien hablamos antes en relación con el Cabildo. Su texto fue titulado "Los subterráneos secretos de Buenos Aires" y se lo editó en un número de 1957 de la desaparecida revista *Historia*.[74] Si bien era una especie de acumulación de datos dispersos, de ilustraciones y dibujos que tenían en varios casos treinta años de conocidos, sirvió para retomar el tema, le dio nueva vida al dibujo de Burmeister de 1893, ilustró un túnel en la calle Belgrano y el ya destruido salón circular de Bolívar 107. Pero lo importante, más allá del resumen general, fue que aportó algunos datos nuevos: la existencia de un túnel bajo el Museo Etnográfico, en su origen Facultad de Derecho, en Moreno 350; habló de los de la Manzana de las Luces como un descubrimiento propio —sin citar a otros autores anteriores como Greslebin— y describió por primera vez los túneles que se encuentran bajo el Cabildo que habían sido redescubiertos en 1936. Otro dato de interés es que recordó a Manuel Bilbao, al artículo de *Caras y Caretas* de 1904 (el de Blas Vidal), del cual tomó las ilustraciones, y a otros textos. También citó como publicado un libro de Félix Outes titulado *El misterio de los subterráneos de Buenos Aires*, el que fue anunciado por su autor con anticipación pero que por desgracia nunca llegó a editarse, quizás Nadal Mora logró una copia de él. Conclusión:

> No sabemos con certeza para qué sirvieron [los túneles] mas presumiblemente fueran comunicaciones secretas con un fin desconocido.

Dos años más tarde volvía sobre el tema un tal Carlos Tero.[75] Su trabajo es muy interesante, ya que tras el sensacionalismo de la presentación trajo datos nuevos e incluso alguna hipótesis. Comenzaba con los consabidos túneles de la Manzana de las Luces, del Cabildo, del Mercado del Centro, de la Casa de Rosas y otros, para luego citar el descubrimiento de un túnel bajo la Catedral (primera noticia al respecto) y hacer una atenta apología de Greslebin. Tiene errores básicos: atribuyó el descubrimiento de Burmeister al año 1833, asumió como verdadero el hecho de que los mechones de pelo del Mercado Viejo eran las trenzas cortadas por Belgrano a los Patricios y otras aseveraciones no comprobadas; pero informó sobre dos túneles que se habían descubierto al hacer el subterráneo de Constitución a Retiro (no dio su ubicación precisa), uno que "parece unir" el Cabildo con Capuchinas y otro que "llegaba hasta la Casa de Ejercicios". Al citar a Greslebin asumía que éste había dado como solución al enigma estas palabras: "Estábamos ante un ingenioso sistema que permitía al virrey complicarse en el contrabando... sin dejar de guardar las apariencias". Mostraba así no sólo que no había leído a Greslebin, sino también su escaso conocimiento del contrabando y su funcionamiento en la época colonial. Más adelante asumió la existencia de una red de túneles que cruzaban por ¡Palermo, Villa Crespo y San Telmo!; y sostenía que en el túnel que unía (¿?) el Cabildo con San Ignacio había celdas "con argollas adosadas a sus muros, como para sujetar prisioneros" destinadas a los negros traídos de contrabando, ¡los que eran bautizados en la capilla descubierta años antes (bajo el Taller Drysdale en Perú y Venezuela)!, y terminó con la fantástica existencia de una gran confabulación para que no se estudiara el tema, la que impidió que el libro de Outes se publicara. El toque paranoico no estaba de más en esta conjugación magnífica de imaginación desbordada. En lugar de tratar de entender qué nos pasaba a los porteños que no podíamos estudiar nuestra propia historia, se le echaba la culpa a una confabulación misteriosa; la culpa siempre es de otros.

Un poco más de sensatez presentó el periodista que publicó en 1960 una larga nota sobre un derrumbe en una casa ubicada en Chile 370 y su vecina 378. Lo que ocurrió allí fue que el piso cedió y se encontró el túnel del Tercero del Sur.[76] Más allá de las sorpresas, la nota es muy buena e hizo una cuidadosa descripción del entubamiento de ese antiguo arroyo, que por entonces corría (mejor dicho, estaba estancado) bajo las casas que nunca lo cegaron. Una nota de cordura entre tanta patraña.

En 1964, Héctor Greslebin volvió a publicar una síntesis de su pensamiento en una página entera de *La Prensa*.[77] Pasados casi cuarenta años desde que empezó a interesarse en este tema y gracias a la compilación de la información existente para esa época, logró dar un panorama más serio de lo que se conocía: un plano simplificado del de Topelberg, un plano de la ciudad en el siglo XVIII que mostraba los edificios que podrían unir los túneles, fotografías, una amplia descripción del tema, y centraba la explicación en la defensa de la ciudad y en el contrabando. De todo esto hay tres puntos que quiero destacar: el primero es un llamado a la preservación de los túneles, ya que varios habían sido destruidos incluso en la propia Manzana de las Luces en los años en que él estuvo fuera del tema; el segundo es que identificó uno de los ramales de ese sitio como el que se hizo en 1806 para dinamitar a los ingleses en La Ranchería, lo cual significaría que la red existía en esa fecha y era conocida y utilizada; el tercero es que incluyó los túneles descubiertos en la década de 1930 en el plano general y dejó fuera varias construcciones que pueden considerarse como pozos o sótanos. Un análisis minucioso nos puede llevar a hacer críticas, como la referente a que el túnel a Catedral no coincide con lo descubierto en el Cabildo; pero ése es otro tema.

Para completar el ciclo, podemos recordar una buena y una mala: la buena en forma de una pequeña nota publicada por

Germán Tjarks en 1966, que incluía un documento del virrey Liniers respecto de la construcción de un aljibe en el Fuerte. Lo llamativo, puesto que hacer un aljibe era cosa de todos los días, es que debía ser "uno de dos naves, con 16 varas de largo y seis de luz cada una de ellas". Este documento es esclarecedor, ya que cuando comparamos las dimensiones de las cámaras bajo el Mercado del Centro y el Del Plata vemos que son casi idénticas. La mala es una nota a página completa de *Clarín* de 1967 titulada pomposamente "Buenos Aires y sus catacumbas"[78], que vale la pena reseñar porque raya en los niveles más altos del delirio. Lo lamentable no era que un periodista exagerara, lo tremendo es que fuera la presentación oficial de una comisión municipal dedicada a resolver el tema, es decir su historia y los posibles problemas que producirían en los edificios construidos encima; la comisión estaba a cargo del ingeniero Carlos Krieger.

Dediquemos un párrafo al asunto: se supone que una comisión de la comuna debe tomar el tema con precaución y hacer estudios previos a sus declaraciones. En este caso fue al revés, y Krieger planteó de entrada sus conclusiones:

> Su existencia se explicaría por la necesidad de comunicarse segura y rápidamente ante la alternativa de una invasión. A este respecto y para avalar la teoría se narra el asombro de las fuerzas invasoras inglesas que oían [...] el paso de tropas e incluso de caballada. Seguidamente eran hostilizados por la retaguardia y luego el enemigo desaparecía como tragado por la tierra [...], los patriotas usaban los túneles para agredir y desorientar al invasor.

Las cosas ya no tenían límites: ahora los túneles daban paso a la caballada completa del ejército; es decir: luchar con los ingleses fue un juego de niños, era cuestión de usar los túneles y ya estaba listo el problema. Cada día lo absurdo llegaba a límites antes impensados.

De esta forma, y pese a todo, hubo en los años descritos un espacio de reflexión de más de un decenio que posibilitó volver a empezar. Esto significó nuevas compilaciones de información y material gráfico, el replanteo de las hipótesis explicativas, la apertura de los túneles de Casa de Gobierno y su restauración, con lo que la población ya podía en forma efectiva visitar un sitio de este tipo, y también que Greslebin volviera al tema y que el municipio organizara una primera comisión dedicada al tema, con lo que hizo su aparición un funcionario municipal específico. No era poco, es más, era mucho, pero al parecer ni siquiera llegó a ser suficiente.

La primera síntesis e interpretación (1966)

Este momento de inflexión se debe nuevamente a Héctor Greslebin, quien en 1969 publicó el texto completo de sus estudios pasados —redactados y enviados a imprenta en 1966— en los *Cuadernos del Instituto Nacional de Antropología.*[79] Son cuarenta y dos páginas de texto minucioso y varias fotos y dibujos que permiten al interesado tener, tras tantos años, una síntesis general de las hipótesis y toda la documentación recabada a la fecha. Él mismo recuerda a su compañero Rómulo Carbia, con quien hasta su muerte había tratado de escribir un estudio más amplio, y a Félix Outes, su opositor ya fallecido, a quien dedica palabras de elogio. De esa manera excusa la falta de documentación histórica, que es el problema más serio del estudio, aunque no le resta méritos a lo hecho como trabajo de campo y relevamiento; se trataba de cincuenta y cuatro años destinados a trabajar en el tema y difundirlo.

El texto se inicia con la descripción de sus propias andanzas en los túneles, para luego traer algunos datos sobre el Zanjón de Granados, donde se había producido un hundimiento —en la calle Chile 370, en 1960—, al que ubicaba como una obra tardía, distinta de la red de túneles más viejos. El capítulo siguiente es una historia de la Manzana de las Luces desde 1661, fecha en que se instalaron allí los jesuitas. Luego describió cada uno de los detalles de los túneles: recodos, ángulos, accesos, nichos, grados de curvatura, paramentos, formas de bóvedas, relación y continuidad entre cada uno de los tramos, posibles diferencias en las técnicas de ejecución; era la primera vez que un trabajo arqueológico-arquitectónico-histórico de esta naturaleza se publicaba sobre el tema. Tiene algunos asertos magistrales: la identificación de la función de los testigos en las bóvedas, el asunto de los pozos de agua o letrinas que fueron atravesados por los túneles —éstos son posteriores a los pozos—, borrando la fantasía de que eran bajadas a niveles más profundos, y además determinó con bastante certeza qué tramo era el excavado en las invasiones inglesas por Centenach hacia La Ranchería, para ponerles una bomba a los ingleses bajo su mismo piso, y que nunca fue terminado. También logró confirmar las causas del abandono del túnel que pasa bajo San Ignacio: los problemas técnicos producidos por la composición del suelo y que hubieran aparejado el colapso de la excavación de haberla continuado. A partir de ahí intentó resumir las hipótesis esgrimidas por los autores dedicados al tema; de todas formas, su idea central de que se trataba de una gran red que corría bajo la ciudad nunca logró ser superada; las posibles funciones eran:

1) sistemas defensivos típicamente europeos,
2) para el contrabando,
3) unión de edificios religiosos y/o administrativos con diversos propósitos no bien determinados,
4) se adjudicaba su hechura al ingeniero Carlos Martínez cuando hizo las obras de saneamiento urbano.

Este último caso lo descartaba por el hecho de que por esos túneles nunca corrió agua y que las sinuosidades que presentan los hacen una obra no digna de la ingeniería y la técnica modernas. También rebate a Udaondo y aclara bien las diferencias entre los subterráneos de uso personal —con una sola entrada— y los túneles —más de un acceso—, y sus diferentes funciones. Además señala con precisión la ubicación de la cámara mapeada por Burmeister en 1893 y la conecta con la red general, aunque ahora sepamos que es un error. Por último, el autor piensa que fueron hechos hacia 1780 o 1800, lo que es contradictorio con su adjudicación a los jesuitas, ya que en esa fecha hacía rato que habían sido expulsados. Por otro lado comete el error tan común de tratar de encontrar la unión de esta red primaria con informes no controlados de hallazgos en otros sitios de la ciudad, quitándole valor a toda la interpretación anterior. Greslebin, en síntesis, logró presentar un esquema razonablemente claro, con una interpretación difusa de las posibles funciones de cada túnel: militar, de unión de edificios religiosos, políticos y de significación en su tiempo, con evidencia material y buenas ilustraciones.

Lógicamente, muchas de sus ideas respecto de una red de galerías que unía construcciones importantes pueden ser discutidas en la actualidad, e incluso con información existente en su tiempo, como es el caso del ramal C, que él decía que se dirigía a la Casa de la Virreina Vieja, un caserón que debe su nombre a que en él vivió la viuda del virrey Del Pino. Pero esa casa se construyó como vivienda particular en 1782 y el virrey se instaló recién en 1801. En 1909 le cupo a esa casa el honor de ser demolida por un arquitecto danés llamado M. F. Rönnow, quien no quería hacerlo por ser una casa antigua y de valor, y que ante lo irremediable levantó cuidadosos planos de cada detalle del inmueble[80] e incluso fue él quien construyó el edificio que aún está allí desde 1914, que a su vez es otro importante hito de nuestro patrimonio urbano. En sus publicaciones nada dijo de túneles u obras similares, lo que a un experto no le hubiera pasado desapercibido; sus planos y dibujos fueron publicados junto a la documentación histórica de la casa, hallada por el arquitecto Mario J. Buschiazzo, en 1951.[81] Esto descarta la Casa de la Virreina como destino real de ese túnel.

El ramal que según Greslebin corre hacia el norte y termina en Catedral, previo paso por la esquina de Bolívar y Victoria (Hipólito Yrigoyen), también puede ser discutido. Al menos sus descubridores y quienes lo describieron en su tiempo aclararon que no había conexión alguna con túnel o galería. Sin duda era una construcción extraña y compleja, aunque no más grande que otras cisternas que hemos excavado, lo que la ubica como una obra domiciliaria. Lo raro es que la unión supuesta de la galería citada no fuera aprovechada por Greslebin para relacionarla con el Cabildo, cuya documentación existía desde 1936 y se había publicado en 1957. De todas formas en nuestras excavaciones en el Cabildo mostramos que tampoco esto era cierto, pero como hipótesis se hubiera sostenido mejor que la primera.

El último capítulo de ese estudio es quizás el más importante desde la perspectiva de una investigación arqueológica: trata de la identificación y el fechamiento de los objetos descubiertos dentro de estas estructuras. Habíamos visto que anteriormente ya se habían citado algunos objetos, pero nadie había hecho un resumen general del tema. Greslebin indicaba que posiblemente la poca cantidad de objetos descubiertos se debiera justamente a la limpieza hecha por el ingeniero Martínez en 1909; aunque debemos recordar que este señor era un coleccionista que guardaba esos objetos en su propia casa y salía en las revistas fotografiado con ellos.

Este trabajo del autor, compilando y reinterpretando los pocos datos accesibles desde la década de 1910 hasta este cierre en la de 1960, conjugó los conocimientos existentes hasta que se inició la arqueología urbana en la década de 1980. Por la realidad del país, por la poca significación que el patrimonio urbano tuvo para los municipios, para el descrédito que significaba este tipo de estudios para la arqueología tradicional, fue sin duda un estudio importante, aunque nos quedemos con ganas de más.

Volver a empezar pero de la misma forma (1968-1984)

Tras la publicación de la síntesis de Greslebin se creía que quedaban cerrados varios temas y claramente abiertos otros. Se podía haber pensado que ya era más fácil el camino, pero parece que no fue así. Esta publicación actuó como explicación canónica y cerró más puertas de las que abrió; el año 1968 vio publicarse más de una docena de notas en diarios y revistas de la ciudad. Sólo una de ellas debe ser recordada porque mostró fotos nunca más citadas de un sitio ahora destruido: los restos de una casa ubicada en Florida 233-243 donde funcionó el Café Paulista. Allí el periodista encontró la bóveda de una cisterna de cerca de 2,10 metros de alto, con acceso de un lado por escalera y una reja divisoria por el otro; la nota fue sensacional, por cierto, aunque no había explicaciones ni se las buscó (publicado en *La Nación* en julio de 1977).

El año anterior se había formado, como ya dijimos, una comisión municipal para profundizar en el tema bajo la dirección de Carlos Krieger —en la que fue dejado de lado Greslebin, quizá por la edad, entre otras razones de menos valor— y con la colaboración de varias personas, aunque nunca se dio a conocer la lista. De inmediato uno de sus miembros publicó un artículo en la revista *Todo es Historia*[82] que presentaba el tema como un conjunto de problemas aún insolubles e inexplicables. Resumía las mismas viejas publicaciones aparecidas desde 1904 y no aportaba información nueva, ni siquiera reciente. Su autor nunca visitó uno solo de los túneles, según sus propias palabras. Y para peor, el mismo Krieger, que ya había declarado sus conclusiones antes de empezar a trabajar en la comisión, publicó una nota espectacular en *Clarín*,[83] esta vez con su firma, llamada "Misteriosa Buenos Aires" apelando a la literatura. Resulta inexplicable que el autor siguiera aceptando hechos como las trenzas de los Patricios (que ahí pasaron a ser de los Arribeños) o que se usaban los túneles para ocultar a "los habitantes de la indefensa ciudad virreinal cuando debían soportar algún ataque". ¿Qué ataque? ¿Cómo entraban "los habitantes" en galerías de un metro de ancho? Nada se explica, todo está ya definido, "los subterráneos obedecen a un plan bien elaborado con el fin de intercomunicar los edificios más importantes", y ahí entran todas las construcciones conocidas; obviamente llegaban "hasta la misma Recoleta" y por doquier que nos podamos imaginar. En fin... La cosa era cada vez más grande y se explicaba cada vez menos. Es sintomático que ese artículo fuese la respuesta a otra nota, publicada por la revista *Así*, donde se decía que si bien hacía un año que se había formado esa comisión "todavía no se ha reunido nunca"; la respuesta mostró que eso era cierto.

Estas ideas calaron tan fuerte que cuando en 1970 se hundió el piso para dejar a la vista una cisterna de aljibe en la calle Balcarce entre Hipólito Yrigoyen y Alsina, los periodistas no dudaron de que se trataba del supuesto sistema defensivo tan trillado, aunque no faltó quien lo interpretara como "la defensa de los pobladores ante los ataques de los indios y los piratas". La ciudad, al menos desde la segunda fundación en 1580, no hace falta decirlo, nunca fue atacada por piratas ni menos por indios.[84] Algo similar sucedió en 1974 al encontrarse una excavación en Bolívar y Alsina, aunque luego se entendió que el boquete era moderno y tenía la simple intención de llegar a una joyería cercana.[85]

Los años siguieron pasando y en 1971 Carlos Krieger publicó una síntesis de los resultados de su trabajo en un pequeño libro, que sería el primero accesible sobre el tema.[86] El título mismo se presenta para atrapar al lector, *Túneles con misterio*; lo cierto es que Krieger decía en el prólogo que "lo narrado en este cuaderno no tiene nada de fantástico". El libro comenzaba con una clara toma de posición del autor acerca del significado de estas obras bajo tierra, como lo había hecho siempre, aunque en esta ocasión cambió la explicación de un sistema de defensa por el de ingreso de contrabando. Tras una sucinta historia del puerto, en la que se detallan los motivos que podían haber hecho que una red de túneles uniera los edificios civiles y religiosos más importantes, concluyó que el tema del contrabando y de los negros esclavos era el más atractivo, aunque no fue más lejos. Luego pasa a una crónica de los descubrimientos: aquí hay un dato importante ya que recuerda el sonado Caso Stegman de la época de Rosas en el cual ya se diferenciaban los túneles más viejos de otros más modernos. Luego continuó con la bibliografía tradicional, podríamos decir clásica, pero lo que vemos es que se repiten aseveraciones de difícil demostración, como asociar los múltiples hallazgos de supuestas trenzas con las coletas cortadas por Belgrano en 1811. Hizo también una descripción de la cámara abovedada de Moreno 350 y de un túnel anexo de tierra, que se comunicaría con Moreno 330; allí se descubrieron dos pozos con bóveda comunicados entre sí por un conducto estrecho. Cabría la salvedad de aclarar que los dos pozos de Moreno 330 no eran más que dos viejos pozos ciegos cegados en 1894 y que el túnel existente, que pude visitar personalmente, es el conducto de la instalación eléctrica del edificio que fue el primer Laboratorio de

Química de la Municipalidad fundado por Pedro Arata en 1885 y que conduce al tablero eléctrico de cada cuarto de la actual escuela. La instalación aún está en su sitio.

Respecto de lo hallado en Moreno 350 tenemos varios datos más: la ubicación de los lotes, uno más largo que el otro, hacen imposible que se unan entre sí, ya que hay casi 15 metros de distancia por las diferencias de medidas. En 1968 un visitante curioso aprovechó la apertura de la construcción bajo tierra para describirlo:

> Con mucho más entusiasmo y curiosidad que ciencia, los habitués del museo nos organizamos para bajar al túnel de contramano con la mencionada comisión, y lo hicimos una mañana [...] mientras alguien oficiaba de campana. Nos encontramos en un túnel a medio vaciar, es decir un piso inclinado de tierra suelta y removida por encima de la cual existía una gruesa bóveda de ladrillos coloniales, de mayor tamaño que los normales, como los que se exhiben hoy día en el bar de la esquina del museo. La boca de la excavación se encontraba sobre el cantero izquierdo [...] Como dijera entonces el profesor Lafón, la arqueología comienza en nuestro propio umbral. Con la tierra extraída de la excavación aparecieron restos óseos, pedazos de cerámica, etc. Gran enigma... solucionado cuando además aparecieron algunos pedazos de calcos de yeso. Era evidente que había existido un hundimiento anterior y fue rellenado con nuestra propia basura. Por otra parte, exactamente en la mitad del patio, bajo la vereda, se localizó la cámara séptica de unos 18 o 20 metros de profundidad.[87]

Un punto que nos llama la atención desde la actualidad arqueológica es el asombro respecto de los pozos ciegos y pozos para agua cuando atraviesan o son atravesados por túneles. Krieger aprovechó la cita acerca de un caso de este tipo que años antes hiciera Ángel Gallardo, quien los había interpretado fantasiosamente como parte de un sistema de puentes levadizos. Esto resulta ahora simpático porque se trata de pozos que ya existían cuando se hicieron los túneles y fueron atravesados por éstos. Gallardo pensó que eran algo así como trampas para los que no conocían el camino. Quien haya estudiado la historia urbana de la ciudad sabe que cada casa construía su propio pozo de letrina, su pozo de agua y desde el siglo XVIII su propio aljibe; y que cuando uno se llenaba o dejaba de ser útil simplemente se cavaba otro a su lado. Los censos municipales desde 1867 dan información respecto de la cantidad de los pozos existentes en la ciudad para cada tipo de casa. Los higienistas escribieron extensos libros contra esta costumbre y los describen perfectamente bien. Nada raro hay en ellos y los que excavé en los últimos años así lo demuestran. Pueden ser grandes, a veces enormes, pero no dejan de ser eso: pozos. Krieger cita testimonios viejos y nuevos, algunos muy interesantes, como el de los túneles descubiertos en Independencia 735, los de Venezuela 770 y algunos más, aunque los datos no permiten saber si eran o son casos de cisternas y aljibes como los otros.

Por último, hablando del opúsculo de Krieger, se destaca la amplitud de las cinco galerías paralelas que se encontraron en la calle Ayacucho casi Las Heras y dentro de las cuales más tarde se construyó un conocido restaurante llamado El Lagar del Virrey. Sin dudas es lo más significativo de su trabajo. Estos túneles fueron salvajemente destruidos y enterrados, al igual que la casa que subsistía encima, en 1988, sin que nada pudiéramos hacer. Estas galerías, según la información histórica, nada tenían de misterioso ya que eran parte de una de las grandes obras hechas por Torcuato de Alvear para salvar el área deprimida e inundable existente en el sitio y así poder lotear los terrenos; fueron construidas con las mismas técnicas que la obra de entubamiento del Tercero del Sur, según pudimos observar durante la demolición.[88] En lugar de tener que rellenar una manzana entera por varios metros de altura, lo que hubiera implicado miles de carros de escombros, se realizaban bóvedas paralelas entre sí de alrededor de 3 a 4,50 metros de diámetro y luego simplemente construían encima. Creo que la idea se debe al ingeniero inglés Eduardo Taylor, quien fue parte del grupo de ingenieros que las planificó para la municipalidad.[89] Para terminar, estas galerías no tenían ni acceso al río, como se repetiría hasta el cansancio, ni eran usadas para el contrabando; constituían un sistema constructivo habitual de mitad del siglo XIX, hoy olvidado. En resumen, y más allá de estos detalles, el libro de Krieger vino a llenar un lugar vacante en la bibliografía y, si bien no tiene el rigor del estudio de Greslebin, al menos su tono ameno lo transformó en una obra para citar. Es de lamentar que esa comisión nunca llegara a publicar lo hallado, quizá porque el accionar de este grupo generó algunos conflictos personales que fueron complejos de superar;[90] hoy toda la información está perdida.

En 1982, para mantener fresca la imaginación, vería la luz una nota escrita por Federico Kirbus[91] en la cual se cita un apócrifo plano jesuítico del cual he tenido en mis manos varias versiones, todas ellas supercherías hechas por alguien que ni siquiera sabe escribir bien en latín, con paleografía y pluma moderna (¡las hay fechadas en 1635 pero escritas con birome!); supongo que la base es el viejo plano hecho en broma por los compañeros de Ángel Gallardo en 1886 y que aún sigue asombrando a incautos, quienes llegan a pagar buen dinero por esos papeles. Para quien quiera entender mejor, por si la redundancia ayuda, cómo se manipula la información, sirva el caso de Kirbus: "Está saliendo a luz [...] la descripción detallada contenida en un cuadernillo de papel amarillento, hállase guardada junto con un plano trazado a mano alzada, en la biblioteca de un pequeño monasterio del sur de Alemania donde uno de los últimos conocedores del secreto se refugió". No se dice ni dónde queda ese misterioso convento, ni quién era el misterioso personaje que lo salvó, ni cómo llegó allí, y no puede transcribir ni un solo renglón o mostrar una foto.

Para completar este conjunto de referencias, Carlos Scavo publicó en un diario porteño[92] una nota acerca de los túneles de la plaza Roberto Arlt, tema del que ya hemos hablado. Según narró, fueron los estudios de Krieger los que llevaron a que al hacerse las obras de remodelación de la plaza no se destruyera una cisterna de gran tamaño y se la dejara tapada con una reja. También dio indicaciones acerca de la existencia de otras, pero sin datos precisos. Más adelante detallamos la excavación en el sitio, que permitió liberar esa cisterna en forma casi completa y otras varias construcciones bajo la tierra del sitio relacionadas con la Asistencia Pública y un cementerio del siglo XVIII conexo con la vecina iglesia de San Miguel.

En 1983 se publicó un texto importante en su momento: se trataba de un capítulo escrito por Ruth Tiscornia como parte de su libro *La política económica rioplatense a mediados del siglo XVIII*.[93] No casualmente, el capítulo se titulaba "Túneles sin misterio". Este texto fue el primero que intentó desarrollar una hipótesis sobre cronología y funcionalidad de los túneles basada en información documental, en realidad en la falta de ella. Aunque no podemos sostener actualmente lo planteado, Tiscornia creyó que los túneles fueron hechos por particulares para entrar contrabando, incluso de negros esclavizados; estaban fechados entre la primera mitad del siglo XVII y fines del XVIII, y que esto estaría corroborado por la existencia de documentos históricos sobre túneles durante el gobierno de Pedro Esteban Dávila —que nunca se publicaron—, y descartó totalmente la hipótesis de sistemas defensivos. En síntesis, Tiscornia planteó que el contrabando en la ciudad era oculto, y que quienes lo hacían introducían la carga en las entradas de estos túneles que saldrían al río y luego la trasladaban hasta casas de la ciudad. Esta fantasía no pasa de ser eso: el contrabando era un sistema de comercio abierto, legalizado por las autoridades locales, pero al pesar sobre él la prohibición de la Corona no dejaba de ser "contrabando". Sin embargo, el sentido de ese término está muy lejano de lo que la autora imagina; por suerte hay excelentes estudios sobre el modo en que esta forma de comercio operaba en Buenos Aires[94] que no dejan lugar a dudas de lo absurdo de idear un sistema tan complejo: bastaba con bajar la mercadería un par de kilómetros delante o detrás de la ciudad, en lugares tan cercanos como Palermo o Barracas, cargarla en un carro y entrar tranquilamente; aunque ni siquiera eso era necesario. Su frase lapidaria de que "por esos sombríos conductos dominaron los imperialismos de la época, los que deformaron y aniquilaron la economía nacional",[95] no deja de ser una sentencia típica de la historiografía de la década de 1970.

Si bien la presentación general del trabajo es la de una historiadora profesional, en lo relativo a este tema deja enormes dudas producto del mal manejo de la bibliografía y de la utilización de fuentes secundarias y terciarias. Valga el ejemplo de las monedas de Carlos III del cuartel de Plaza Lorea, las que no fueron halladas en un túnel sino en un edificio ubicado sobre uno de ellos (si el cuento es verdad), y es imposible usar ese dato como forma de fechar los túneles. Lo mismo sucede con las grandes bóvedas de la calle Ayacucho, que nunca asomaron al río, el que siempre estuvo a varias cuadras de allí; y difícilmente fueran usadas para pasar contrabando ya que son cerradas y paralelas entre sí, por lo que no van a ningún lado. La autora no logró demostrar su teoría salvo por el eufemismo de que ninguna otra hipótesis puede demostrarse como correcta y que ésta en cambio se adaptaría bien a lo descubierto: la comprobación de su planteo vendría desde la arqueología y no de sus propios documentos. El argumento esgrimido de la falta de documentación histórica en los archivos acerca de estos túneles, que la autora usa para mostrar que fueron obras hechas en silencio y por particulares, no puede tomarse con seriedad y, aclaramos nosotros, tal vez se deba más a una falta de investigación específica que a la inexistencia de documentos, aunque hay veces en que es difícil encontrarlos.

En la década de 1970 en la Manzana de las Luces comenzó a funcionar una nueva comisión para investigar su historia y preservar sus edificios. Sin entrar a discutir la calidad de sus tareas, que incluyeron la demolición de edificios enteros, se estableció un proyecto para hacer algo con los túneles. Y pese a los fuertes presupuestos y los muchos años transcurridos, lo único que se logró fue la liberación de un acceso y una serie de obras interiores, ya discutidas por los expertos, para abrir un tramo al público. Esto es quizá lo más loable de todo el trabajo. No se hizo investigación arqueológica ni investigación histórica sobre los túneles, lo que quedó demostrado al publicarse dos pequeños folletos en 1984, tras trece años de mantener un cuerpo de investigadores. El primero[96] sólo le dedica una página al tema y es obvio decir que no era mucho más que una versión resumida, incluyendo los errores, del plano inicial de Greslebin de sesenta años antes. El segundo folleto tiene dos partes y está íntegramente dedicado al tema: la primera es un resumen ligero basado en Krieger; para ello se utilizaron fuentes terciarias e incluso se asumen como reales anécdotas como la del soldado inglés que había ido a caballo del Socorro hasta la Recoleta por un túnel, lugar común que ya analizamos. Luego, el texto describe el aporte de Héctor Greslebin y apoya la idea de atribuir su factura a los jesuitas, sus usos para el contrabando y defensa. A continuación intentaron describir las obras de excavación y consolidación de los túneles;[97] es lamentable que, más allá de las palabras, de los datos anárquicos sobre la historia de la arqueología en otras partes del mundo y sobre cómo se debe excavar (no se indica que nadie lo haya hecho allí), poco o nada queda de rescatable. La investigación en el lugar no había avanzado nada, salvo que ya era posible visitar un sector de los túneles, lo que por cierto no era poco. Sí fue realmente importante lo publicado sobre la historia del conjunto jesuítico, la iglesia de San Ignacio y la historia de la manzana entera, incluyendo estudios de Guillermo Furlong y de Alberto de Paula entre otros reconocidos autores.[98] Esta contradicción entre un fuerte estudio histórico del conjunto y un débil trabajo sobre los túneles era contrastante en la medida en que se hacía hincapié en los segundos, sin que hubiera ninguna base sólida más allá de asumir acríticamente lo que Greslebin había dicho tanto tiempo antes. Es interesante observar que en el Patio de la Procuraduría había una cisterna y, en la base de la escalera del frente, un enorme pozo de dos letrinas, todo muy bien indicado en los planos; la cisterna fue destruida, el pozo y su potencial contenido arqueológico ni siquiera se supo que existía.

Lo que sí hay que destacar es el esfuerzo que significó la obra de reacondicionamiento de un sector de los túneles para su apertura turística. Si bien el proyecto en detalle nunca fue publicado, se eligió un punto de cruce para hacer un hueco vertical que permitiera el acceso con escalera y luego se ampliaron las galerías para facilitar el paso, colocar caminos e iluminación. El espacio central fue revocado conservando unas marcas que pueden ser vistas como dejadas por los picos y barretas, similares a las que tenían los túneles antiguos, y el color y la iluminación permiten diferenciar bastante bien lo antiguo de lo nuevo. El problema grave, y que en su momento fue hecho público por Ramón Gutiérrez, es que los túneles fueran agrandados y modificados; algunos se excavaron más de 1 metro de profundidad y de ancho casi otro tanto, dándoles una dimensión exagerada, en algunos casos de casi 4 metros de alto; esto se puede constatar comparando con las fotos previas a las obras. Para colmo, las falencias de las publicaciones hacen ahora incomprensibles las decisiones tomadas en esos años. Fueron inauguradas en 1984 y hasta el año 2001 constituían, junto con la Casa Rosada, uno de los dos únicos grupos de túneles antiguos que se podían recorrer en la ciudad.

Así se cerraba otra etapa; a mediados de la década de 1980 se vería un cambio fuerte al iniciarse los estudios desde la arqueología urbana. Esto estaría acompañado con el retorno a la democracia en el país, la reapertura de varios centros de investigación universitarios, como el Instituto de Arte Americano Mario J. Buschiazzo, con cambios en la forma de ver y entender el pasado y con la necesidad de preservación de este patrimonio urbano. Ya no sería sólo cuestión de hablar, sino de tomar medidas concretas para la conservación. Pero ésa será una nueva etapa y una nueva historia.

III

El estado actual del conocimiento y los estudios de arqueología urbana

EL SUBSUELO DE BUENOS AIRES

ALLAZGO DE UN LAGO SUBTERRANEO EN LA CAPIT

CUATRO MANZANAS EN PELIGRO

profesor de
Aires, doct
s conocimi
a y arqueo
, ha tenido
ompañía de
sterio de O
ia de un
eo en el co
ricas de la
parece, se
ón de agua
ro del cauce de un antiguo "ter-
", es parte integrante de una enor-
galería subterránea que se extien-
través de varias manzanas.

'tercero''—

sde tiempo inmemorial las aguas
ales del barrio sur de la ciudad
ron su canal natural de salida al
en un "tercero" que corría de nor-
a sudeste, y que luego de formar
codo a la altura de la actual calle
, desembocaba en el estuario por
doble bifurcación. Este tercero fué
echado, en 1871, por el Ing. Ba-
n, iniciador de las obras sanita-
de desagüe entre nosotros, como
maestro recolector. Para ello se
evistió de masposteria dándosele
amplitud de cuatro metros cua-
de ancho por tres y medio de al-
dejándolo convertido en una ver-
ra galería de arco. En tal carác-
el "tercero" se incorporó a los
resos edilicios de Buenos Aires y
ó excelentes servicios, hasta que
an orgánico de las actuales obras
alubridad lo suprimió por inútil.
onto, hasta se perdió la memoria
u existencia.

allazgo—

doctor Outes, que en estos mo-
os prepara un interesantísimo tra-
sobre los subterráneos bonaeren-

ría y compro
Bateman apr
n una larga
recorrida fá
stigación le ll
anzanas compr
e y Estados U
que el "terce
irección de No
mompostería
e han resenti
edificación y l
dejado filtrar una gran cantidad de a
que ha transformado un trozo muy gr
de de la galería en un verdadero l
subterráneo de aguas putrefactas.

Ese lago se encuentra, precisamen
en el subsuelo de dos grandes conve
llos, populosísimos. Las condiciones
resistencia del revestimiento de m
postería que lo limita son tales, que
ingenieros que acompañaban al doc
Outes han resuelto dirigirse hoy a
municipalidad haciéndole saber el g
vísimo peligro en que se encuentran
dos manzanas a que hemos aludido.

El lago—

El lago a que acabamos de referir
tiene una extensión como de sesenta
tros y una profundidad no menor de
Como se ve, se trata de un verdadero
co de infección y de un serio peligro

Por los rápidos estudios que ayer
realizaron sobre el terreno, el lago de
haberse formado, o por estancamien
de las aguas del antiguo "tercer
que quizá tenga todavía una desconoci
boca de entrada, o por filtraciones de
capas superiores. Hay lugares donde
desmoronamiento del arco de mampos
ría es tan completo, que se adv
proximidad del piso de madera de
cuartos del conventillo que se leva
arriba. Y hasta la galería llegan los
sos de los que ambulan en el interior
las habitaciones.

Intervención municipal—

◀ **Una nota sensacionalista de 1920 donde el Tercero del Sur se transforma en un inmenso lago bajo la ciudad (Biblioteca Nacional).**

El estado de los conocimientos al iniciar los trabajos arqueológicos (1985)

En 1984, en plena efervescencia por los cambios políticos que se produjeron con el retorno a la democracia, en ámbitos académicos se decidió la formación de un equipo interdisciplinario de investigación para el estudio del pasado urbano de Buenos Aires. El mismo logró ser estructurado al año siguiente; se previó que gran parte de los proyectos a implementar serían arqueológicos, pero no sabíamos ni imaginábamos que de allí surgiría la arqueología urbana. El equipo se formó con la colaboración de arquitectos, arqueólogos, historiadores, restauradores y especialistas en áreas conexas, dentro del Instituto de Arte Americano Mario Buschiazzo (FADU) de la Universidad de Buenos Aires. Era un sitio idóneo que reabría sus puertas tras tantos años de parálisis, y presentaba desde su creación en 1946 un perfil de interdisciplina centrada en el conocimiento de la ciudad. Fue así como se estableció una serie de programas de excavación arqueológica. Pero el tema de los túneles y las construcciones bajo tierra no surgió como un proyecto en sí mismo sino como resultado de una lenta presión desde diferentes sectores de la historia y de la arqueología misma que preguntaban una y otra vez sobre el tema. Fue la intención de encontrar una respuesta a esas preguntas y a las que al poco tiempo comenzamos a hacernos nosotros mismos en función de lo que encontrábamos, que el proyecto se fue consolidando y definiendo.

La primera tarea a realizar, que es lo que presentamos a continuación, fue una puesta al día del tema, una revisión historiográfica lo más amplia posible para luego comenzar con el trabajo de campo. Al contrario de lo hecho hasta entonces, la estrategia consistió primero en estudiar con detenimiento los túneles o construcciones subterráneas más modernas ubicados en edificios o lugares excavados con otros propósitos,[99] para que sirviera como ejercicio metodológico, y también para comenzar a realizar una cronología de materiales, objetos y sistemas constructivos eficaz y eficiente; más tarde se lo haría para épocas más antiguas. Con la idea de evitar repetir errores era necesario fechar con precisión cimientos, muros o un simple fragmento de loza o cerámica, y también entrar en cisternas, pozos ciegos, letrinas, desagües, albañales y todo tipo de instalación subterránea antigua que fuese accesible. Por suerte en ese momento se contó con un primer equipo de voluntarias que se dedicaron a recorrer sistemáticamente todo sitio que tuviera referencias acerca del tema, visitar obras y edificios antiguos: eran Teresa Di Martino, Marisa Gómez y Marta Lazzari, quienes compilaron información que con los años resultó de gran utilidad.

Se cerraba una etapa de conocimiento e investigación, pero quizá la diferencia con las anteriores fue que teníamos conciencia de ese cambio. No todo estaba claro, pero sí era evidente que lo hecho hasta ese momento no satisfacía. ¿Qué sabíamos realmente? Mucho y poco a la vez; de lo que no había dudas era de la necesidad de pasar por un filtro todo lo escrito, dibujado y fotografiado sobre el tema, para pararnos sobre bases más sólidas. Empezar desde cero y descartar el conocimiento construido en el pasado era absurdo —aunque la posmodernidad hubiera aplaudido—, pero asumirlo acríticamente era repetir obvios errores. Era más de un siglo de camino recorrido, gran parte de él caminado por gente que había visto con sus propios ojos lo que ya no existía. Se trataba de testigos presenciales que escribieron las cosas como las sintieron, entendieron o imaginaron: de allí la necesidad de hacer el estudio que incluimos en las páginas precedentes. Podíamos hacer una síntesis de todo ello como para plantear nuevas hipótesis.

En primer lugar, era posible descartar la hipótesis repetida hasta el cansancio de que todas las obras bajo tierra son contemporáneas entre sí y forman una red. Por lo visto y lo que veremos, podemos adelantar que si bien hubo un "proyecto de red" con centro en la Manzana de las Luces, todas las demás son construcciones aisladas hechas con otros propósitos: aljibes, pozos ciegos, depósitos, heladoras, sótanos, cavas y tantas más. Y que el proyecto asociado a los constructores jesuitas nunca logró hacerse realidad más que en unos pocos tramos. La supuesta red no existe, no llegó a existir y ya ni hablemos de las conexiones a Palermo, Villa Crespo o Recoleta, ni siquiera a pocas cuadras en el centro. Es absurdo imaginar un proyecto secreto en una ciudad de quince cuadras de largo en la que gran parte de lo edificado eran ranchos, donde todos conocían a todos, y tener docenas de esclavos trabajando, dándoles de comer, transportándolos, acarreando materiales... suena demasiado fantasioso para un secreto, y absurdamente antieconómico. Tan absurdo como quienes imaginaron que en una noche de niebla cientos de silenciosos esclavos podrían excavar al pie de la barranca del Fuerte entradas a largos túneles, para aprovechar otras noches de niebla para meter por allí mercadería de contrabando; y hacer todo esto en lugar de ir un poco más al norte, o al sur, y bajar sin molestia alguna a pleno día; o entrar en carros a la ciudad que no tenía murallas ni guardia alguna en su periferia. A quien quiera reconstruir cómo sucedían las cosas le recomiendo volver a leer *Amalia*, de José Mármol. Si no se aburre demasiado verá que para escaparse de la ciudad en plena persecución policial bastaba abordar los barcos de los contrabandistas que cruzaban hacia Montevideo. Para eso sólo era cuestión de alejarse un poco de lo que ahora es la bajada de Parque Lezama y de allí salían los barquitos. Así de fácil era.

A partir de estas ideas entramos nuevamente en el tema: la lectura de todo lo ya citado nos permitió observar la presencia de construcciones bajo tierra desde muy temprano en Buenos Aires. Un documento publicado por Enrique Peña en 1910, en su libro *Documentos y planos relativos al período edilicio colonial en Buenos Aires,*[100] incluye la descripción y tasación de un silo excavado en el Fuerte, que era parte de las obras de la Real Hacienda en 1667, cuando la ciudad no era más que una aldea. Citamos textualmente:

> El silo:
> – Un silo debaxo de tierra dentro del Castillo para encerrar grano tiene doze pies de ancho y veinte de alto con su bóveda y escotilón en que entraron treze mil ladrillos que a quarenta pesos millar montan quinientos veinte pessos $ 520
> – ciento y diez fanegas de cal a quatro pesos montan quatrocientos y quarenta pessos $ 440
> – el escotillón se tasso de madera y hechura en veinte pessos $ 020
> – quarenta dias de travaxo a un maestro arbañil a tres pessos son ciento y veinte pessos $ 120
> – otros quarenta dias de un official ayudante a pesso $ 040
> – diez peones cada día para abrir el socavon y ayudar a dar los materiales a quatro reales hacen doscientos pessos $ 200
> – de sustento para ellos a cada tres dos reales son veinte y cinco pessos $ 025
> 10 – 365 = 1365

Este documento es muy interesante porque nos ubica en los costos, el personal involucrado y el tipo de obras que se estaban haciendo desde temprano en la ciudad. Una cisterna de 6,50 metros de altura con bóveda de mampostería era una obra interesante para esa fecha; en esos mismos años estaba en construcción una buena parte del conjunto jesuítico que hoy llamamos Manzana de las Luces. Y si seguimos con el Fuerte tenemos el otro dato que ya citamos, la publicación sobre la existencia de un aljibe con cisterna doble hecho en 1808. La descripción explica el sistema constructivo usado, que consistía en dos cámaras bajo tierra unidas entre sí:

he determinado se construya en el patio principal de esta citada fortaleza uno de dos naves, con 16 varas de largo y seis de luz cada una de ellas cuya excavación estaría cargo de los granaderos.[101]

Si ese documento hubiese sido visto por quienes encontraron las cisternas bajo el Mercado del Centro o el Del Plata, quizá muchas dudas se hubieran despejado antes. Y si se hubieran mirado con detenimiento los planos del Fuerte, se habían visto claramente "los depósitos subterráneos de la Real Audiencia" y la bajada a la puerta del Socorro; ambas obras importantes, bajo tierra y nunca ocultadas ni mucho menos.

Hubo muchos otros documentos antiguos publicados: el conocido historiador de los jesuitas, el padre Guillermo Furlong, hizo conocer la descripción de la primera iglesia que tuvieron los padres de esa orden en Plaza de Mayo antes de iniciar las obras en la Manzana de las Luces (es decir entre 1608 y 1661). Allí tuvieron un sótano (¿cripta?) y un pozo posiblemente para agua, cuyo brocal de madera se llevaron de un edificio al otro cuando se mudaron.[102]

Y como anécdota, el primer túnel de Buenos Aires lo hizo un ladrón, quien en 1661 logró meterse dentro del Fuerte y robar el tesoro que se encontraba dentro de una caja fuerte de madera, a la que le quemó la tapa, para huir nuevamente por el túnel con el oro. Fue capturado y sentenciado a muerte. Esta documentación estaba en las Actas del Cabildo desde hacía años.[103]

Siguiendo con documentos antiguos, hay otro que quizás sirva para explicar al menos uno de los túneles de la Manzana de las Luces, concretamente parte de la obra del hermano Juan Krauss, uno de los grandes arquitectos de su tiempo, ubicado por debajo de San Ignacio. Se trata de una propuesta que al parecer no fue hecha tal como el mismo texto indica, ya que como dice el papel quedaba todo a decisión del constructor y parece que lo hizo de otra forma. El manuscrito fue publicado varias veces, aunque siempre se buscó otra interpretación asociándolo a galerías ubicadas sobre las naves o a sus lados;[104] fue escrito por el provincial Antonio Garriga en 1710 en relación con las obras que hacía Krauss. Este hermano había llegado desde Bohemia en 1699 y antes de trabajar en Buenos Aires ya lo había hecho en Yapeyú, Santo Tomé y Córdoba:[105]

> En orden al pasadizo que se discurrió hazer en el cañon de la Iglesia se estará a lo que dijere el Ho. Jun. Crauz, y assi se hara o dejara de hazer segun su dictamen; assi para que no se pierda tiempo y trabajo en obras de poca monta, como tambien pa. qe. esté sin embarazo el suelo de la fábrica.

En 1710, cuando esto se escribía, la nueva obra de la iglesia todavía no se había iniciado ni se había excavado para hacer los cimientos. Es más, según parece, este edificio fue el resultado de adicionar partes construidas en diversos momentos y luego unificadas para un proyecto más amplio y de gran calidad arquitectónica. Por esa razón, la idea tanto de Furlong como de Buschiazzo de que el párrafo se refería a la demolición de una estructura existente no tiene mucho sentido. El documento en cuestión dice más adelante que "el pitipié o planta qe. se ha de seguir la remitiré firmada de mi mano pa. qe. cuanto antes se ponga en execucion". Es decir que en ese momento ni siquiera había una planta de conjunto aprobada. La presunción es que Krauss envió en su planta la propuesta de construir un túnel por debajo de la iglesia, obra previa a todo lo demás, colocada a lo largo del "cañón" (denominación habitual para la nave), pero la decisión sería del constructor. Parece que la propuesta de Krauss no fue bien vista por el provincial, que insistió en que esas obras no debían entorpecer: "que esté sin embarazo el suelo" de la edificación fueron sus palabras.

Creo que si de hipótesis se trata, y ante la falta de mayores datos, podemos suponer que se optó por una decisión sabia ante la postura del superior de la Orden: se hizo el túnel paralelo a la nave pero por fuera de la iglesia, que es exactamente lo que sabemos que existió hasta inicios del siglo XX y puede verse en los planos de Topelberg, Greslebin y hasta en los más recientes de esa manzana.[106] De todas formas no deja de ser una suposición sugestiva, pero ahora de difícil demostración. Da la casualidad que el hermano Krauss fue también el constructor de la cripta del noviciado viejo en la ciudad de Córdoba, que quedó hecha sólo hasta el nivel del piso, creando mil y una historias; hoy puede ser visitada como una de las más interesantes construcciones bajo tierra del país, y lo veremos asociado a otras obras de este tipo.

Respecto de otras construcciones, como los pozos para letrinas, que a veces llegaban a tamaños desmesurados cuando estaban en sitios públicos, hay muchos datos disponibles. El Convento de Santa Catalina de Siena, en la manzana entre San Martín, Viamonte, Reconquista y Córdoba, fue construido por Juan de Narbona entre 1738 y 1755. Se publicaron los documentos que describen uno de estos "lugares comunes" como se los llamaba, el que por suerte he podido excavar en el año 2001 y está visible al público bajo un grueso vidrio.[107] Incluso el convento tenía otras propiedades cercanas, en una de las cuales había:

> Dos secretas [letrinas] divididas con dos asientos cada una, largo 6 varas ancho 2 y 1/2, hondas 20 varas, con dos bóvedas de cal y ladrillo, la del suelo de 3/4 de grueso.[108]

Esta referencia es magnífica, ya que describe un sistema sanitario que fue difícil de comprender por la arqueología, consistente en un enorme pozo rectangular de casi 15 metros de profundidad, cubierto por una bóveda sobre la que se apoyaban los cuatro inodoros de asiento, todo ello dentro de una habitación que a su vez estaba abovedada. Y esto era sólo una casa, grande pero privada.

Y para recordar simples aljibes es cuestión de ver cualquier contrato de obra pública o privada, incluso si queremos encontrar los más grandes o hasta algunos raros en su forma, además de que de vez en cuando se halla alguna perlita. Por ejemplo, cuando en el cementerio de la Recoleta se mandó hacer un aljibe en 1830 se pidió que éste fuera

> un pozo de balde con dos albercas que sirva a proveer de agua suficiente para las obras de albañilería [...] deberá tener vara y

> octava de diámetro hasta el fondo, y la profundidad de vara y media de agua en su estado regular y permanente. El brocal y pilares para colocar la roldana deberá ser de cal y ladrillo. El atravesaño de donde está pendiente la roldana, lo mismo que esta, será de Urunday de Corrientes.[109]

Este aljibe es extraño: el agua que se sacaba y volcaba regresaba al mismo pozo en lugar de ser descartada tras usarse.

Otro conjunto documental que nos abre vetas interpretativas sobre la función de los túneles es un curioso libro titulado *Observaciones sobre la defensa de Buenos Aires, amenazada de una invasión española al mando del Tte. Gral. Don Pablo Morillo*, impreso en 1865, y en el cual se hace un meticuloso análisis de los posibles sistemas defensivos de la ciudad, incluyendo los túneles como opción.[110] Con toda agudeza el autor se da cuenta de que los túneles, o cámaras subterráneas, jamás pueden ser usados como sistema de protección o para encerrarse ante un ataque ya que los habitantes quedarían indefensos y autoencerrados, al contrario de lo que algunos escritos han planteado. El uso posible que Carlos María de Alvear proponía era doble: para atacar a los enemigos mediante "la zapa y mina" tal como el catalán Sentenach (o Cetenach) intentó hacer para poner una bomba en 1806 bajo La Ranchería, donde se refugiaban los ingleses; o para evitar que sean usados por los atacantes. Para esto último propone excavar una enorme zanja alrededor de la ciudad, que dejaría a la vista cualquier intento de los atacantes de penetrar mediante la excavación bajo tierra. Según Alvear: "La calidad del terreno sobre el que está edificado Buenos Aires [...] facilita mucho el uso de las minas, que se puede emplear con muy buen éxito [...] así es preciso emplear las minas contra enemigos y estar prevenidos sobre lo que podrán intentar, para atravesarlas".

Si bien no hizo ningún intento de llevar a la práctica sus sistemas y la invasión no se produjo nunca, muestra el estado de las tácticas de ataque y defensa de su tiempo, las que por cierto no habían variado demasiado desde la dominación hispánica.

El otro elemento que debemos tener siempre presente al entrar en este tema es la muy común existencia de sótanos en la ciudad. Desde siempre los hubo y siguieron en uso cada vez con mayor frecuencia en la medida en que la población tuvo más recursos para construirlos. En fecha tan tardía como 1887, el censo indicaba que de un total de 33.804 casas en la ciudad, 7.623 tenían sótano, es decir, más del 22%.[111] Veremos más adelante que hallamos depósitos de mercaderías, pasillos bajo las casas, instalaciones de servicios o industriales, que resultaron complejos de comprender. Si con toda la tecnología y el conocimiento de hoy nos fue difícil, pensemos qué pudieron haber imaginado quienes ni siquiera se animaban a descender y mirar dentro.

Por último, en 1985, además de manejar buena parte de esta información, se comenzaban a vislumbrar dos nuevos temas: el de la memoria y su correlato, el imaginario. Era evidente que el hecho de que una y otra vez los cronistas insistieran en los mismos lugares comunes, en calabozos, armas, trenzas de Patricios, treinta monedas de oro, huida de tiranos y temas similares, no era casual; era algo que debíamos explorar y tratar de explicar. Y también tratar de entender por qué construcciones que eran tan comunes para una generación en la siguiente eran miradas con ojos extraños como cosas imposibles de comprender. Algo había pasado que produjo esto, algo obviamente más grande que este pequeño universo que estamos observando y que también merecía atención.

A esta altura del tema había algunas ideas que pudimos definir: las construcciones bajo el suelo existieron casi desde el inicio mismo de la ciudad y aún se siguen haciendo, nada más que ahora no nos llaman la atención: tener el auto estacionado debajo del edificio no es más raro que la vieja puerta y la oxidada escalera que permitía que un esclavo bajara a la cisterna del aljibe a limpiarla. Porque sótano y aljibe, o al menos pozos de balde y ciego, tenían casi todos. Cuando a finales del siglo XIX dejaron de hacerse, comenzaron a ser extraños, operando junto con la des-memoria para transformarlos en misteriosos o siquiera raros.

En segundo lugar entendimos que era fundamental estudiar cada caso por separado, no sólo olvidándonos de las redes o interconexiones sino tratando de entender con seriedad cada problema; y si hubieran similitudes, paralelismos o contemporaneidades, ésos eran otros temas. Asimismo, era necesario entender la heterogeneidad de construcciones bajo tierra. Si bien no era tanta como sobre la tierra, fue bastante amplia; un siglo atrás, la tecnología dejó obsoletas muchas de esas obras. También hay que tener en mente que existían algunas funciones para las cuales fue común el uso de túneles, en nuestro propio continente y en todas las ciudades de tradición española, que casi nunca fueron planteadas como una posible hipótesis. Una de ellas fue la de las galerías filtrantes, que hubieran sido útiles en las zonas de napas freáticas altas o cuando los cimientos debían atravesarlas, como en las grandes obras religiosas o públicas. Cuando lo presentamos en 1992[112] generó polémicas y abrió opciones de investigación que demostraron ser sugerentes. Estos canales subterráneos, túneles ciertamente, servían para acumular el agua y llevarla hacia ríos y barrancas, donde desaguaban más rápido que de forma natural. Pero este sistema no servía en una ciudad como Buenos Aires a causa de las sudestadas y del poco desnivel. Se podría pensar en un sistema fracasado, en una experiencia no feliz, es cierto; y queda abierto el tema.

Una primera síntesis de las hipótesis preexistentes en 1985 puede ser la siguiente:

1) Red de túneles secretos que conectaban conventos, iglesias, edificios públicos, casas notables; propósito desconocido o confuso.
2) Sistema defensivo complejo, o para acciones militares.
3) Calabozos o sitios de tortura habitualmente asociados con el gobierno de Rosas.
4) Sitios de reuniones secretas, bautismos extraños o para esconder tesoros (trenzas de los Patricios).
5) Para entrar mercaderías de contrabando.
6) Para esconder esclavos africanos entrados de contrabando.

7) Para que huyeran tiranos o personas no gratas; para que Rivadavia visitara a su amante o el Virrey Liniers a La Perichona.
8) Obras de saneamiento de 1909.
9) Canalización de arroyos (Tercero del Sur y otros).

Éste era el estado de la cuestión y ninguna de las hipótesis nos satisfacía tanto como para que fuera usada con exclusividad dejando de lado las otras, ni teórica ni metodológicamente hablando. Ya hicimos las críticas de cada hipótesis mostrando los pros y contras a partir de los mismos datos con que se contaba en la fecha en que fueron planteadas y dejando de lado algunas ideas casi absurdas; lo que quedaba sostenido por los escasos datos confiables era poco. Pero teníamos claro que ni había grandes redes ni explicaciones únicas, ni eran todos de la misma época, ni hechos para lo mismo, ni por las mismas personas. Ése era el primer escalón: entender la heterogeneidad del problema.

Los primeros trabajos de arqueología urbana (1985-1987)

Comenzamos las excavaciones con el Caserón de Rosas en Palermo donde, según los rumores y la tradición, había túneles y sótanos, aunque ningún dato concreto lo indicaba. Si bien los objetivos del estudio eran más amplios, nada se pudo descubrir respecto de estos temas salvo un simple y pobre albañal. El resto eran cimientos, paredes y objetos habituales de encontrar en un edificio de esas épocas.[113]

Casi a continuación se inició un trabajo más modesto: la exploración del edificio de la que fuera Primera Usina Eléctrica de Palermo, establecida en 1887 por Rufino Varela y Cía. en una isla de uno de los lagos de los bosques de Palermo. Se halló un complejo grupo de túneles bajo el piso, los cuales habían sido rellenados, salvo en un sector utilizado como desagüe de un baño reciente.[114] Se penetró en el interior retirando muy lentamente el relleno y el líquido, avanzando centímetro a centímetro durante días, hasta lograr definir su forma y su dirección. La investigación histórica coincidió con la arqueología, demostrando que se trataba de túneles contemporáneos con el edificio más antiguo que luego fueron ampliados y estuvieron en uso hasta 1913. Eran parte de la instalación necesaria para entrar agua y carbón desde la orilla del lago hasta los generadores eléctricos, los cuales funcionaban semienterrados. Quedan aún por liberar tres ramales, pero las excavaciones hechas en la orilla del lago demuestran que no pasan ni por debajo de éste, que rodea al edificio, ni que tienen entradas de agua directas. Un tiempo después, las autoridades a cargo del edificio ordenaron clausurarlo nuevamente, aunque dejaron accesible el sótano. Como en él quedan hierros empotrados en las paredes y algunas instalaciones remanentes de su uso, los visitantes lo recorren a oscuras para ver "los grilletes de las monjas emparedadas" y otros mitos arraigados en el sitio.

Con el objeto de comparar estos túneles con otros comenzamos a recorrer varios edificios que habían tenido instalaciones similares contemporáneas. Uno de los más interesantes es el de Moreno 330, donde se dijo que existía un túnel. Esto resultó cierto, pero se trataba de un conducto cuadrado de mampostería por el cual pasaban los cables eléctricos, desde la bodega donde estaba el generador hasta los laboratorios, ya que funcionaba allí el Laboratorio Municipal de Química. Aún se conservan los aislantes, caños y parte de los cables, y ningún misterio había en ellos. Estudiamos otros casos, al menos en la medida en que logramos acceder a ellos. Por lo general encontramos que muchos de los túneles o construcciones subterráneas citados en la bibliografía fueron totalmente destruidos, tapados hasta borrarlos, o simplemente no nos fue franqueado el acceso. Un ejemplo de ello fue el sistema de túneles ya citado en Ayacucho al 1600. Llegamos precisamente cuando la demolición estaba terminando con el edificio superior y había comenzado la destrucción de los túneles para hacer un estacionamiento. De todas formas logramos entrar por unos minutos para tomar fotografías, pero no pudimos obtener ni siquiera un plano de la demolición. Eran cinco grandes naves, cuatro paralelas y otra perpendicular, que habían sido hechas en la época de Torcuato de Alvear en la misma forma que los entubamientos de los Terceros que luego describimos. Si bien la observación fue rápida, las dimensiones de los ladrillos, el tipo de mezcla —los muros habían sido revocados a nuevo—, y fragmentos de loza y gres provenientes del relleno, nos permiten identificar esta obra como el relleno hecho allí antes de 1880 para salvar la lagunita que se formaba cuando llovía y así lotear los terrenos. Estos túneles tenían por lo menos una extensión que llegaba a la construcción de Vicente López 1452, destruida en 1977, y la Comisaría 17 tiene, según versiones no confirmadas, por lo menos un sector del mismo túnel aún intacto. Debemos afirmar que no estaban a orillas del río —cosa que se ha repetido en la bibliografía—, ya que la costa siempre estuvo a varias cuadras hacia el oeste. Otro trabajo de exploración a pequeña escala fue la posible identificación de los restos del Polvorín de Cueli, que se encontró bajo uno de los invernaderos del actual Jardín Botánico. Basándonos en la existencia de arcos subterráneos sobre uno de los muros inferiores, la excavación hacia el exterior permitió suponer la forma del edificio original y hallar lo que pudo haber sido el muro perimetral que lo protegía; ha sido destruido recientemente.[115]

Los trabajos más amplios de esos años fueron llevados a cabo en Defensa 751-755. A partir de la ubicación del Zanjón de Granados y su entubamiento se creó un proyecto sistemático de excavación del relleno del túnel y de las construcciones de su entorno. Estas exploraciones llevaron varios meses, y gracias a la labor arqueológica se logró recuperar unas 30 mil piezas diversas —de metal, vidrio, porcelana, loza y cerámica entre otras— que encuadradas en su estratigrafía permitieron reconstruir el proceso de ocupación del lugar desde el siglo XVI hasta la actualidad; fue por cierto un trabajo pionero para la arqueología urbana.[116]

El Tercero del Sur o Zanjón de Granados es el nombre con el que fue conocido el riacho que, descendiendo desde Constitución, desemboca en el Río de la Plata. Se trataba más específicamente de un río estacional, básicamente formado por agua de lluvia y que marcó el límite sur de la ciudad al menos hasta el siglo XVIII. Mucha bibliografía se escribió al respecto, en especial destacando su mal olor, su constante acumulación de barro y basura y las enormes dificultades que le causaba a la población. El acceso de carretas a la ciudad desde el sur se hacía cruzando el Zanjón de Granados y a veces quedaba cortado durante días. De allí que en muchas oportunidades se intentara encauzarlo, pero no se pudo por la fuerza del agua en las crecidas. Hacia 1850, la situación ya era grave, por lo que la Municipalidad decidió proceder al entubamiento del arroyo. Se llamó a un concurso y tras diversas alternativas se optó en 1865 por un sistema de reloteo de las manzanas para hacer la obra con lo producido por las ventas. Los trabajos se iniciaron en 1866 y en algunas manzanas continuaron hasta 1881. Se hizo una enorme bóveda de mampostería sobre muros rectos cavados en el lecho mismo del arroyo, construyendo un túnel de grandes proporciones que corría bajo cinco manzanas. Fue la primera gran obra de este tipo en la ciudad; poco más tarde, al iniciar Bateman sus trabajos para el desagüe de la ciudad, quedó eliminada. El proyecto de Bateman, que realizó todo el desagüe cloacal y pluvial del centro urbano, estaba pensado de manera integral, de tal forma que el Tercero dejaba de existir como tal. Se procedió a rellenarlo dejando el túnel inutilizado. Pronto se perdió de la memoria urbana, y vimos que cada tanto se lo volvía a descubrir con asombro y una aureola de misterio.

Los trabajos arqueológicos en el túnel consistieron en la excavación y estudio del relleno, que contenía un importante número de objetos antiguos que formaban contextos tanto de la época como anteriores. Se encontró desde cerámica indígena hasta todos los tipos de cerámicas coloniales; también rescatamos lozas, porcelanas, innumerables botellas de cerveza y ginebra, botellas de vino de vidrio y en particular las célebres ginebras de base cuadrada, juguetes, ropa y zapatos. Hubo botones, pipas, alfileres, dedales, bolitas, cabezas de muñecas de porcelana y un sinnúmero de utensilios de la vida doméstica cuyo estudio permitió una mejor reconstrucción de las formas de vida urbana en los siglos XVIII y XIX. Dado que el túnel fue excavado ampliando el lecho del arroyo antiguo, supimos que a sus lados debía encontrarse la tierra que se sacó de allí y que se usó para subir el nivel del terreno adyacente. Y como el Tercero fue el basural de la ciudad desde el siglo XVII, creímos con acierto que en esa tierra habría un contexto de alto valor histórico. Así fue, y se descubrió que en las orillas del antiguo riacho se habían acumulado estratigráficamente desechos desde los primeros años de población. Se logró levantar estratos con objetos de cada época de nuestra historia, lo que permitió establecer una secuencia continua y variada que sentó las bases de todos los estudios de materiales arqueológicos históricos hechos con posterioridad en el país.[117] La gran sorpresa fue identificar los restos de dos casas del siglo XVIII muy modestas, cuyos cimientos estaban aún bajo los pisos de la casa construida en 1865. Y si bien estas casas no tenían relación con el túnel, fueron destruidas al construirlo y relotear la manzana. Esto no es más que una muestra de las enormes posibilidades que un trabajo arqueológico sistemático puede presentar. Si los túneles (y la ciudad en general) fueran estudiados de esta manera, podríamos desentrañar muchas dudas que desde hace un siglo inquietan a muchos. Pero el trabajo es lento y es necesario continuar haciendo esta tarea en cada túnel y cada construcción antigua. En el capítulo VI se amplía la información sobre este sitio que ahora, restaurado, puede ser visitado.

Más tarde recibí una propuesta de Félix Luna para publicar una nota en su revista *Todo es Historia* con el estado actual —obvio, de ese momento— del tema. Lo hecho fue una primera síntesis: algunas referencias históricas significativas de los primeros que describieron estas construcciones tratando de aclarar un poco las hipótesis de cada momento, con una visión historiográfica, y lo que para ese entonces ya podíamos decir sumando la doble evidencia: la documental y la arqueológica.[118] Se realizaron varios trabajos arqueológicos en la ciudad y se hallaron o reabrieron varios túneles y construcciones bajo tierra, que fueron presentados allí. Descartamos varias interpretaciones y empezamos a construir una nueva, que quedó esbozada por primera vez: no existían grandes redes bajo tierra sino obras sueltas de diferente propósito y un sistema inconcluso iniciado por los jesuitas en el siglo XVIII —en la Manzana de las Luces— que nunca fue completado ni utilizado. Se presentó la información disponible sobre el Cabildo, que aún no se había excavado, y la destrucción de Ayacucho y Las Heras con sus cinco galerías. Es decir, se replanteó una primera parte del tema, lo que nos permitió avanzar y, con mucha alegría de nuestra parte, en varias ciudades del interior se comenzó a recuperar información o a trabajar en construcciones de este tipo, tema que presentaremos en el capítulo VII. Así se cerraba una nueva etapa con un primer cambio teórico y metodológico tanto en la visión de la cuestión como en su investigación. Sin duda no sería perfecto ni nada por el estilo, pero encarar las cosas desde otro lado era un principio abierto.

La segunda etapa de las excavaciones y sus resultados (1988-1992)

La segunda etapa de los trabajos se inició a partir de la excavación de la Imprenta Coni, en la calle Perú 680, y del hallazgo de varias cisternas y pozos de desagüe de gran tamaño, y se cerró con el estudio de los túneles del Cabildo. Significó un cambio cualitativo en el tema ya que eran investigaciones que tenían claramente integrados en sus objetivos e hipótesis el tema de las construcciones bajo tierra. Se editó un libro totalmente dedicado a ello, cerrando varias ideas y abriendo nuevas preguntas. El tema se iba definiendo y aclarando a pasos cada vez más rápidos.

El estudio de los túneles bajo el Cabildo fue sin duda lo que abrió más interrogantes y al mismo tiempo nos explicó más cosas. Sabíamos de las referencias sobre la existencia de túneles y habitaciones subterráneas bajo el antiguo Cabildo, en especial recabadas durante los trabajos previos a la restauración hecha por Mario Buschiazzo, cuando se los ubicó y se hizo un plano de ellos. Esto fue en 1936; lamentablemente durante la obra de 1939 no se los dejó a la vista ni se los hizo más accesibles; por el contrario, se los cubrió y se los hizo desaparecer. No se realizaron estudios o excavaciones para confirmar las dimensiones, lo que hubiera sido muy importante, y únicamente Vicente Nadal Mora, en 1957, publicó unos pocos renglones sobre el tema. En 1991 y 1992 los ubicamos y pude excavarlos y estudiarlos aunque, absurdamente, el libro con los resultados de ese trabajo se editó en los Estados Unidos y no aquí.[119] Hallamos una serie de cuatro galerías cavadas en la tierra, que fueron muy alteradas cuando Pedro Benoit hizo la remodelación del Cabildo en el siglo XIX y los describió someramente. Existe un enorme pozo ciego de 3,50 metros de ancho y 10 de profundidad cubierto con una bóveda de ladrillo que intercepta o es inicio de las galerías halladas. Éstas miden entre 50 y 60 cm de ancho y escasos 1,30 metros de alto; todas se derrumbaron por las raíces de los árboles y el peso de las obras modernas que tienen encima. En ese momento era imposible vaciar de tierra esas construcciones ya que se derrumbarían definitivamente, por lo que se decidió volver a cerrarlas a la espera de obras de consolidación más complejas. Según un plano de 1936, un ramal destruido en 1960 tenía la misma dirección que el túnel que pasa debajo de la iglesia de San Ignacio, pero suponemos que nunca llegaron a unirse. Al igual que en otros casos, los túneles de los jesuitas son parte de una pequeña red de huida para casos de emergencia, que quedó inconclusa por la expulsión de la orden, que sólo llegó a hacer los tramos ubicados debajo de los edificios por ellos construidos, pero que nunca se unieron.

Poco antes se realizó un trabajo amplio para excavar en la Imprenta Coni en la calle Perú 680, de lo cual ya se publicaron varias descripciones y un libro completo.[120] Se encontraron tres cisternas de aljibe de importantes dimensiones, dos de ellas de 7 metros de largo y 5 de profundidad, una cámara de desagüe muy amplia, todo el sistema de albañales y la ubicación del primer aljibe de pozo de la casa original; luego entraremos en detalles. Los estudios de este sistema completo nos dieron un panorama bastante amplio de cómo se transformaron los sistemas de almacenamiento de agua en edificios industriales: los primeros albañales de ladrillo, los siguientes con baldosas, luego los caños de cerámica vitrificada, para terminar a fines del siglo XIX con los primeros caños de hierro. Sugerimos al interesado en estas grandes obras bajo tierra ver lo publicado o incluso visitar el sitio cuando sea posible. Fue al entrar en estas cisternas cuando tomé conciencia de la sensación que debieron tener los primeros que, después del Gran Olvido, encontraron algunas de ellas —Mercado del Centro, Mercado del Plata y tantas otras— en ruinas, a oscuras, y las confundieron con túneles, calabozos o cualquier otra cosa que tuvieran en la imaginación.

En forma paralela con la excavación del patio del Cabildo se excavó en el patio lateral, sobre la calle Hipólito Yrigoyen; allí existieron cinco casas del siglo XIX que fueron demolidas en la década de 1970.[121] Al excavarlas se encontraron dos cisternas de aljibes, una de 5,35 de largo por 3,40 metros de ancho y con una profundidad de 5,85 metros. Su planta es rectangular, lo que es raro, pues salvo una de las de la Imprenta Coni no he visto otras, y fue fechada hacia 1860 o poco antes. La otra, más modesta, medía 6,50 por 2,00 metros pero era de menor calidad y su bóveda ni siquiera estaba revocada. También se encontró un pozo de balde de un viejo aljibe, alterado al construir la cisterna a un lado; debió haber estado en uso en el siglo XVIII. Además se ubicaron dos sótanos, uno tan enorme que cubría todo un lote de 7,50 por casi 20 metros de superficie y una profundidad de 3,80 metros; el otro, mucho menor, medía menos de 5 por 7,50 metros. Fue un conjunto significativo de hallazgos, todos juntos en un solo terreno.

El reciclado de las Galerías Pacífico hecho a partir de 1991 fue una obra que impactó muy fuerte sobre el subsuelo. Casi toda una manzana fue excavada con maquinaria pesada en forma rapidísima, pero por suerte fue posible hacer un rescate de información y materiales antiguos guardados por el arquitecto Pablo López Coda. El edificio original fue construido en 1891 por Emilio Agrelo para los almacenes Bon Marché, pero desde 1908 estuvo en manos del Ferrocarril Buenos Aires al Pacífico y luego fue remodelado varias veces. Tenía dos subsuelos que ocupaban parte de la superficie, lo que se aprovechó para ampliarlos; en esas operaciones se hallaron dieciocho construcciones diversas, entre ellas nueve pozos ciegos, cinco de basura, tres para aljibes y una cisterna con la misma función. Era la primera vez que se establecía una tipología completa de esta clase de instalaciones sanitarias en la ciudad. Todas eran obras del siglo XIX que fueron destruidas y clausuradas con complejos sistemas al construirse el gran edificio de las galerías.[122]

Otro trabajo de excavación interesante fue el de la actual iglesia de San Telmo y su edificio anexo, que fuera Residencia y Casa de Ejercicios Espirituales de Hombres en tiempos de los jesuitas y hasta 1984 Cárcel de Mujeres, en la calle Humberto Primo; fue excavada entre 1989 y 1991.[123] El edificio era muy significativo en la ciudad ya que en su entorno creció lo que se llamó el Alto de San Pedro, núcleo de la zona sur. En 1732 uno de los propietarios de un gran terreno, dos manzanas completas desde la barranca del río, lo donó a los jesuitas, quienes iniciaron las obras en 1735. Allí tuvieron su parte arquitectos y artesanos de la talla de Blanqui, Prímoli y Schmidt, y más tarde Antonio Masella. Era un enorme conjunto formado por la iglesia al centro, dos claustros completos uno a cada lado, casas redituantes y numerosas construcciones anexas. Fue sufriendo cambios constantes con el transcurso del tiempo: primero perdió la manzana sobre la barranca y luego, la apertura de la calle Balcarce cortó la Residencia que luego fue demolida. Más tarde se perdieron la huerta, las casas redituantes y el ensanche de la avenida San Juan cortó otro tanto.[124]

Las excavaciones hechas en el interior del claustro permitieron encontrar, entre otras cosas, un aljibe entero que sólo había perdido su brocal; lamentablemente en 1993 se ordenó cerrar lo hallado y cubrirlo nuevamente con hormigón.[125] La cisterna fue encontrada en perfecto estado aunque totalmente rellena de escombros. Es posible que haya sido construida en el siglo XVIII, aunque la imposibilidad de completar los estudios no nos permitió confirmar su fechamiento. Está ubicada exactamente en el centro del patio donde, a 77 cm de profundidad, se encontró un nivel de ladrillos muy deteriorados, parte del piso original alrededor de la boca del aljibe. La entrada mide 70 cm de diámetro y daba lugar a una bóveda bien revocada de 4 metros de diámetro que cubría una cisterna con cuatro albañales; la profundidad no pudo ser determinada y sólo se logró bajar unos

3 metros debido al relleno de escombros. Es interesante no sólo porque puede significar que es una de las cisternas de aljibe más antiguas de la ciudad sino porque por su tamaño es casi única en la ciudad.

En cuanto a las publicaciones, en el año 1991 logré editar un libro que resultaría el tomo I de una serie titulada *Arqueología histórica de Buenos Aires*.[126] Ese primer volumen sobre la cultura material porteña de los siglos XVIII y XIX tiene un capítulo titulado "Aljibes, pozos y sus brocales". Allí se presentan fotos y dibujos de construcciones subterráneas diversas ya estudiadas. Para 1992 fue posible publicar un nuevo libro, *Túneles y construcciones subterráneas*,[127] como parte de la serie antes citada (volumen II). Era la primera vez que se editaba un libro sobre el tema o al menos totalmente dedicado a ello. En él incluimos la documentación histórica preexistente, el estado de situación al momento, algunas fotos y dibujos de no muy buena calidad y dos apéndices basados uno en el texto de Héctor Greslebin de 1969 y el otro en el trabajo de Galerías Pacífico ya citado. En ese libro se reencauzó la problemática a partir de la información proveniente de varias excavaciones hechas en la primera etapa, las que cerraban preguntas a la vez que abrían otras. Se estableció con cierta claridad una primera tipología de construcciones subterráneas domésticas, con lo cual ya planteábamos en ese momento que en Buenos Aires había:

1) pozos ciegos: son pozos profundos que por lo general no rebasan la napa freática, excavados en la tierra con un ancho de 1 a 1,50 metros, cubiertos por una bóveda de ladrillo con o sin acceso. Son de descarga de letrinas mediante albañales o caños cerámicos; es común hallar hasta cinco o seis de ellos en cada lote de la ciudad vieja. Los hay más anchos, de hasta 3,50 metros, como en el Cabildo;

2) pozos de balde o de agua: se trata de pozos de cerca de un metro de diámetro excavados a la primera napa, con o sin recubrimiento de ladrillo, de los cuales se extraía agua mediante una roldana, balde y soga. Por lo general tenían un brocal, sea de ladrillo o de una pieza de mármol con agujero central por el cual bajaba el balde. Habitualmente se los mal denomina alji-

bes, cuando en realidad son sólo pozos con brocales similares a los de los aljibes. Han llegado a medir hasta 18 metros de profundidad;

3) aljibes o cisternas: son grandes cámaras subterráneas generalmente cilíndricas, recubiertas totalmente de mampostería revocada, con pisos de baldosas, con acceso por un brocal con balde y cubiertas por una bóveda. El agua llegaba por conductos de ladrillos que bajaban desde la terraza o los pisos de los patios y acumulaban agua limpia. Los primeros se construyeron en el siglo XVIII. Alcanzan los 7 metros de profundidad y unos 3 o 4 de ancho. Algunos tienen escalera de acceso con puerta desde un costado, para bajar y limpiarlos;

4) albañales y conductos: hasta casi el fin del siglo XIX el agua de desagüe fue conducida a pozos y aljibes mediante largos conductos hechos de ladrillos y baldosas, que llegan a tener 30 centímetros de alto y que son comunes de encontrar bajo cualquier edificio antiguo. Son simples conductos de aguas que fueron reemplazados por caños de barro vitrificado y más tarde de hierro;

5) conductos, cañerías e instalaciones sanitarias del proyecto Bateman: son obras fáciles de identificar, ampliamente descritas en las publicaciones oficiales de la Comisión de Aguas Corrientes desde 1880 y difícilmente puedan confundirse con otro tipo de túneles. Sus dimensiones pueden llegar a ser muy grandes (hasta 7 metros de diámetro) y su arquitectura compleja;

6) cámaras de desagüe: son similares a las cisternas salvo que las paredes son al menos en parte de tierra para poder absorber efluentes líquidos y tienen el techo abovedado hecho de mampostería. Eran usados en sitios de gran descarga de agua, llegaban a medir 8 metros de profundidad y en planta miden de 2 a 5 metros por lado. Los mayores han sido los de la plaza Roberto Arlt y la Imprenta Coni;

7) pozos de basura: de forma cuadrada o circular, miden hasta 7 metros de profundidad y 3 metros de largo o de diámetro. Eran simples repositorios de desechos domésticos, que al llenarse se tapaban y se hacía otro. Hemos excavado de todas las

épocas desde mitad del siglo XVII y con excelentes resultados pues son como cápsulas del tiempo que conservan los restos de alimentación, vajilla y material cotidiano. Estaban en los patios del fondo y tenían una tapa de madera;

8) construcciones de uso diverso: se trata de túneles para entrar carbón, agua o cables; sótanos simples y complejos, galerías privadas bajo tierra de uso personal, ferrocarriles y subterráneos y sus obras conexas, cavas de vinos y otros usos técnicos o de depósito;

9) túneles: por supuesto, los muy pocos túneles del siglo XVIII.

El período 1993-2002

Las actividades a partir del impulso del período precedente fueron cada vez más intensas y un número creciente de proyectos incluían el estudio de construcciones bajo tierra. Era obvio que cada casa importante de la ciudad, o ni tan siquiera, tenía desde fines del siglo XVIII su pozo de agua, sótanos, un pozo de basura, un pozo ciego e incluso en muchos casos su aljibe con cisterna debajo. Todo esto existía desde tiempo antes, pero no era tan común: el higienismo hizo mucho por difundir esta tecnología, que aunque primitiva era muy superior a simplemente arrojar los desechos líquidos o sólidos a la calle. Cada excavación nos daba nuevo material para el tema.

En 1993 se pudo estudiar una casa notable: Chile 832, actualmente el Museo Nacional del Traje; allí trabajó Pablo Willemsen al producirse un hundimiento en el patio posterior que dejó a la vista ladrillos y cañerías antiguas.[128] Descubrió que se trataba del pozo ciego del edificio aún en pie, construido en 1871. Estuvo colocado en el centro del patio y a unos 3 metros de la pared del fondo, en relación con los baños antiguos que, en parte, aún se conservan. Para la década de 1890, el sistema fue cancelado como en todo el radio céntrico de la ciudad, cerrando la bovedilla superior y arrojando escombro en el interior, momento en el que se mezclaron objetos de la época con otros que venían en la tierra y eran anteriores. Con el tiempo, y al menos en dos oportunidades, se pasaron caños y se rompió la bovedilla de ladrillos, lo que aflojó la tierra y al sedimentarse por el agua que se escurría, se produjo el colapso del piso. Era un caso más que nos confirmaba la estructura funcional de los sistemas sanitarios anteriores a las Obras Sanitarias.

De las excavaciones hechas en esos años, sin entrar en los detalles que más adelante damos, podemos recordar la de la mal llamada Casa Mínima, en la esquina de San Lorenzo y Defensa. Allí la excavación permitió encontrar varios pozos ciegos, una cámara de desagüe rectangular y un fantástico pozo de basura colmado de miles de fragmentos y objetos fechados en la mitad del siglo XIX, excelentes para estudiar la vida cotidiana en ese tiempo. A su lado había dos conventillos, sobre la calle Defensa, cuyo estudio fue parte del mismo trabajo, que incluyó su sistema de pozos ciegos y pozo de balde.[129]

A continuación trabajé en un sitio de significación en la ciudad por la carga imaginaria que tiene: Michelangelo, en Balcarce 433. La forma de arcos de la fachada, pese a ser moderna, ha dado tema para hablar a muchos sobre los misteriosos túneles que tenía el edificio. Lo que averiguamos fue que se trataba de una probable obra del ingeniero inglés Eduardo Taylor, quien siempre que podía construía con bóvedas de ladrillo —aquí en Buenos Aires resultan insólitas—, y su sótano realmente es interesante, aunque no sea un túnel misterioso. Encontramos los pozos de los baños y se logró explicar cómo funcionaban; era una parte restante del gran edificio que la familia Huergo tuvo durante la segunda mitad del siglo XIX. Por suerte toda esta información logró ser bien editada.[130]

Luego iniciamos la excavación de otro sitio paradigmático en la historia porteña, la casona que fuera de María Josefa Ezcurra y que pertenece al complejo del Museo de la Ciudad. Ese predio se remonta hasta el siglo XVI y en él se hallaron evidencias de su uso a lo largo de toda la historia de la ciudad. La casa sobre la cual se hizo la existente, remodelación tras remodelación, se remonta a la época de los jesuitas que allí tuvieron una Casa Redituante desde poco después de 1740. Con los años se le agregó otro piso y construcciones en el patio posterior y, bajo el piso, encontramos tres pozos, dos de descarga cloacal y uno de aljibe —el jesuítico—, un aljibe más moderno con cisterna de planta cuadrada y un complejo pozo de basura y todos sus respectivos albañales.[131] Vale la pena citar el pozo de basura, ya que fue fechado en los primeros veinte años del siglo XIX y tenía una construcción cuadrada hecha de ladrillos, salvo en el fondo, de sólo 1 metro de profundidad y un albañal que conducía líquidos rezumantes hacia un pozo abovedado de paredes de tierra. Realmente no parece haber sido un sistema muy eficiente, aunque debió cumplir su propósito durante años. Al llenarse fue cerrado con tirantes de madera y ladrillones encima, luego tierra y un nuevo piso de baldosas que canceló todo hasta la actualidad.

En el año 1997 se hizo un trabajo de rescate arqueológico en la plaza Roberto Arlt, donde se estaban realizando obras de mejoramiento. Se aprovechó la oportunidad para reabrir lo que desde 1972 estaba cubierto por una gran reja pero que nunca había sido estudiado o publicado. Se trataba de una gran cámara de desagüe, magnífica en sus dimensiones, de planta rectangular, que medía 3,50 metros de ancho, 6 metros de largo y 3,50 metros de alto. En la parte oeste tenía una entrada para vaciarla y en la bóveda había ocho bajadas de albañales que desaguaban allí. El piso era de tierra y las paredes no tenían revoque para facilitar la absorción.[132]

Muy poco más tarde, en la calle Bolívar 238 se hizo un hallazgo casual mientras se excavaba en el sótano de una casa construida a fines del siglo XIX y que perteneció a la familia Lavalle-Cobo. Se trataba de un gran pozo de basura de donde se obtuvo una enorme cantidad de objetos cotidianos de sumo interés que incluía, creo que por primera vez en la ciudad, pornografía del siglo XIX temprano.[133] El pozo, de forma ligeramente oval, medía 1,35 por 1,65 metros y se logró descender hasta una profundidad de 7,30 metros desde el piso original.

Otra excavación se hizo en 1999 en el interior del Museo Mitre, un edificio cargado de peso histórico y significación, y que es una rareza en el centro de la ciudad. No hubo por cierto construcciones subterráneas —aunque la cisterna del aljibe aún espera ser estudiada— y el túnel que los medios de comunicación difundieron no era tal cosa sino un simple paso de las cañerías originales de Obras Sanitarias por debajo de los muros de la casa preexistente.[134]

Otro trabajo de interés para este tema fue el realizado en la calle Hipólito Yrigoyen 3550, donde se demolió la hermosa residencia que sobreviviera al paso del tiempo con sus jardines y esculturas. En ella transcurría la novela de Ernesto Sabato *Sobre héroes y tumbas*, además de haber sido el primer Hospital de Niños del país, entre otras históricas actividades que allí se desarrollaron en el siglo XIX.[135] La excavación, si bien interesante para estudiar la casa y el lote, sólo tenía —o al menos sólo encontramos— dos pozos ciegos que habían sido construidos uno hacia 1830-1850 y el otro hacia 1890, y una pileta de hidroterapia, cubierta de azulejos franceses, que fue tapada antes de finalizar el siglo XIX.

Durante los siguientes años hubo varios descubrimientos de aljibes, pozos ciegos y otras construcciones bajo tierra. Podemos citar la reapertura del aljibe del patio central de la casa Marcó del Pont en Flores,[136] el estudio y la explicación del complejo sistema de agua del colegio Fernando Fader en esa misma zona de la ciudad, el hallazgo y la excavación de un aljibe en el Palacio de las Artes (Zapiola y Mendoza, Belgrano) hecho por Mario Silveira y Patricia Frazzi, aljibe que había pertenecido al antiguo Circo de las Carreras en el siglo XIX,[137] y también el hallazgo de dos pozos, uno para agua y otro de desagüe, en la que fuera la casa de la familia Benoit, ubicada en la esquina de Bolívar y Belgrano, uno construido por Pierre, el del agua, hacia 1830, y el otro para la ampliación de la casa hecha por su hijo Pedro hacia 1870.[138]

Los últimos trabajos de cierta amplitud en el centro de la ciudad dieron buenos resultados en lo que se refiere al incremento del conocimiento de estos temas, y hubo tres casos más que interesantes: entre los años 2000 y 2001 se excavaron el Convento de Santa Catalina (San Martín y Viamonte), la plaza Roberto Arlt en una segunda etapa y la casa ubicada en San Juan 338. Si bien en un capítulo posterior describimos en detalle lo hallado, podemos adelantar que en el convento de Santa Catalina se excavó una enorme letrina del siglo XVIII, utilizada al parecer entre 1735 y 1745. Estaba construida en forma de un pozo rectangular de 4,5 metros en el largo mayor que sostenía una bóveda bajo el nivel del piso; ésta dejaba un espacio entre su borde y la pared por donde descargaron antiguamente las letrinas construidas encima.[139] Todo había sido destruido y rellenado, lo que si bien hizo compleja la interpretación, al menos nos dio un conjunto de bastante más de un par de miles de fragmentos de objetos de la época. Ese extraño sistema constructivo sólo lo habíamos visto, y en menor escala, en Defensa 751. En la casa de San Juan 338, a la que se le atribuye el mérito de ser la más antigua que aún existe en Buenos Aires, se encontró un pozo de balde de fines del siglo XVIII recubierto de ladrillo sólo en la parte superior y luego excavado en la tierra, ya que se trataba de una casa de bajos recursos económicos. Pero la sorpresa fue el sistema de desagüe usado: al menos tres pozos cuadrados recubiertos de mampostería hasta una profundidad excavada de 4 metros que se unían entre sí mediante un sistema de albañales hechos en la primera mitad del siglo XIX.[140] Es evidente que la provisión de agua no era buena, pero la evacuación sí.

Otro trabajo arqueológico fue hecho en donde estuviera la casa Anchorena, en el centro de la ciudad (Reconquista al 200), con la coordinación de Marcelo Weissel. Allí se excavó un gran aljibe de extrañas proporciones: 6,50 metros de diámetro y 6,80 metros de alto, con un albañal curvo en la parte superior. El trabajo fue bien publicado poco más tarde, y proporcionó así otro ejemplo de los sistemas domésticos de aprovisionamiento de agua; el lote contaba también con un pozo de balde al fondo del terreno.

Por último podemos citar que se hizo una segunda temporada de excavación en la plaza Roberto Arlt, donde estuvo la Asistencia Pública y antes el hospital de mujeres. Habiendo ya estudiado la cámara de desagüe, el equipo encabezado por Zunilda Quatrín se abocó a excavar el cementerio de pobres del siglo XVIII, cuyos restos estaban entre los cimientos antiguos producto de años de cambios y modificaciones hechas en esos edificios hasta su demolición total. Se encontraron dos cámaras.

La cisterna de un aljibe, donde posan los extrañados descubridores en 1909, ya olvidados de que hasta hacía poco se tomaba agua de ellos (*Caras y Caretas*, 26 de agosto).

Otra cisterna de aljibe descubierta bajo el Mercado del Plata en 1948, mientras era destruida; en la foto se ve que ya ha sido excavado el terreno a su alrededor (*La Razón*, 5 de agosto).

La cisterna de aljibe más grande de la ciudad, bajo la Imprenta Coni, en Perú 680, al descender por primera vez (archivo del autor).

Vista del interior de la cisterna mayor de la Imprenta Coni, una vez liberada parte del piso de baldosas francesas (archivo del autor).

Cisterna de aljibe y su escalera de acceso en la casa de los Aguirre, ahora desaparecida bajo la Diagonal Sur; un buen ejemplo de las dimensiones de estas estructuras (*Caras y Caretas*, 26 de agosto de 1909).

Galería subterránea bajo Casa de Gobierno, hallada durante la limpieza del escombro del relleno en 1938 (ex archivo Editorial Haynes).

Complejo sistema interconectado de cisternas de aljibes, hallado bajo el Mercado del Plata en una foto de 1948 (ex archivo diario *Democracia*).

Galería bajo tierra, posiblemente en Perú y Moreno aunque no bien identificada, cortada por un caño de Obras Sanitarias, en 1909 (Archivo General de la Nación).

Arrastrándose por la siniestra lobreguez del angosto túnel en busca de la ansiada libertad. Y término a su temeraria aventura, encerrándolos en vida, prestaba, sin duda, a sus

LA SENSACIONAL PENITENCIARIA

DOSCIENTOS AÑOS DE CARCEL QUE

este éxodo subterráneo bajo la amenaza de una probable asfixia o de un derrumbe que pusiera ánimos ese arrojo y esa acometividad que requieren las empresas extraordinarias.

EVASION EN LA NACIONAL

SE ESCAPAN POR UN AGUJERO

He aquí, en resumen, los detalles de la fuga de los presos que, arrastrándose por el famoso túnel perforado desde el cuarto de baño que servía de depósito a la escudería hasta la verja que da a la calle Juncal, lograron alcanzar la libertad ansiada. Este sensacional episodio posee todas las características de un capítulo de novela folletinesca. La realidad, en este caso, nada tiene que envidiar a la más fecunda fantasía. Entre las 17.50 y las 18.5 del jueves 23, un buen número de penados se aglomeró en el sitio mencionado. Por riguroso turno en que se concedió la preferencia a los reos de mayor condena, fueron deslizándose por el tenebroso agujero hasta diez personas, y luego, habiéndose producido cierto desorden en el afán que todos sentían por verse libres y también temerosos de ser sorprendidos, otros cuatro desaparecieron por el orificio. Calmados los ánimos de los impacientes, el presidiario Hans Wolf entró con los pies para adelante, siéndole imposible salir en esta forma, teniendo que regresar y a su vez los compañeros que tras de él iban, lo que retardó la salida de otros muchos. En su segunda intentona, Hans, metiéndose de cabeza, logró arribar al boquete de salida, pero, cuando lo asomaba, un centinela lo vió, apuntándole con el fusil, y entonces hubo de retroceder hasta el punto de partida, empujando a la larga cola de penados que le siguieran. El túnel, obra paciente de «ingeniería», mide 24 metros de largo y un diámetro aproximado de sesenta centímetros. Las excavaciones se efectuaban, según parece, trabajando tres penados: uno que perforaba, otro que extraía la tierra y el que se

Ramon Silveyra, penado N.° 481, condenado a 20 años de presidio.

Laureano Fernández Macaya, penado N.° 642, condenado a reclusión perpetua.

Marcos Vallejo, penado N.° 688: tiempo indeterminado.

Domingo Rodrigues penado N.° 625, condenado a 25 años.

Gabriel Reai, penado N.° 704, condenado a 25 años.

Luis Vileia Contreras, penado N.° 299: 18 años de prisión.

Antonio Pulturo, penado N.° 236, condenado a 17 años.

Juan Sinisi, penado N.° 239, condenado a 15 años y medio.

Francisco Sassone, penado N.° 139, condenado a 10 años.

Héctor Georgette, penado N.° 222: 6 años y medio.

Francisco Capelliotta, penado N.° 657, condenado a 5 años.

Alberto Martínez, penado N.° 226: 4 años y medio.

Eduardo Gallardo, penado N.° 44, condenado a 4 años.

José Fonlela, penado N.° 616, condenado a 2 años.

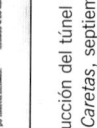

Reconstrucción del túnel hecho por los presos de la Penitenciaría Nacional para fugarse en el año 1923 (*Caras y Caretas*, septiembre de 1923).

Extremo norte de la galería bajo la iglesia de San Ignacio, fotografiada en 1958 (ex archivo diario *Democracia*).

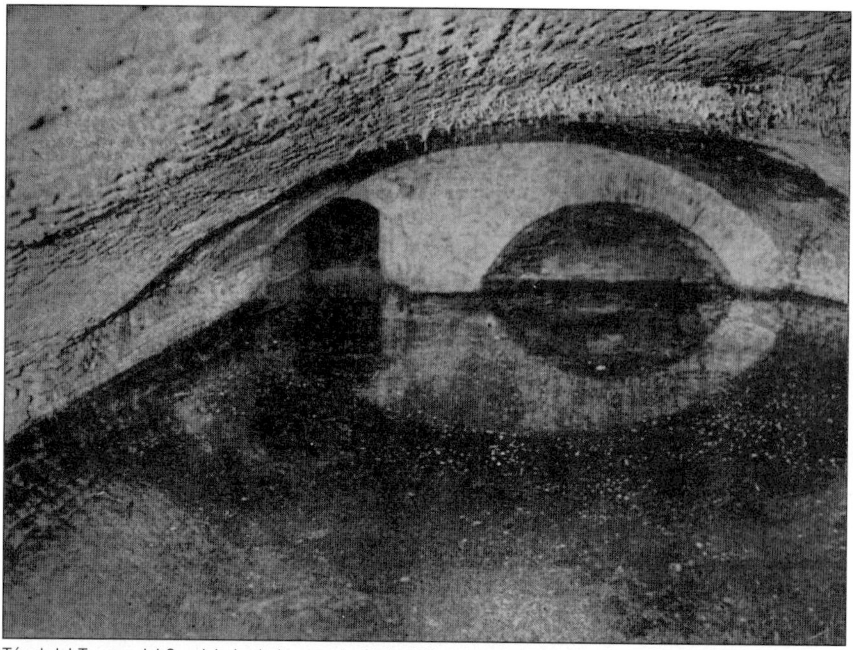

Túnel del Tercero del Sur debajo de la casa de Chile 370, tal como fue redescubierto en 1960 (ex archivo Editorial Haynes).

Una enorme bóveda de mampostería construida bajo nivel por Eduardo Taylor para la Aduana Vieja, durante su destrucción parcial para enterrarla junto con todo el piso del edificio bajo Plaza Colón (archivo del autor).

Gran túnel que permitía el acceso desde el río al Patio de Maniobras de la Aduana Nueva, construido en 1856 por Eduardo Taylor, hoy a la vista detrás de Casa de Gobierno (archivo del autor).

Vista del túnel hecho por el ingeniero Canale en su casa de Adrogué que aún puede ser visitado (fotografía de Diana Waipan).

Dibujo reconstructivo del extraño aljibe de la casa de la familia Cullen, con acceso para el balde desde el primer piso y una cisterna debajo del piso del patio (dibujo de Carlos Moreno).

Reconstrucción del funcionamiento de una letrina con pozo cuadrado y bóveda superior, descubierta en las excavaciones de Defensa 755, fechada para el siglo XVIII tardío y reusada a mitad del siglo XIX (dibujo de Carlos Moreno).

Héctor Greslebin en 1964, en los túneles de la Manzana de las Luces (Biblioteca Nacional).

Vista del túnel colonial bajo la iglesia de San Ignacio en su estado actual, muy similar al que tenía cuando Greslebin lo estudió hace casi un siglo (fotografía de Patricia Frazzi).

Recreación de las técnicas utilizadas en los siglos XVII y XVIII para excavar los túneles de la ciudad (dibujo de Carlos Moreno).

Galerías y arcos de cimentación del Pabellón Charcot del Hospital Borda. Su apertura y el retiro de tierra lo han transformado en un interesante espacio subterráneo, en realidad construido con el propósito de no ser visible (fotografía de Patricia Frazzi).

Los baños de los dos conventillos ubicados en la calle Defensa entre San Lorenzo e Independencia, que fueran de la familia Peña, y que compartían el pozo ciego para abaratar costos. Era el sistema más simple y modesto usado en la ciudad (dibujo de Carlos Moreno).

Pozo de agua que existiera a inicios del siglo XIX en La Recoleta: el agua se sacaba del pozo y se arrojaba en los bebederos laterales en un sistema simple que utilizaban animales y humanos (dibujo de Carlos Moreno).

Pozo de agua hallado en Defensa 755, construido hacia 1860 y dividido por una pared, lo que permitía que fuera usado por dos vecinos a la vez: un método de construcción común en la ciudad (fotografía de Marcelo Magadán).

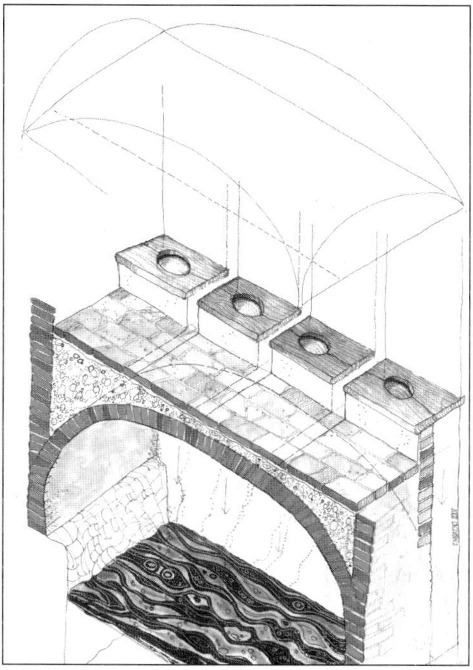

El baño que se hallaba sobre el pozo de la letrina del convento de Santa Catalina, reconstruido a partir de los datos de las excavaciones arqueológicas (dibujo de Carlos Moreno).

Excavación del pozo de la letrina del convento de Santa Catalina construido hacia 1740; arriba se ven aún restos del arco de soporte de los inodoros (archivo del autor).

Sistema de baño compartido construido en Defensa 755 hacia 1860, que comprende el inodoro ubicado en un pequeño cuarto, una pileta de lavar ropa del otro lado del muro, un pozo ciego abovedado y un aljibe compartido (dibujo de Carlos Moreno).

Fotografía del sector reconstruido en el dibujo, al completarse la excavación arqueológica (fotografía de Marcelo Magadán).

El estado del sitio había sido alterado en muchas oportunidades, pero pese a ello se encontró una estructura parecida a la excavada en 1997, aunque ligeramente menor, en estado de destrucción casi total, y debajo de ésa, otra más pequeña, que apenas pudo ser estudiada por su estado.[141] En el año 2005 hallamos un pozo de agua en lo que fuera el atrio de la iglesia vecina a la plaza de San Miguel, sobre la calle Bartolomé Mitre casi Suipacha, pero la burocracia lo rellenó y lo tapó en sólo 24 horas; apenas si pudimos excavarlo, y muy parcialmente.

Si queremos terminar este capítulo refiriéndonos a las publicaciones hechas en estos últimos años por fuera de los trabajos de arqueología histórica, debemos empezar con un nuevo estudio de Carlos Krieger, el último por él publicado antes de fallecer. Quiero destacar este folleto editado en 1988 por ser excelente y serio; su intención fue, mientras excavábamos el túnel del Tercero del Sur, darnos la información histórica, documental y fotográfica por él obtenida a lo largo de los años. Por lo demás, hubo sin duda algunos escritos que fueron buenos, como el que difundió los túneles de Castelforte en Adrogué,[142] pero otros dan vergüenza ajena: podemos empezar con varias notas publicadas como repercusión de la inauguración de la Manzana de las Luces que repiten lo mismo de siempre y que no vale la pena recordar.[143] En 1991 se editó una extensa nota periodística donde si bien el periodista leyó bastante, entendió muy poco; nos queda sólo su ácido humor ("Túnel, chiche, apto todo destino") o que lo hallado en los pozos de la casa de la familia política de Rosas no era más que "un conjunto de porquerías que permitieron especular"; no queda del texto nada más para recordar,[144] y así siguieron notas y más notas.

En 1997 se editó con gran despliegue de color y calidad una reedición ampliada del libro escrito por Mayochi, Poitevin y Gazaneo sobre la Manzana de las Luces y al cual ya nos referimos.[145] Esta vez, superando la primera edición que creó tantas falsas expectativas, por fin existió la intención de comprobar una hipótesis funcional: la que yo planteé en 1992 sobre el uso de los túneles a partir de las viejas ideas de Outes. Es de lamentar que en ese libro no se aportaran pruebas de ningún tipo, salvo hermosas ilustraciones sobre trincheras europeas (no sobre túneles), hechas por ejércitos en guerra que nada tienen que ver con el asunto; quizá las usaron porque aunque no eran lo mismo, al menos era algo parecido. Los autores del libro aceptaron acríticamente hipótesis contradictorias entre sí que incluían algunas tan anticuadas como que los túneles formaron una red gigante bajo toda la ciudad y mantuvieron los viejos conceptos de Greslebin sin variación alguna. Lo más valioso: la secuencia de planos con el fechamiento de cada época constructiva de los edificios de la Manzana de las Luces; aunque presenta problemas en cuanto a los túneles: las reconstrucciones históricas están basadas en los planos de Topelberg y Greslebin, pero les faltan partes, como la rama sur y el complejo descenso desde las bodegas. Tampoco incluyeron la mitad del ramal que va hacia la esquina de Perú y Moreno y todo el que debía pasar debajo de la Procuraduría de las Misiones. ¿Se descubrió que no existieron? ¿Fueron destruidos recientemente? No lo dicen, pese a su importancia, pero cabe preguntarse entonces por qué sí se pusieron otros tramos que ahora ya no existen. Destacamos la calidad editorial y la fotografía color, pero más allá de eso, los más de veinte años de investigación en el sitio (desde 1982) no parecen haber mostrado avance alguno fuera de las pocas obras en sí mismas.

Por último quiero aclarar un tema que creí superado hace medio siglo: en el libro citado se reproducen a todo color una serie de azulejos franceses, un escudo y una bayoneta que se dice que fueron "encontrados en los túneles, según el arquitecto Greslebin". Es evidente que no leyeron a Greslebin ya que él dice claramente en su publicación de 1969 que todo eso le llegó por "el señor director de los trabajos del nuevo edificio del Colegio Nacional, arquitecto José Espinoza, [quien los] tenía en su despacho" y que según le dijo fueron encontrados (noten el cuidadoso uso de las palabras) "parece que cerca de la entrada de la galería D [...] a unos 50 metros más o menos de la misma". Personalmente creo que algo que "parece" que está "cerca" de la entrada y al mismo tiempo a "unos 50 metros", no puede ser entendido como que viene del interior; la tergiversación sólo sirve para darle dramatismo al tema.

Otras publicaciones, hay muy pocas; sí varias notas periodísticas e incluso todo un libro de fotos del subsuelo porteño (la publicación tiene el atractivo título de *Ché!, bolú*); además hubo algunos textos de difusión, pero que por lo general mantienen la tesitura tradicional de la exageración y el misterio; valga un ejemplo en un texto de personas que se supone que conocen bien la ciudad, en donde dicen que los túneles eran:

> [...] obras realizadas para defensa de la ciudad, para contrabando de mercaderías o esclavos y aprovechadas para fugas o encuentros románticos [...], por alguno de los cuales podía avanzarse a caballo dada la escasa altura del caballo criollo.[146]

Esto sí, al ingresar en el siglo XXI, y con disculpas a quien corresponda, roza el absurdo total. Para seguir citando este tipo de cosas, mejor callar. Es evidente que el imaginario está demasiado arraigado —obvio, por ser imaginario—, pero también queda claro que la incultura es mucho más densa que lo pensado.

Para terminar, creo que el período ha sido de grandes avances: se logró establecer claramente la función, la forma y la cronología de las construcciones bajo tierra de la ciudad, se han hecho visitables y accesibles los túneles de Defensa 751, y las construcciones bajo tierra de Michelangelo (Balcarce 433), de Costa Rica y Medrano (La Panadería), del Palacio de las Artes, del convento de Santa Catalina, de la Casa Marcó del Pont, la Imprenta Wussmann en Venezuela 570 y sus aljibes que se ven de arriba y abajo, el aljibe completo del Colegio Fernando Fader, la subestructura del Monumento a Colón y están en restauración los de la Casa de María Josefa Ezcurra (Alsina 455). Todo esto no será demasiado para una ciudad como Buenos Aires, pero creo que es suficiente para una etapa de trabajo. Y si le sumamos que el Gobierno de la Ciudad participa en este campo de investigación manteniendo de forma permanente un cuerpo de trabajo e interviniendo de forma activa, podemos aceptar que las cosas cambiaron y bastante.

IV

Del baño a la cocina: sacando agua, tirando basura

LA PRENSA

BUENOS AIRES, MIERCOLES 9 DE SEPTIEMBRE DE 1964

...ATA EL ARQ. HECTOR GRESLEBIN ASPECTOS DE LOS ...GUOS SUBTERRANEOS SECRETOS DE BUENOS AIRES

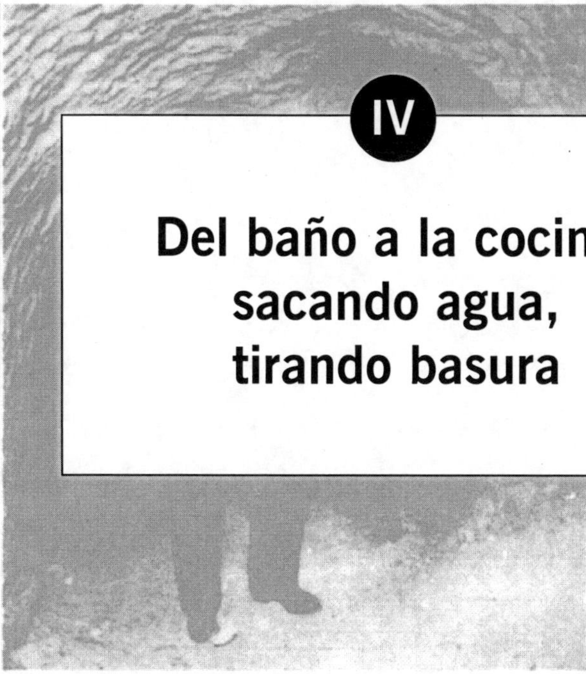

El arquitecto Héctor Greslebin en el sector del subterráneo que pasa bajo los cimientos de la cúpula de la iglesia de San Ignacio muestra un pequeño "chicote" que se abre desde esa galería hacia el este. (Fotografía actual)

la época, adecuando el que he podido realizar sobre el trazado actual, puede comprenderse que muy probablemente unía, el conjunto del sistema, dos o más iglesias o conventos.

A dónde conducían los sub...

"El otro subterráneo —añadió— que corre en dirección similar a Perú y al que llegué por primera vez en mi vida al derrumbarse la sala de dibujo en construcción de la Facultad de Arquitectura conduce, por su dirección hacia el sur, a la casa de la Virreina, en la esquina noroeste de Belgrano y Perú.

"En lo que respecta al que corre derechamente de este a oeste, une en su prolongación igualmente recta el monasterio de los Capuchinos, ubicado en Piedras entre Alsina y Moreno, por su lado

mo norte un derrumbamiento de tierra cierra el paso.

"El otro túnel o subterráneo, al que entré precisamente por primera vez el día del hundimiento en la Facultad de Arquitectura, viene desde el sudoeste y se dirige sinuosamente hacia el norte. Corre en dirección aproximadamente similar a la calle Perú. Avanza desde la calzada de Perú, a pocos metros de la intersección con Moreno, hacia la manzana, para concluir con un trazado paralelo a la acera aproximadamente a 5 ó 7 metros de ésta. Su extremo sur presenta un desmoronamiento de tierra que cierra el paso y su extremo norte desemboca en otro túnel.

"Este, que constituye el tercer subterráneo, se inicia a la altura de la perpendicular de la línea de edificación de Perú, aproximadamente a 30 metros de Alsina. Avanza rectamente hacia el este y atraviesa el primero de los túneles descriptos, continuando en dirección a Bolívar poco más de 15 metros.

"Desde este mismo túnel, cerca de 15 metros al este del punto donde se une con el segundo de los que he descripto, aparece una nueva excavación en dirección a Alsina, y de ésta, a su vez, surge una nueva derivación en dirección a Perú.

"Con excepción del subterráneo que va de este a oeste, el resto presenta frecuentes "chicotes" o prolongaciones de la excavación hacia los costados.

Características de las excavaciones

El arquitecto Greslebin describe con gran exactitud las dimensiones y características de los subterráneos. Indica que su trazado y construcción han sido cuidados y planeadamente realizadas. "Probablemente —agrega—

El trazado de los túneles en el perímetro comprendido por las calles Bolívar, Moreno, Perú y Alsina —la denominada "manzana de las luces"— fue hecho por el arquitecto Greslebin sobre un plano de 1915 realizado por el ingeniero E. Tolpelberg. Así se explica que figuren dentro de esa manzana el Concejo Deliberante y el Museo de Historia Nacional

nerales de sur a norte muestran la incisión del pico desde el sur, punto desde el cual debía provenir, naturalmente, la construcción. El que va de este a oeste las muestra precisamente en este sentido que utilizo para designarlo.

"Los túneles son abovedados...

la rectitud de la construcción."

Origen y propósito de las construcciones

El arquitecto Greslebin ubica el origen de las construcciones a fines del siglo XVIII. Supone que el "chicote" que parte hacia Perú desde la ga...

oeste y el convento de San Francisco, por su lado este, ubicado en Defensa, entre Alsina y Moreno.

Objeciones y polémica

"La posibilidad señalada en cuanto a quiénes fueron los constructores ha sido negada por el profesor Oñes y...

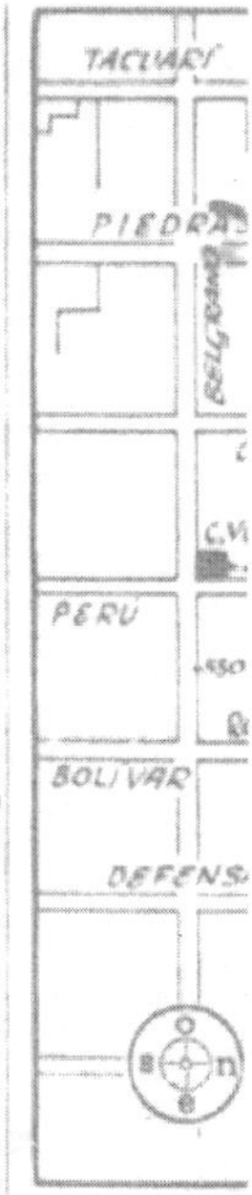

Sobre este mapa ... por entonces ...

◀ La última gran nota de Héctor Greslebin, en 1964, donde cierra sus ideas sobre los túneles, y sus hipótesis de 1920 se han transformado en verdades establecidas (Biblioteca Nacional).

Sin agua no hay vida. Esta verdad de Perogrullo la sabemos todos, pero no es lo mismo saberlo en una ciudad con agua corriente que en un poblado sin ella. Buenos Aires se instaló a orillas del río y el agua provenía de allí, y si bien se la veía sucia, los españoles sabían que dejándola sedimentar unos días se volvía perfecta para el consumo humano; y eso hacían. El agua era sacada del río y transportada a las casas, donde se la guardaba en grandes tinajones para dejarla reposar. Si la traía el dueño de casa, su esclavo o el aguatero era sólo una cuestión de dinero y comodidad. Al menos así fue hasta que en los inicios del siglo XVII comenzaron a excavarse pozos hasta la primera napa freática, que en esta zona no estaba muy profunda: bastaba un pozo de 6 o 7 metros para tener el precioso líquido en cantidades suficientes. Sólo cuando se vivía en zonas más altas era necesario excavar más, pero la tierra era blanda, sin piedras ni rocas, y por lo tanto era posible hacerlo. En España, el trabajo hubiera sido tremendo comparado con esto.

Extraer agua del subsuelo fue una actividad habitual ya que tenía ventajas sobre el agua de río, y obvias desventajas también: por una parte era transparente y no había que dejarla decantar, tampoco había que pagarle al aguatero ni esperarlo cuando se terminaba en mal momento; o mandar a los esclavos que sólo podían acarrear un par de baldes por vez. Pero por otra parte era ligeramente salobre y no era buena para el consumo humano. Wilde la describiría en 1881 diciendo que el agua "de los pozos de balde cuya profundidad varía de las 18 a las 23 varas (13 a 18 metros), es por lo general salobre e inútil para casi todos los usos domésticos".[147] Aún no se sabía que lo peor era la contaminación de la primera napa con los desechos orgánicos arrojados a los pozos ciegos cercanos. Esto produjo tremendas epidemias y enfermedades por el alto nivel de deterioro del agua domiciliaria. Recién en el siglo XIX se excavaría hasta la segunda napa para resolver este problema, pero para ello se necesitaron un ingeniero europeo y nueva tecnología.

Los pozos los hacían los poceros, trabajo indeseado pero habitual de los esclavos africanos primero y de los negros libres más tarde, quienes siempre dejaban algún sistema de acceso, aunque más no fueran pequeños escalones excavados en la tierra de la pared, para poder subir y bajar a limpiarlos cada tanto. Eran llamados *pozos de balde* o *pozos de agua* y nunca aljibes, que eran otra cosa aunque ahora se los confunda. El ancho tradicional era de un metro o poco menos —1 vara—, la parte superior siempre estaba reforzada con ladrillos unidos con cal y, según la posición económica de cada uno, eran recubiertos de ladrillos hasta la base. Sólo más tarde hubo obligación municipal de hacerlos así. La boca podía tener un brocal, es decir, una construcción cilíndrica de mampostería o incluso de mármol, con una estructura de madera o hierro encima, desde donde colgar la roldana para la soga y el balde, soporte que llegó a tener hermosos trabajos artesanales;[148] mucha gente llama ahora aljibe a esa sencilla estructura que se encuentra encima de los pozos.

En 1823, un ingeniero inglés llamado Bevans introdujo el primer y más grande cambio en la forma de extraer agua, al excavar hasta encontrar una segunda napa que fuera realmente potable, trabajo que le llevó tres años pero significó un importante avance en la salubridad porteña.[149] La profundidad de los pozos quedaba determinada por la ubicación del nivel del agua, y los había de entre 7 y 20 metros dentro del perímetro de la ciudad. En algunos casos la forma de la excavación no era cilíndrica sino ligeramente ovalada, dobles —por añadido de uno junto al otro—, con pequeños ensanches en el fondo —para captar más agua—, irregulares por los derrumbes de sus paredes, e incluso cuando se secaban, los poceros bajaban y cavaban hacia los lados buscando de nuevo la napa. Algunos de estos pozos de formas extrañas crearon mitos sobre túneles que salían desde el fondo y que ya hemos descrito.

El censo de la ciudad de 1887 indicó que había 20.787 casas con pozos, 9.019 con aljibes y 8.817 con agua potable —es decir que habían cegado su sistema anterior—; para 1904 no había ningún pozo domiciliario para agua funcionando, en cambio sí 800 aljibes; pero en los inquilinatos (conventillos) aún funcionaban 193 pozos y 23 aljibes. La prohibición general de este tipo de sistema fue establecida por el municipio con la ordenanza del 12 de marzo de 1894, que no todos cumplieron.

Los aljibes eran algo diferente de los pozos. Se trataba de un sistema que constaba de una cisterna bajo tierra donde se almacenaba el agua proveniente de terrazas y patios, que era transportada mediante albañales o caños. El agua se sacaba del interior mediante un agujero redondo en la cúpula de la cisterna y rematada por un brocal, de igual forma que los modestos pozos de balde. Sabemos que comenzaron a construirse en el siglo XVIII, pero las fechas y las atribuciones difundidas no pudieron corroborarse por los datos arqueológicos, como aquel que sostiene que el primero fue el de la familia Basavilbaso en 1759;[150] al parecer, los jesuitas ya los construían en sus conventos medio siglo antes. La cisterna era habitualmente, aunque no siempre, un pozo cilíndrico cubierto con cúpula con el agujero al centro; estaba totalmente hecha en mampostería de ladrillo y revocada, con piso de baldosas o ladrillo según la época. Los albañales eran de uno a cuatro y caían directo dentro de la cisterna con el agua entubada que bajaba de las terrazas. Existen algunos muy complejos que incluyen escalera lateral para bajar y limpiarlos. Era común hacerle un pozo más pequeño en el centro, de 1 metro de profundidad, donde se asentaban la tierra y el polvo decantado. Encontré aljibes de hasta 7 y 8 metros de alto, los que sin duda impresionan a quien entra por primera vez porque son verdaderas habitaciones subterráneas.

Otra categoría son los pozos ciegos, que por su tamaño llegan a ser cámaras de desagüe aunque su función es la misma: arrojar allí desechos líquidos. Cuando tenían la forma de pozos redondos eran similares a los de balde, pero casi nunca se les ponían ladrillos en las paredes, porque su función era dejar que éstas absorbieran los líquidos. Muchas veces tienen en la parte superior una pequeña cúpula de factura irregular con un agujero en el centro, por donde bajaba el caño o albañal de descarga. En algunos casos esta cúpula es tardía y fue puesta al cancelarlos. Eran menos profundos que los hechos para sacar agua ya que se trataba de evitar que llegaran a la napa, aunque muchas veces se lo hacía para acelerar el proceso de vaciado; era común hacerles sangrías, agujeros, cámaras y hasta túneles cortos para aumentar la absorción. En 1871 (28 de septiembre) se sancionó una ordenanza que obligaba a hacer los pozos de letrinas con sus paredes recubiertas, con una profundidad máxima de 7 metros aunque de ancho ilimitado, pero fracasó rotundamente. Era común la reutilización de estos pozos, ya que cuando se compraba una casa, si se encontraba una letrina vieja, a veces se la agrandaba y se solucionaba el problema.

Cuando en lugar de pozos se usaban cámaras, se las hacía de forma cuadrada o rectangular, a veces de hasta 6 metros de largo y cubiertas por bóveda de cañón. Describimos algunas con 6 y 8 descargas de letrinas. También las más complejas tenían entrada y acceso por escalera para limpiarlas.

En todos estos casos hubo cambios y excepciones, variantes introducidas por cada pocero y propietario, por tener que adaptarse a espacios reducidos en los patios. Por ejemplo, cuando se llenaba o cegaba una letrina se hacía otra que podía estar pegada a la primera si no había más espacio, podía agrandarse en forma parcial la vieja e incluso unir dos o más pozos cercanos por un conducto hecho en el fondo. A veces resulta complejo interpretar qué pasó al ver estas soluciones caseras, pero habitualmente responden a problemas simples resueltos de la forma más sencilla y barata posible, aunque ahora resulte complicado entenderlas. Hoy puede parecer imposible que si hay dos pozos y uno está lleno y sucio o colmado, se haga un túnel a diez o más metros de profundidad para unirlos y así facilitar el traspaso y absorción de los líquidos. En la actualidad, nadie lo haría así y menos bajaría para excavarlo —es más, nadie soportaría el olor nauseabundo—, pero cuando había esclavos las cosas eran muy diferentes: era lo más fácil, barato y sencillo ya que sólo era cuestión de dar la orden. La presencia de un pozo junto al otro se puede leer en algunas descripciones de época, como cuando Lucio V. Mansilla cuenta que en su casa de la infancia había un zaguán que tenía "dos letrinas, una para los patrones, otra para la gente *non sancta*".[151] Y si queremos imaginar lo que sucedía cuando una de estas estructuras endebles cedía, Mariquita Sánchez describe perfectamente el incidente doméstico en 1847: "Considera que en medio del gran aguacero del día pasado se hunde el común; no sólo la 'perfumería'... que te harás cargo, sino el no tenerlo ni poderlo componer".[152] También la madre de Lucio V. Mansilla decía: "Tapen eso: que está insoportable", cuando dejaban destapado el pozo de basura desde donde salían, según Mansilla, "unas emanaciones sutilísimas, parecidas al olor a puerro".

Los pozos de basura eran construcciones de forma cuadrada o rectangular, con o sin bóveda, en los que a través de una tapa de madera se arrojaba la basura sólida, o no tan sólida a veces, mezclada con tierra para tapar los olores. Podían o no tener las paredes recubiertas de ladrillos, y los hay de gran variedad. Sabemos hasta ahora que se comienzan a construir a principios del siglo XIX y se acaban con la recolección domiciliaria de la basura después de la mitad de ese siglo.[153]

La llegada de las obras sanitarias terminó con todos estos sistemas de forma abrupta; los datos censales nos dicen con qué rapidez fue cambiando la ciudad su sistema de suministro y descarga de agua entre 1880 y 1900, pero ése es otro tema y, como dijimos en la introducción, no es asunto de este libro. Pedro Arata, el iniciador de la química municipal, escribió sobre la necesidad de este cambio, parte del higienismo del siglo XIX, diciendo que:

creemos que queda suficientemente probada la opinión [...] que nuestras aguas de pozo en la ciudad son todas malas o casi todas; y que su uso debe ser proscrito de la alimentación [...] No ha sido exagerada la opinión de que somos una población que bebe sus propios excrementos, y al defectuoso sistema de letrinas debemos gran parte de las enfermedades zimóticas.[154]

La situación de la salubridad del agua en las cisternas era algo diferente y Arata demostró que casi el 40% de los análisis mostraban que sus aguas sí eran potables. Ese autor describió los aljibes de la siguiente forma:

Entre nosotros, los aljibes están muy lejos de llenar las condiciones exigidas para tener una provisión abundante de buena agua potable. En primer lugar su capacidad no se halla en relación con las necesidades de la familia que habita la casa [...] Si se quisiera construir racionalmente un aljibe, de acuerdo con la idea de esta exigencia, dado el número de habitantes de la casa y el consumo, sería necesario conocer la cantidad de lluvia que cae anualmente y conocer el área de la superficie total de recepción formada por los techos de la casa. Nada de esto se tiene en cuenta entre nosotros. Se mandan hacer aljibes de 50, 100 o más picas, sin calcular en cuánto tiempo pueden ser llenados y lo que esa agua puede durar para el consumo de la casa. Además, los detalles de construcción no son indiferentes: los aljibes deben ser depósitos cavados en el suelo, más profundos que anchos para que el agua tenga siempre una temperatura uniforme y evitar la pérdida por evaporación. La mejor forma es la redonda o cuadrangular con los ángulos redondeados. Los materiales deben ser impermeables al agua y a los gases del suelo. Cuando se construyen en terrenos permeables (como los nuestros), debe tratarse de aislar el agua de las causas posibles de una contaminación, revistiendo el material de construcción con asfalto, brea o cemento Portland y revocando cuidadosamente la superficie interna en contacto con el agua, con cemento o con una mezcla del mismo y arena. Por fin, debe cuidarse de las cañerías que llevan al agua del techo al depósito y el techo mismo debe ser de baldosas o de pizarra y cuidadosamente limpio del polvo atmosférico que se deposite diariamente sobre la casa y de las vegetaciones y suciedades que se acumulan en los techos. Es conveniente, además, que la caída del agua pueda ser evitada por válvulas especiales para permitir el lavado de la azotea con la primera agua que cae, no permitiendo sino la recolección de aquella perfectamente limpia y pura de las diferentes causas de contaminación que residen en los objetos o en el aire con que se pone en contacto el agua. Raro es entre nosotros el aljibe que llena medianamente alguna de estas condiciones. Construidos ordinariamente con ladrillos y mezcla de cal, no llenan las exigencias de la higiene, sus paredes no son impermeables, pues no pueden considerarse tal, aun con el revoque de cal que se da ordinariamente a sus paredes. Éstas son permeables a los gases del suelo, sufren la influencia de las emanaciones de letrinas, ordinariamente colocadas a corta distancia de estos depósitos y las aguas quedan contaminadas muy pronto.[155]

El tema del agua de río versus la de aljibe se remonta al siglo XVIII; un viajero ilustrado de esos tiempos como lo fue Concolorcolvo escribió que "las aguas del río son turbias, pero reposadas en unos tinajones grandes de barro, se clarifican y son excelentes", pero no todos se preocupaban por hacerlo así, y bebían agua traída por los aguateros tomada de la orilla, de donde se lavaba la ropa y se estancaba, por eso:

> sólo bebí del aljibe que tiene en su casa don Domingo de Basavilbaso, con tales precauciones y aseo que puede competir con los mejores de Europa. Dicen que tiene otro igual la casa que fabricó para su vivienda el difunto don Manuel del Arco.[156]

Tenemos en los archivos infinidad de descripciones de aljibes y pozos, y podemos tomar como ejemplo uno de los construidos por Francisco Tamburini en 1886 en la Escuela Normal de Profesores (actual Mariano Acosta). Sirve de ejemplo porque es una obra licitada por el Estado con un arquitecto del más alto nivel. En el pliego de condiciones decía:

Art. 48: Los aljibes tendrán sus paredes de un revestimiento de un espesor proporcional a su capacidad [...] éstas se harán con mezcla hidráulica y su revoque será de concreto en las mismas proporciones que en los pisos, siendo su espesor de 0,02.
Art. 49: Cuando los aljibes sean de sección rectangular los ángulos de las paredes y de éstas con el piso se redondearán con un arco de círculo que tenga un radio mínimo de 0,30.
Art. 50: Los pisos de los aljibes se compondrán de un contrapiso formado por tres hiladas de ladrillos sentados en mezcla hidráulica bajo un revoque de 0,02 de concreto igual a las paredes.
Art. 51: Las bóvedas tendrán un espesor proporcional a la abertura y serán construidas en las mismas condiciones que las paredes.
Art. 52: Los brocales serán de mármol blanco macizo según dibujos que oportunamente hará el arquitecto. Las dimensiones serán de un metro de alto por 0,90 de diámetro interior y 30 de espesor comprendiendo las salientes de las esculturas [...].
Art. 53: Las bocas de los caños de conducción al aljibe se colocarán lo más alto que sea posible en la bóveda y haciendo sobresalir de ésta de 0,10 para que las aguas no corran sobre el paramento del muro y lo deterioren.

Tamburini también indicó con precisión cómo debían construirse los pozos ciegos en sus obras:

Art. 54: Cuando los pozos de letrinas bajen hasta el agua, se les hará un revestimiento de un metro cincuenta debajo de la bóveda. El revestimiento y la bóveda con la misma mampostería que la de los cimientos.
Art. 55: Cuando sea necesario construir fosas en vez de pozos se harán exactamente de las mismas condiciones que los aljibes. Dejando en un lugar conveniente de la bóveda un agujero de 0,60 por 0,60 con un marco de mármol amarillo del Azul, con una tapa del mismo mármol con dos argollas de fierro embutidas y perfectamente selladas.
Art. 56: Los caños de ventilación llenarán las mismas condiciones para las chimeneas y tendrán su boca en la parte más alta de la bóveda lo mismo que los aljibes.

Art. 57: Los sumideros en el caso de construirse se harán exactamente como los pozos de letrina hasta el agua.[157]

Sacando (y guardando) agua

¿El primer pozo de Buenos Aires? Plaza de Mayo en el siglo XVII

Los jesuitas llegaron a Buenos Aires después que otras órdenes religiosas y por eso no tuvieron lugar en el reparto original de tierras; simplemente se quedaron fuera. Para instalarse debieron recibir en donación un terreno coincidente con la parte este de la actual Plaza de Mayo, en realidad un cuarto de su superficie actual. Allí, a partir de 1608, tendrían su primera "casa", posiblemente muy modesta y acorde con la realidad local. Ese primer edificio creció y fue cambiando rápidamente hasta que en 1661 debieron trasladarse a un nuevo terreno, el que luego sería llamado Manzana de las Luces, dejando abandonado el anterior. Pero entre las obras hechas quedaron dos que hoy llaman la atención: un sótano y un pozo para extraer agua. ¿Cómo eran? No lo sabemos, posiblemente muy simples; una tasación de lo dejado que se hizo en 1662 indica textualmente que entre los valores de lo retirado por los padres había "45 pesos de a ocho reales, por la madera del brocal del pozo y sótano, la que llevaron consigo".[158] Resulta llamativo que el brocal fuera de simple madera; en el sótano debió haber vigas que sostenían el piso; suponemos que el sótano era en realidad la cripta de la primera capilla del lugar. Por ahora no tenemos más datos, pero éste por sí solo resulta valioso.

En el año 2000 intenté excavar el lugar y hasta hubo difusión del proyecto, pero nunca se logró concretarlo por conflictos con las obras que se irían a realizar para los subterráneos.[159] El lugar ya está bien ubicado, quizás algún día...

La aventura de excavar los pozos mellizos de La Panadería

En la esquina de las calles Costa Rica y Medrano funciona desde 1997 un bar llamado —contradictoriamente— La Panadería, en recuerdo de lo que fue ese local originalmente. Al hacerse los trabajos de reciclado, que incluyeron la conservación del horno de pan en funcionamiento, se encontraron dos pozos en su mayor parte vacíos, que descendían hasta casi 20 metros de profundidad. Fueron construidos uno casi al lado del otro, a sólo un par de metros de la fachada lateral del local. Se decidió estudiarlos, excavar el sedimento de su interior —uno de ellos aún tenía agua de la napa— y preservarlos para la visita del público. Se estableció un proyecto para ello y quien recorra el lugar puede apreciar bajo gruesos vidrios los pozos y los objetos hallados.[160]

La poca información disponible, ya que los pisos del local habían sido rehechos y no se los podía excavar, permitió entender que se trataba de dos pozos para obtener agua, realizados uno después del otro, excavándolos en la tosca con sólo un metro de diámetro. El primero, hecho poco después de la mitad del siglo XIX, tiene sus paredes revestidas con ladrillos unidos con cal, aunque faltan varias hiladas que se cayeron con el tiempo. Se entiende que este pozo tuvo problemas con sus paredes de tierra y que, al desmoronarse algunos sectores, fue reparado cubriendo las paredes con ladrillos. Quien visite el sitio puede observar que hay diferentes tamaños e hiladas de ladrillos y que éstos se adaptan a las partes caídas de tierra. Este sedimento fue rellenando el pozo hasta hacerlo inútil, posiblemente hacia 1885, fecha que quedó marcada por una moneda encontrada allí.

Hacia fines del siglo XIX se hizo un pozo nuevo a 3 metros del primero y ligeramente más estrecho. Éste se ha conservado intacto y el agua aún corre por debajo. Estudiarlos y excavar en uno de ellos no fue fácil, ya que había que descender por un pozo estrecho y con sus muros semiderrumbados. Para hacerlo fue necesario un equipo especialmente diseñado con un cable de seguridad de acero, con motor eléctrico, que permitía subir y bajar muy lentamente a la gente y los baldes de tierra. Quedan los dos pozos abiertos al visitante como ejemplos de lo complejo que era obtener agua incluso en los inicios del siglo XX, en las zonas que no tenían agua corriente, y a la gran profundidad que era necesario excavar en las zonas altas de la ciudad.

Los ricos también tienen pozos y no aljibes

La familia Benoit fue una de las más conspicuas de la ciudad en el siglo XIX. El viejo Pierre llegó de Francia con Rivadavia y rápidamente se convirtió en un arquitecto y urbanista famoso que construyó, entre otras cosas, el pórtico de la Catedral. Su hijo Pedro, favorito de Torcuato de Alvear, diseñó la ciudad de La Plata, hizo su catedral y cientos de obras por todo el país. La casa de los Benoit, lógicamente, fue muy conocida en su época aunque no era de las más ricas o exuberantes. Ubicada en la esquina de Independencia y Bolívar, fue diseñada por Pierre en 1836 y luego ampliada por Pedro.[161]

La excavación en el lugar permitió hallar dos pozos, uno que correspondió a la casa antigua y el otro a la casa nueva. El primero medía 1,40 metros de diámetro, estaba hecho con grandes ladrillones de 32 cm de largo; el otro medía sólo 90 cm de ancho y estaba cubierto por una bovedilla de ladrillos.[162] Al parecer el primero era un pozo de balde de un aljibe ubicado en el medio del primer patio; el otro debió ser nada más que un pozo ciego. ¿Pierre Benoit construyó su casa sin aljibe? Es posible, si tomamos en cuenta que eran caros en su época, su casa era pequeña para su tiempo y a su lado estaban las grandes casas de sus familiares políticos. No sería raro que, como era común en la época, usaran un único aljibe compartido por todas las familias, pero para el agua diaria sí tenían un pozo. Y si hubo uno, pudo haber sido destruido por el enorme sótano que hizo su hijo Pedro y que ocupa la mitad del predio actual. Si no fue así, resulta raro que Pedro no hiciera un gran aljibe, pero recordemos que bastante más de la mitad de la superficie de la casa original fue destruida al ampliarse la avenida Independencia, perdiéndose toda evidencia arqueológica.

Un aljibe para guardar cosas viejas: la Escuela Fader (Flores)

En el reducido Pasaje La Porteña Nº 54, en Flores, existe una escuela que funciona en lo que fuera una magnífica casona del siglo XIX tardío, conocida como el palacio Las Lilas, que fue de la familia Agar. Pese a todo lo que se modificó —desde que se convirtió en escuela en 1927— y se deterioró aún conserva intacto su aljibe: el brocal con hierros trabajados y tapa, la cisterna, el acceso a él, todo... perfecto y visitable. Mi intervención nació por un pedido típico: "Indicios orales de que en ese establecimiento existirían túneles que conectarían ese lugar con otros en el centro cívico del viejo pueblo de Flores".[163] Esto no resultó cierto ya que todo era mucho más simple: en lugar de un misterioso túnel tenían a mano un excelente ejemplo de la vida cotidiana en la zona en su época; algo ya inencontrable en Buenos Aires, un aljibe completo con todos sus detalles.

La entrada se inicia a través de una circulación que ingresa a un área de servicios pequeña, desde allí desciende una escalera curva que lleva a un cilindro abovedado, la cisterna, con su agujero central con el aljibe arriba y una boca cuadrada de inspección. Tiene un magnífico albañal bastante raro, ya que su cubierta está hecha con dos ladrillos inclinados. En el interior está el pozo de decantación en el centro, aún limpio.

Es un placer ver este complejo aún con posibilidades de funcionamiento, salvo porque lo usan de depósito de materiales viejos de construcción. Esperemos que nuestras recomendaciones algún día sirvan para que sea limpiado y abierto a la comunidad.

La extraña Casa de Cultura de Avellaneda

Sin duda es de lo más extraño que jamás he visto. Debajo de la actual casa de la Cultura de Avellaneda, en lo que fuera un elegante palacete de fin del siglo XIX, hay en medio del antiguo patio una entrada que permite el acceso a una serie de cámaras bajo tierra. La bajada se hace por una cisterna de aljibe típica, cilíndrica y bien revocada, que debió tener internamente unos 4 metros y que en parte ahora está rellenada. A su lado y unido por un corto corredor, hay una serie de al menos seis espacios abovedados de 1,50 por 4,50 de superficie cada uno, cubiertos por bóvedas; los pasos entre uno y otro son muy bajos, de 1 metro de alto. Entendemos que se trata de un aljibe que fue necesario ampliar y la solución fue endeble e irregular: se fueron haciendo cámara tras cámara directamente cavando la tierra hasta tener la capacidad de almacenamiento necesario. Pero sin duda quien entra ahí no entiende nada y eso ha generado más de una habladuría, y con razón; aún un sector permanece tapiado.[164]

El pozo de balde del Palacio de las Artes

En la esquina de las calles Zapiola (Nº 2196) y Mendoza se encuentra en buen estado de conservación un elegante edificio italianizante construido hacia 1912. Durante unas obras de ampliación en el sótano, con el objeto de hacer una sala de reuniones, se encontró un arco de ladrillos que cruzaba el edificio por el medio. Los obreros excavaron y hallaron un antiguo brocal que correspondía a un pozo de agua. Los viejos constructores del edificio, sabiamente, lo habían rellenado y dejado en su lugar, haciendo ese cimiento curvo para que lo de arriba no se apoyara sobre él y provocara, en el futuro, asentamientos irregulares.[165]

Gracias a una inteligente decisión se conservó intacto el aljibe, se excavó en su interior en la medida de lo posible y se lo restauró, dejando vitrinas donde se exhibe lo hallado. Se trató de proteger las paredes originales excavadas en la tierra donde aún se observan las marcas del pico y la pala y los agujeros hechos para servir de escalones a quienes lo construyeron. El pozo medía menos de 1 metro de diámetro, estaba excavado en la tosca y para soportar el brocal se construyó un apoyo de 50 cm de alto de ladrillos. La parte superior era del mismo material pero revocado; es decir que se trataba de una obra modesta, casi mínima, para obtener agua de la napa freática. Sólo fue posible excavar hasta 4 metros de profundidad desde el borde superior, por problemas de seguridad y derrumbes.

Es muy posible que el aljibe haya sido parte del antiguo Circo de las Carreras (hipódromo), construido en 1857 por el Club Social de Belgrano de reciente creación sobre lo que fueran terrenos confiscados a Juan Manuel de Rosas; fue clausurado en 1887. Se trata de un típico pozo de agua de la segunda mitad del siglo XIX que puede ser visitado y que nos muestra la forma sencilla como se extraía el agua de la napa freática y que muchos brocales no tenían ni siquiera una estructura de madera para sostener la roldana y facilitar la extracción del agua con un balde.

El pozo-túnel de Ezpeleta

En 1997 un grupo de arqueólogos de Quilmes, encabezados por Zunilda Quatrín, tuvo noticias acerca de un pozo extraño en la localidad de Ezpeleta y fueron a ver de qué se trataba.[166] Se trataba de un pozo de 6,50 metros de profundidad, ahora cerrado por una bovedilla, que en su fondo tenía un conducto de 1,40 metros de alto que cruzaba hacia el otro lado de la calle en una extensión de 5 metros, en donde se acababa el paso. Una serie de simples obras interiores reforzaban la construcción mediante dos arcadas, una viga de madera en el medio del pozo y una canaleta en el piso para facilitar el drenaje.

Si bien no fue posible hacer un estudio completo por ser propiedad privada y por la falta de recursos para trabajar una temporada continua, lo encontrado puede entenderse como un pozo de desagüe o pozo ciego de los primeros años del siglo XX, que fue ampliado en su parte inferior para aumentar su capacidad. Es en extremo difícil que haya tenido otro uso ya que el sitio que está ahora cegado, si bien es muy ancho, sólo tiene 70 cm de alto, con lo que la idea de que el túnel era un paso hacia una casa vecina es difícil de probar.

Otro más y van... (el aljibe de la Casa Marcó del Pont, Flores)

En 1871 se inauguró una casona en Flores, en una esquina de la plaza central, en lo que era un pueblo nuevo y prometedor. Fue construida alrededor de un patio cerrado por tres lados que, en su centro, ostentaba orgulloso un aljibe de mármol italiano. En 1929 la casa pasó a Ferrocarriles Nacionales y comenzó un lento proceso de deterioro, loteo de sus jardines y abandono del edificio, que llegó en ruinas a nuestros días pese a haber sido declarado Monumento Histórico Nacional. Entre 1996 y 1998 se hizo una mala restauración, momento en el cual se tomaron dos patéticas decisiones: poner el aljibe de mármol en el frente de la casa —de donde fue rápidamente robado— y rellenar la cisterna con basura acumulada durante los años de abandono. Sí, difícil de creer; pero puedo garantizarlo en la medida en que yo mismo, con la ayuda de otros por supuesto, tuve que excavar en el jardín para encontrarlo y comenzar a vaciar los cientos de bolsas de basura que rellenaban el interior.[167] Lo hallado es una cisterna del tipo clásico, cilíndrica con cubierta abovedada, revocada con cemento, cuyo diámetro es de 2,30 metros y que fue excavada hasta los 2 metros de profundidad con una boca de 90 cm de alto y 75 cm de diámetro.

Por desgracia nunca fui autorizado a completar este trabajo, por lo que no se liberó totalmente la cisterna ni se reconstruyó el brocal para que quedara a la vista, aunque sí se puso una vitrina con parte de los objetos recuperados que dan una idea de la vida cotidiana en el lugar durante la segunda mitad del siglo XX, cuando fue rellenado.

¿Aljibes de dos pisos?, o cómo tomar agua cuando no hay ganas de bajar

La gente siempre se las arregló para que su vida cotidiana resultara lo más cómoda posible. Y obviamente sacar agua no era sencillo aunque se fuera rico y se tuviera aljibe. Y cuando a mitad del siglo XIX se comenzó con la nueva tipología de casas que dejaban toda la planta baja para negocios y la de arriba como residencia, se encontraron con un problema de difícil solución: el aljibe les quedaba abajo y ellos estaban arriba. Así que el ingenio pudo con el problemita: hicieron un tubo de ladrillos, una especie de chimenea que subía hasta el nivel superior, de tal forma de poder bajar el balde y levantarlo, sin que los del piso de arriba tuvieran que descender, y en la forma habitual los de abajo. Fácil y sencillo. Y no sólo eso, también se subió el baño: era cuestión de colocar la letrina en el piso alto y hacer que el caño de ladrillos bajara hasta el nivel del piso inferior; supongo que el único problema era no estar en el baño de abajo cuando había alguien en el de arriba, pero era sólo cuestión de organizarse. Vale para este ejemplo la espectacular mansión que Pierre Benoit le hiciera al general Pacheco en 1847-1848 sobre la calle San Martín en pleno centro.[168]

La solución fue simple: se dividió el pozo mediante dos paredes interiores cruzadas al medio de tal forma de dejar cuatro cuartos de círculo que se levantaban hasta el segundo piso; cada uno de esos estrechos cuartos de círculo era una letrina en sí misma. Así suena muy racional, pero a la hora del funcionamiento, cuando las materias fecales caían desde 4 metros de altura a un pozo que debió medir otros 10 metros de profundidad, más los olores y ruidos que pasaban de un lado a otro de ese cilindro gigantesco, por más subdividido que estuviera, debió ser al menos muy original. Quizá por eso nadie se animó a hacer otro parecido.

No sabemos cuán común fue en la ciudad este sistema y no ha quedado ni un solo caso. Es más, jamás lo habíamos siquiera oído describir o citar, aunque en Montevideo aún es posible ver varios de ellos. Ilustro el caso con la casa que existió en Bolívar 355 (actualmente, si existiera sería el 765), donde la señora Ángela N. de Cullen lo tuvo; en 1890 fue aprobado por Obras Sanitarias, que le indicó que debía revocar con cemento la cisterna para seguir usándolo.

El aljibe que quedó dentro de la sala

En la calle Garay 2876 de Buenos Aires, un vecino es propietario de una casa insólita: nos invitó a verla y nos encontramos con que en la sala de una típica casa-chorizo, construida hacia 1917, había un agujero de un aljibe. El propietario, al hacer cambios, encontró el agujero y la cisterna debajo y la preservó. Es más, se hizo un dormitorio con cama redonda también bajo el nivel del piso. Al ver esto acordamos realizar un trabajo arqueológico para excavar la enorme cantidad de relleno arrojado en el interior cuando se lo canceló para hacer el edificio actual. Y así se hizo; las bravas voluntarias estudiantes de arqueología[169] se metían por el estrecho espacio para excavar en el interior, en un ejercicio que no es recomendable para nadie. En el relleno se ubicó material cultural que parece coincidir con 1917 el más antiguo, mezclado en un enorme volumen de material de construcción de difícil excavación y que fue arrojado allí en fecha reciente. La napa freática en esa zona, al igual que en otras de la ciudad, está muy alta y la inundación es constante; pese a todos los esfuerzos fue imposible bajar el nivel del agua. Pero el aljibe completo fue preservado y allí está, dentro de la casa de un vecino curioso e inteligente que supo cuidar algo casi único ya en la ciudad.

Dos aljibes: dos casas, dos épocas de San Isidro

Entre los años 2000 y 2001 excavamos la Casa Alfaro y la Mansión Las Brisas, frente a la plaza de San Isidro. En este sitio había dos aljibes cancelados que pertenecieron a la familia Alfaro, aunque confusamente, ya que lo que en su tiempo fueron casas separadas ahora estaban todas unidas entre sí. Parte del proyecto consistió en la reapertura de ambos aljibes, limpieza, restauración e iluminación adecuada para que el público pudiera apreciar su verdadero valor, lo que estuvo bajo la dirección de Guillermo Paez.

El aljibe más antiguo, fechado hacia los inicios del siglo XIX, es de mampostería de ladrillo revocado con dos filas de azulejos Pas de Calais en la base; encima tiene una simple estructura de hierro y se conserva intacto y completo. El interior mide 2,50 por 6,15 metros con piso de baldosas francesas. El aljibe más moderno es de placas de mármol, con una herrería compleja, fechado hacia 1865. Las dimensiones del interior son casi exactas a las del primero descrito. Es interesante que para el llenado del más nuevo se hiciera un complejo sistema de descenso de agua desde la terraza cuyos caños tenían una pieza móvil para cerrar la entrada de agua cuando estaban llenos, lo que se ha conservado hasta la actualidad. Los interesados pueden visitarlo como parte del Museo y Archivo Histórico de San Isidro junto con las colecciones arqueológicas excavadas en esos terrenos.

Pero como nada es fácil en la vida, en 2004 se produjo un hundimiento, con lo que se logró encontrar el pozo de basura; medía 1,50 metro de cada lado en su forma cuadrada, estaba recubierto de ladrillos en la parte superior y se comunicaba —en realidad desaguaba— con otro pozo circular cercano donde los líquidos se absorbían. El sistema era simple y eficaz y su excavación permitió recuperar un conjunto de objetos de la vida doméstica de excepcional calidad que ahora se exhibe en el museo.

Un aljibe en el atrio: la iglesia de San Miguel

En la porteña esquina de Suipacha y Bartolomé Mitre se encuentra la iglesia de San Miguel. En 2005 se cambió la vereda como parte de algunas primeras obras para recuperar ese antiguo templo hoy tan destruido. Y como era de esperar, comenzaron a encontrarse huesos humanos por doquier, ya que los atrios —hoy vereda— fueron sitios de entierro al menos hasta la época de Rivadavia. Por suerte se logró tener un día para rescatar esos huesos y cerámicas del siglo XVIII a sólo centímetros de las baldosas, pero en una superficie menor de 2 metros cuadrados; el resto permanecerá allí hasta que quien haga un nuevo arreglo se dé cuenta de la necesidad de realizarlo con la gente adecuada. Pero lo insólito fue encontrar un pozo cilíndrico, de 1 metro de diámetro, frente al lado derecho de la fachada y pegado a ella. Era un pozo de agua de buena calidad recubierto de ladrillos de 40 cm de lado al menos hasta los 2 metros de profundidad que pudimos excavar. De su interior obtuvimos más huesos humanos, otros de animales y cerámicas diversas arrojadas al interior al cegarlo en el siglo XIX.

Resulta interesante pensar en una ciudad con aljibes en los atrios, al menos en uno con certeza, de donde la población podía obtener el líquido en forma gratuita; eso no lo sabíamos y les da mayor vida y dinamismo a los atrios eclesiales y a las actividades que allí se realizaban cotidianamente. Al día siguiente fue rellenado con cemento y desapareció para siempre.

Tirando agua (y otras cosas)

El antiguo pozo del Museo Etnográfico (Moreno 350)

Se trata del pozo más antiguo hallado en la ciudad; tiene poca profundidad, ya que lo que se conservó es sólo medio metro de los 3,50 que debió medir en origen. Fue recortado al construirse encima el edificio del actual Museo Etnográfico en 1875, el que albergó en su origen la antigua Facultad de Derecho. Estaba ubicado en el jardín delantero, que permite descender desde el nivel del piso antiguo —el del edificio— hasta el que tiene la calle actualmente, y gracias a ello algo se conservó del pozo. Su interior mostraba evidencias de haber sido usado como letrina, por las gruesas capas de sedimentos orgánicos sobre sus paredes de más de 8 cm de espesor, pero luego fue rellenado con basura. Los objetos contenidos fueron fechados para la primera mitad del siglo XVII.[170]

La extraña bóveda de la Recoleta

Al inicio del año 2002 se encontró en el cementerio de la Recoleta, por un hundimiento fortuito, una extraña construcción subterránea. Resultó ser un excelente caso de una cámara de desagüe que debió construirse hacia mitad del siglo XIX, poco antes o durante los años en que esa zona se comenzó a utilizar para entierros.

Al hundirse el piso reciente apareció en medio de una calle, frente a la bóveda de Nicolás del Sel, un acceso cuadrado hecho con ladrillos que, tras 1 metro de profundidad, tenía una gran bóveda que medía 2,70 por 4,10 metros (actualmente sólo mide 3 metros). Esta bóveda se apoyaba sobre unos cortos muros que a su vez descansaban directamente sobre la tierra excavada; es decir que era sólo una gran cubierta sobre un pozo rectangular de grandes dimensiones que permitía captar agua en gran cantidad. En los inicios del siglo XX, posiblemente ya fuera de uso, fue cortado para construir la sección subterránea de la bóveda ya citada que se encuentra a un lado, rellenándola con escombro. Las filtraciones subsiguientes la dejaron en muy mal estado, a punto de colapsar.

Esta cámara es similar a otras ya presentadas que, con igual propósito, se hacían para juntar aguas de desagüe o pluviales cuando no había otros sistemas en la ciudad, es decir, hasta la década de 1890.

Los pozos mellizos del Museo Histórico Nacional

El edificio en la calle Defensa al 1400, que alberga al Museo Histórico Nacional, tiene una larga historia que comienza con la familia Horne en 1846 y sigue con los Lezama desde 1857, para transformarse en el Museo en 1897. Sufrió cambio tras cambio y lo que fuera un patio quedó, techo mediante, convertido en una sala de exhibiciones en 1924 (Sala de la Guerra del Paraguay). Más tarde quedó fuera de uso y en 1986 se hundieron los pisos, lo que motivó la intervención arqueológica tres años más tarde.

Lo descubierto es el resultado de una serie completa de transformaciones de un primer pozo que bajaba a la napa freática, cuyas paredes se fueron derrumbando. Construido quizá con la primera casa, sus paredes se fueron deteriorando por el agua y en varias oportunidades se lo reparó con ladrillos. En algún momento se decidió hacer un pozo nuevo, ya que el viejo debía estar lleno de tierra en el fondo y era irreparable pues las paredes seguían derrumbándose. Se hizo una nueva excavación casi en contacto con la vieja, cuidando de separar bien los pozos con ladrillos y construyendo buenos albañales que debían juntar el agua del patio; en realidad funcionaron desde entonces —antes de que se inaugurara el Museo— como una cisterna de aljibe más que como pozo.[171] Todo el conjunto fue cubierto más tarde por una bóveda para clausurarlo completamente, al parecer al instalarse en el edificio el agua corriente hacia fines del siglo XIX; en ese momento se lo rellenó con tierra. El hundimiento se produjo cuando, al colocar los caños de calefacción, se encontró la bóveda y se la rompió dejando un gran vacío que era rellenado diariamente con la basura del propio museo (sí, ¡increíble!). Todo eso colapsó en poco tiempo. Dado que una de las paredes actuales del edificio pasa por encima de estos pozos, no pudo excavarse más de 3,70 metros de profundidad.

Lo complejo de la construcción en su forma final es el resultado de la adaptación de estas estructuras a nuevos requerimientos y del desgaste por el uso diario.

Pozos complicados: Michelangelo y su sistema de desagüe

Cuando se describió en páginas anteriores la excavación que se hizo en el interior del edificio que actualmente ocupa Michelangelo, el conocido sitio para el tango ubicado en Balcarce 433, se adelantó que hallamos un complejo sistema de desagüe de los baños e instalaciones sanitarias. Era complejo no por el sistema en sí mismo, sino por dónde había sido construido. En la obra hecha entre 1848 y 1850 decidieron poner los servicios en un sótano que se excavó aprovechando el desnivel de la antigua barranca al río que ya había desaparecido (desde la época en que el terreno perteneció al convento de Santo Domingo).

El edificio, cuando servía como anexo de la gran destilería que tenía a un lado la familia Huergo y que lo aprovechaba para depósito de mercaderías de la aduana que estaba enfrente, tenía posiblemente tres cámaras de desagüe hechas bajo tierra. Una la pudimos encontrar entera y se preservó, de la otra sólo quedó una parte y la tercera no fue posible excavarla por las obras modernas que tenía encima. Aparentemente las tres eran iguales en su interior: medían 2,90 metros de largo por 0,60 de ancho y la profundidad era de 3,60 metros. Eran de forma rectangular con un acceso por cada extremo, cuadradas, y estaban cubiertas por una bóveda muy plana apoyada en algunas maderas que ayudaban a sostenerlas. Tuvieron un sistema de caños esmaltados de forma cónica muy curiosos pero que fueron excavados y destruidos cuando se canceló el sistema hacia 1895. Del relleno superior se obtuvieron más de once mil objetos del siglo XIX, de gran interés para la vida cotidiana de los obreros que allí trabajaron en esa época y cuyo estudio ya ha sido publicado.[172]

Uno de los pozos más interesantes excavados allí perteneció en origen al convento de Santo Domingo. Los terrenos habían sido loteados en 1823 como parte de las luchas entre Rivadavia y las órdenes religiosas y en ese sector quedó el pozo que debió haber estado en la huerta cercana a la cocina. Cuando se hizo la obra de 1848-1850 encima de él, que estaba en la parte alta de la barranca, fue recortado y únicamente quedó su fondo; medía 3 metros de diámetro y se conservaba sólo 1 metro de profundidad; es decir que fue un pozo profundo ya que en origen debió medir 7 metros. Por dentro se había ido rellenando con enormes cantidades de grasas arrojadas en estado líquido y quizás calientes, por lo que fueron formando, capa sobre capa, una especie de pequeño cráter producto de la caída dentro del pozo, que al enfriarse tomaba esa forma. El resto fueron más de veinte mil objetos y huesos ya analizados y publicados.[173] Por el estado de destrucción sólo fue posible observar la forma y las dimensiones, nada sabemos de su tapa —si la hubo— y su cancelación. Su época de uso fue en los primeros años del siglo XIX, quizás algunos años en los finales del siglo XVIII.

Los desagües del Cabildo

La excavación ya citada del Cabildo permitió encontrar los restos de un sistema de grandes dimensiones para desaguar los patios y baños. Recordemos que se trataba de un viejo edificio colonial adaptado para los tribunales por Pedro Benoit y lo que encontramos son los pozos de desagüe o ciegos que él debió construir, aprovechando un grupo de túneles antiguos preexistentes.[174] Esto ya lo hemos discutido así que sólo queda reseñar los pozos.

En el centro del patio principal se encontró un pozo circular de 3,60 metros de diámetro cavado directamente en la tierra y cubierto por una cúpula baja hecha de ladrillos, que aún conserva en el medio la marca del lugar donde descargaba un caño. Fue excavada sólo hasta una profundidad de 5,90 metros ya que toda la estructura era inestable y estaba en pésimo estado de conservación. Para descargar se aprovechó que el pozo fue puesto de forma tal que interceptaba al menos tres túneles coloniales. Uno de ellos fue cancelado por la cúpula de ladrillos, pero los otros dos se reutilizaron: uno revistiéndolo de ladrillos de manera que le daban más declive y menor diámetro, el otro mejorando su entrada y dándole también declive mediante el rellenado del piso. Todo esto se vio muy alterado en 1936, cuando fueron abiertos y se pasó un caño de hierro por el interior. En 1991 lo abrimos para estudiarlo y en 2001 nuevamente pudimos trabajar un poco más en el interior, ocasión que se aprovechó para sacar el caño oxidado y mejorar un poco la situación interior, que de todas formas acabará por derrumbarse totalmente si no se hacen las obras adecuadas.[175]

El pozo del Teatro Colón

Este hallazgo casual, como tantos en la ciudad, se produjo al iniciarse una excavación de sondeo para la construcción de nuevas estructuras para el Teatro Colón, y está ubicado debajo de la escalinata de piedra casi en la esquina de Viamonte y Libertad. Si bien no pudo ser explorado, se trata de un pozo ciego cancelado antes de la construcción del edificio hecho por los arquitectos Tamburini, Meano y Dormal y que les llevó casi todo el fin del siglo XIX completarlo. Para evitar su derrumbe fue rellenado y cubierto con una bovedilla de ladrillo que se apoya sobre la tosca misma del terreno; el pozo mide 1,40 m de diámetro y aún es visible un albañal que llevaba agua hacia allí. Su futura excavación nos dirá más sobre él.

Lo repetido no quita lo variado: Defensa 751

Ya hemos descrito en páginas anteriores la casa ubicada en Defensa 751 y su gran túnel del Tercero del Sur, hoy uno de los grandes atractivos de San Telmo. Pero la casa tenía además otras construcciones subterráneas: había dos aljibes con cisternas, un pozo de basura (véase más adelante), un pozo de balde y cuatro pozos ciegos; a éstos llegaban cinco albañales. Es decir que el terreno de la casa estaba realmente perforado, y si a todo esto le sumamos los cimientos y las instalaciones sanitarias modernas, puedo decir que fue uno de los trabajos más complejos de llevar a cabo, y de interpretar, de la arqueología porteña.[176]

Los dos aljibes eran del tipo habitual: cisternas cilíndricas de mampostería revocada con el agujero al centro; el que numeramos 1 en el plano tenía como curiosidad el pozo de sedimentación en un costado y no al centro; medía 3,38 metros de diámetro y 3,77 metros de altura libre interna; también tenía un agujero lateral en la bóveda, igual que en una cisterna de la Imprenta Coni, para que descienda el caño de agua desde arriba. Fue parcialmente destruida y rellenada cuando se colocaron las instalaciones sanitarias nuevas en 1892. La cisterna en el patio trasero es parecida, aunque está pegada al muro externo del túnel del Tercero, por lo que adopta una forma curiosa, su profundidad máxima era de 4,31 metros y su diámetro de 2 metros. La parte superior de la cúpula estaba destruida y cerrada con tablones, pero el albañal que llevaba el agua hasta allí se había conservado y, también curiosamente, había sido hecho apoyándolo sobre la bóveda del túnel, lo que indica probable contemporaneidad de todo el conjunto, y que permitió fecharlo hacia 1865.

Los tres pozos ciegos eran del tipo habitual, de una vara de ancho, cubiertos con cupulines de ladrillo, y les llegaban respectivamente tres albañales de ladrillo para descargar el agua sucia. Vale la pena ver el complejo sistema en que había sido incluido un cuarto pozo, el Nº 4, que formaba parte de un baño y un área de descarga de agua.

Por último, el pozo de balde sí es poco habitual y sólo comparable con el encontrado en la Casa de María Josefa Ezcurra, ya que se trata de un pozo en la napa freática que está cortado por una pared que le pasa por encima. De esa forma podía ser usado desde dos sitios a la vez: dos vecinos en la Casa Ezcurra, o dentro y fuera en este caso.[177] Era de planta ovalada y tenía un simple brocal de mampostería revocada de un metro de alto que había sido destruido y arrojado al interior del pozo; sólo pudo ser excavado hasta casi 3 metros de profundidad.

El pozo de nunca acabar: Bolívar 238

Unos operarios estaban excavando en un sótano para colocar un ascensor, y todo iba bien hasta que, en lugar de tierra, empezaron a excavar huesos, platos rotos y vidrios de botellas. Por suerte la rápida intervención del arquitecto nos puso en guardia y así se pudo rescatar casi en su totalidad uno de los pozos de basura más interesantes de la ciudad.

La historia es simple, aunque costó entenderla: el pozo correspondía a una casa que perteneció a la familia Lavalle-Cobo en la primera mitad del siglo XIX. Esa casa tenía un patio central con habitaciones alrededor de él y con su lógico pozo de basura; permaneció en pie hasta cerca de 1895, cuando se la demolió para construir el edificio que existe actualmente y que incluyó un sótano. Al hacer este último se excavó el subsuelo de la vieja casa Lavalle-Cobo, se sacó la parte superior del pozo de basura con su contenido y luego se hizo el piso, salvando así casi 5 metros de esa estructura simple pero eficiente. Medía cerca de 1,50 metro de diámetro, estaba excavado directamente en la tierra y debió tener en origen unos 8 metros de profundidad. En realidad dos veces más se salvó de ser destruido: primero cuando se pasaron caños por encima de él y más tarde al hacerse un depósito de gasoil para la calefacción. En ambas oportunidades se tocó su parte superior, pero nunca se destruyó más que unos pocos centímetros.

El interior estaba relleno de un sedimento que incluía varios miles de fragmentos de cerámicas, lozas, porcelanas, armas, objetos personales, de tocador, de farmacia y hasta eróticos, botellas, frascos, botones, huesos de comidas, cajas de madera, restos de muebles quemados, instrumentos científicos y hasta pinceles de artista.

Este tipo de pozo de basura es de los más simples que había en la ciudad, usados sólo para este propósito, lo que indica la pertenencia de la casa a un grupo social elevado, aunque no de gran fortuna, y seguramente en su parte superior tenía una tapa de madera que se abría para arrojar basuras en su interior junto con tierra para evitar el mal olor.[178]

La letrina de Defensa 751

En la ya descrita casa de la calle Defensa y San Lorenzo pude excavar una letrina insólita, de la que sólo he visto algo similar en el convento de Santa Catalina, aunque ésta es de dimensiones mucho mayores. Es un buen ejemplo de un sistema usado en la ciudad pero que por su complejidad debió resultar caro y por eso mismo poco común. En este caso suponemos que era anterior a la casa actual y que simplemente fue reutilizado adaptándolo a un sistema más moderno aunque conservando la estructura inferior.

Se trata de un pozo rectangular totalmente hecho con paredes de ladrillos, que medía 2 por 1,5 metro, y poco más de 5 metros de profundidad. Estaba cubierto por una bóveda colocada en el sentido mayor, pero ésta no cubría totalmente el espacio sino que de un lado estaba sostenida por una viga de madera dejando un sector descubierto por donde se descargaba la letrina colocada encima. Por cierto que el sistema es complejo, al hallarlo resultó poco menos que incomprensible pues era el primero de este tipo que se encontraba en la ciudad. Pero al imaginarlo completo y funcionando es evidente que el sistema era ingenioso.

El curioso pozo de basura de la Casa de María Josefa Ezcurra

En el tercer capítulo de este libro citamos la llamada Casa de María Josefa Ezcurra, perteneciente al Museo de la Ciudad, una edificación cuyos orígenes se remontan a una casa hecha por los jesuitas hacia la mitad del siglo XVIII y que de allí en adelante, aunque con grandes cambios, se conservó hasta el presente. Al excavarla se hallaron varios pozos de agua, un gran pozo de desagüe, varios albañales y un aljibe, pero sin duda los laureles se los llevó esa vez un pozo de basura muy curioso, que además estaba lleno de objetos de los primeros años del siglo XIX, posiblemente arrojados allí entre 1800 y 1820, que incluían una elegante vajilla de loza Creamware inglesa y objetos que seguramente pertenecieron a la servidumbre, posiblemente esclavos africanos.[179]

El pozo era de planta cuadrada de aproximadamente 1 metro de lado y lo mismo de profundidad, estaba cubierto de ladrillos en sus paredes y el piso era de tierra. Fue clausurado con un sistema de vigas de madera que sostenían ladrillos, por encima tenía una capa de tierra y luego un nuevo piso de baldosas francesas. En uno de sus lados tenía un albañal de menos de 2 metros de largo, que llevaba los líquidos hasta un recinto abovedado de 1,50 metro de lado, muy irregular y con muros de diferentes ladrillos y épocas, que servía para recibir lo que rebasaba de la cámara cuadrada y desembocaba aquí. El sistema era sin duda complejo, muy complejo, pero debió haber funcionado relativamente bien ya que se colmó y fue cerrado. Hasta la fecha no pude comprobar que el sistema tuviera precedentes o antecedentes, salvo algo similar en la Casa Alfaro en San Isidro.

La cámara de desagüe de este sitio fue de tamaño ligeramente mayor que las estándares de la ciudad: medía 2,30 metros de diámetro y estaba simplemente cubierta por una bóveda de ladrillos con una entrada superior ahora cancelada, el resto era la excavación directa en la tierra. Debemos citar el aljibe de excelente factura, totalmente cubierto con paredes de buen cemento, de planta de unos 2 metros de largo por 1,30 de ancho cuya excavación arrojó cientos de hojas de papel de los años 1860 a 1880 de la imprenta que allí funcionó por mucho tiempo, además de bultos enteros de ropa, zapatos y objetos diversos del fin del siglo XIX.

El gran pozo de la familia Alfaro en San Isidro

En 1833 Fernando Alfaro se instaló en una casa en San Isidro, frente a lo que hoy es la plaza principal, a metros de la catedral de la zona. Y allí permaneció su familia por más de un siglo, arrojando la basura en un pozo del jardín, día tras día, sistemáticamente. Su descubrimiento en el año 2004 permitió excavarlo: era cuadrado, recubierto de ladrillos en la parte superior, con un pozo redondo donde enviar los líquidos sobrantes, es decir, una obra importante para un personaje destacado en su comunidad. De allí se obtuvo el conjunto más valioso y espectacular de la arqueología de Buenos Aires y su conurbano, al menos en cuanto al valor y magnificencia de sus vajillas, joyas y objetos diversos, que eran arrojados allí incluso enteros. Cuando el juego de platos se discontinuaba iba el resto completo al pozo del jardín. Las dimensiones eran de 2 metros de lado y las paredes descendían hasta los 2 metros de profundidad, donde una madera dura clavada en la tosca servía de soporte. Al parecer la obra del pocero fue compleja, ya que había sectores de tosca más blanda, por lo que la mitad inferior del pozo es ligeramente redondeada y luego se la recuadró para colocar los ladrillos. En síntesis, un hallazgo insólito que hoy llena las vitrinas del museo instalado en el sitio y un pozo de basura entero que, ya restaurado, puede ser visitado por el público.

Una letrina monumental: el Convento de Santa Catalina (1745)

La historia inicial del convento de Santa Catalina ya fue narrada por diversos autores y por ellos sabemos que fue compleja y llena de peripecias. En lo que a nosotros atañe, este edificio, construido por Juan de Narbona sobre planos de Giovanni Bianchi, fue iniciado en 1738, y ocupado por las primeras monjas en 1745. Pero en ese momento sólo utilizaron la iglesia y el primer claustro —el actualmente existente—, ya que el segundo estaba en obra y en conflicto. Sabemos que Narbona construyó el edificio en dos claustros, en una ampliación del proyecto inicial que había sido pensado para un lote de sólo un cuarto de manzana. Esa ampliación fue el centro de graves disputas económicas y llevó a que el constructor no entregara el segundo claustro hasta que no se le abonara todo lo hecho. Por ello, cuando las monjas ocuparon el primer claustro se encontraron con que los lugares comunes quedaban en el sector al que no tenían acceso, lo que por cierto era un tema grave, muy grave; más aún porque deberían existir dos grupos de letrinas, ya que no era posible que las monjas de velo negro compartieran el sitio con las de velo blanco, con las donadas o, más grave todavía, con las esclavas. El edificio reproducía la rígida estructura social que imperaba en el convento y también en los baños. En ese momento no hubo otra solución que construir letrinas nuevas en un sitio del primer claustro y para ello Narbona eligió un lugar que hoy nos podría parecer exótico: atrás del Coro Bajo en el pasillo de salida ubicado al sureste, hacia lo que era la huerta. Por qué decidió hacerlo allí, es imposible saberlo, pero hay dos razones válidas: el fácil acceso a tierra suelta para tirar diariamente en el interior —única forma de evitar los olores—, y porque así no se inutilizaba espacio de funciones predeterminadas.

Los documentos históricos hablan del sitio; cuando el arquitecto Antonio Masella describió el edificio en 1753 dijo:

> aunque la contrata dice que en el segundo patio debe haber dos lugares distintos para lugares comunes, está hecho el que falta en el segundo patio tras del Coro Bajo del primer patio, conviene y alivio de las Madres, y así tiene cumplido la contrata.[180]

En este caso Masella estaba haciendo un peritaje acerca del cumplimiento por parte del constructor de su contrato original y por eso destacó que en lugar de los dos baños había hecho sólo uno porque el otro ya estaba detrás del Coro Bajo. Esta descripción clarifica la función de la extraña estructura que descubrimos y excavamos en el año 2001; un interesante caso del doble juego entre arqueología y documentación escrita.

El lugar es ahora un simple pasillo atrás del Coro Bajo, paso entre la ya destruida ala de la enfermería y el claustro, es decir, la intersección de varios pasos de la vida interna del convento. Al recorrerlo no había nada que indicara la presencia de esa subestructura; no obstante, los trabajos efectuados en los muros para controlar la humedad fueron los que llevaron a encontrar una abertura que, profundizada, nos permitió identificarla.

La construcción está compuesta por tres paredes que, al apoyarse contra un cimiento preexistente, dejan un cuarto de 4,45 metros por 1,80 (medidas internas), quedando un pasillo lateral de 1 metro de ancho. Posiblemente ni las letrinas ni el pasillo debían ser lo bastante cómodas para las monjas, pero se resolvió bien la situación. Cuando funcionaron, el piso estaba más alto, posiblemente unos 30 cm, y el pozo propiamente dicho estaba formado por una gran bóveda de 4,50 metros de luz libre paralela a la pared y separada de ésta 55 cm. Ese espacio de medio metro sería donde se encontraban los agujeros —y sus asientos superiores— de las letrinas propiamente dichas. La bóveda descendía 2,25 metros hasta apoyarse sobre los muros y luego seguía un enorme pozo que debía medir unos 10 metros de profundidad, que no se terminó de excavar por la inauguración del sitio. Esta medida la presumimos porque Narbona hizo en otra casa, en donde vivieron las monjas al llegar a la ciudad, un pozo de "12 brazas" (cerca de 10 metros) y en la casa frente al convento propiedad de las monjas, las letrinas eran "hondas 20 vs" (es decir, unos 15 metros). Es interesante que en esa otra casa Narbona había construido las letrinas (aquí llamadas "secretas") con bóvedas bajo tierra de la misma forma que ésta:

> 2 secretas divididas con dos asientos cada una largo 6 vs., ancho 2 1/2, hondas 20 vs., con dos bóvedas de cal y ladrillo, la del suelo de 3/4 de grueso [...] toda revocada y corriente con sus asientos, tabiques y puerta.[181]

La excavación que se llevó a cabo tenía por objetivo, en primera instancia, dilucidar qué tipo de estructura era. Luego, al definir su importancia, entendimos que era una vía excepcional hacia el mundo de la vida cotidiana en el convento. El interior estaba relleno de tierra y escombros que, en forma de estratos pequeños e interrumpidos, se superponían una y otra vez. Era evidente que ese sedimento se fue arrojando muy lentamente, quizás en baldes, actitud típica para una letrina, de forma tal de ir evitando los olores diarios. Esta tierra contenía la basura de su época y quizá la que ya tenía en su interior desde antes de trasladarla, de esa forma fueron a parar allí cantidades de fragmentos de cerámicas de uso diario, rotas en el trajín cotidiano, huesos de la comida y escombros de obras.

Al parecer, y según la documentación publicada, en 1808 se construyó el ala este del convento —la enfermería—, cuya unión con el primer claustro se hacía exactamente por el pasillo en el que estaban colocados estos baños. Al hacer esa obra era ya imposible que el pasillo siguiera existiendo, por lo que no sólo se lo demolió sino que se destruyó el arco inferior y se arrojó dentro el escombro para poder nivelar los pisos. Es posible que para esa época ya hiciera tiempo que estaba fuera de uso. Luego se colocaron vigas de madera cruzando el gran hueco, tras empotrarlas en la pared con agujeros burdos que aún son visibles, y se hizo el piso volviendo al nivel original. En ese momento se modificó el paso por el costado del Coro hacia la Sacristía, haciendo una puerta al este, cambiando las bóvedas y otros arreglos menores que afectaron todo este sector del edificio, y por dos siglos se olvidó esta construcción.

Cuando todo se mezcla

Por supuesto no todo es fácil en la arqueología: hubo gente que hizo lo que quiso y no lo que los arqueólogos del futuro hubieran deseado. Un pozo ciego ya no absorbía y lo rellenaban con basura, confundiéndonos; arrojaban desperdicios sólidos a la letrina para tapar el olor, vaciaban el pozo de basura una vez lleno y por algún motivo quedaba vacío y no se lo reutilizaba. Y así al infinito. Por eso tenemos varios sitios en la ciudad donde es casi imposible separar exactamente sus construcciones subterráneas en función de su uso en el pasado. Y a esto le debemos sumar un problema muy concreto que tampoco previeron en el pasado: las demoliciones actuales se hacen a tal velocidad que muchas veces nuestros rescates no tienen el tiempo suficiente para recobrar toda la información existente. Esto no disminuye la significación de lo hallado, simplemente genera problemas metodológicos a tener en cuenta al darles mayor posibilidad de error a nuestras observaciones, de allí que sea necesario incrementar el número de casos para reducir las probables equivocaciones. Valga un ejemplo para explicar todo esto:

¡Paren de encontrar cosas!, o cuando lo hallado es tanto que nos agota (Hipólito Yrigoyen 979)

Corría el final del verano del nuevo año 2000 y mientras los porteños inaugurábamos esta nueva centuria recibí el llamado de quien estaba a cargo de una obra en construcción en pleno centro. Me dijo que había oído acerca de nuestro trabajo y quería que hubiera supervisión arqueológica en su obra.[182] Sí, notable; y así se hizo: sin recursos y basados en el esfuerzo de los amigos hubo gente trabajando allí durante la excavación del terreno; lo de arriba ya había sido demolido años antes y estaba el lote baldío.

El terreno quedaba en la calle Hipólito Yrigoyen 979, de espaldas al antiguo y aún abandonado Hotel Eslava que da sobre Avenida de Mayo y unido a ese lote desde antiguo. En los inicios del siglo XIX, ese terreno tenía cuatro casas estrechas que pertenecieron a doña Eleanor Castro. En 1888, al decidirse la apertura de Avenida de Mayo, todo fue adquirido por el municipio a la nueva propietaria, doña Jacinta Goya, y luego demolido para darle al lote una nueva forma más reducida. Este terreno, una vez desafectado de la construcción de la Avenida de Mayo, fue adquirido por Juana y Juan Gregorini, junto con otros lotes vecinos, y construyeron una casa de cierta importancia con un gran sótano, comercios en planta baja y su vivienda de dos pisos encima. Atrás edificaron el gran Hotel Eslava, del que fueron dueños hasta época reciente. Desde 1960 había en el terreno a estudiar una gran playa de estacionamiento.

En el sitio se hallaron once pozos o construcciones diversas bajo tierra además del gran sótano. Éstas fueron quedando a la vista a medida que la maquinaria pesada iba excavando y los camiones se llevaban la tierra con una rapidez increíble, dándonos apenas tiempo para retirar lo que podíamos de entre el barro —llovió toda la semana—, a tal punto que era casi imposible sacar todo lo que había y tratarlo adecuadamente. Calculamos que se pudo recuperar un 50% del total de objetos de cerámica y vidrio visibles a simple vista, y sólo un 10% del material óseo, dado que se encontraba muy deteriorado por el agua. De todas formas, los más de dos mil objetos incluyeron la mejor colección de lozas inglesas Creamware y Pearlware halladas hasta ahora en el país[183] y que sólo compiten, casi cabeza a cabeza, con el pozo de basura de la familia Alfaro.

Se encontraron tres cisternas de aljibe, todas revocadas (con cal las más antiguas, con cemento la más nueva) y que medían entre 1,90 y 2,80 metros de diámetro; dos de ellas tenían cerca de 3,50 metros de profundidad pero otra llegó a los 6,80 metros, lo que es único en la ciudad para este tipo de estructuras.

De los otros ocho pozos, al menos cinco eran pozos ciegos, usados para letrinas o desagües líquidos. Midieron alrededor de 1 metro de diámetro, salvo uno de 1,80 metro; cuatro aún estaban vacíos. Uno de ellos estaba totalmente relleno con basura, había sido cegado con una gruesa tapa de madera y su profundidad fue de 8,60 metros, y es el único que se pudo medir adecuadamente. Las otras construcciones eran al menos un pozo de balde para extraer agua, recubierto de ladrillo, de 1 metro de ancho y que sólo pudo excavarse hasta los 3 metros de profundidad; estaba relleno de tierra con muy poco material cultural del siglo XIX tardío. Y hubo al menos un pozo de basura de 95 centímetros de ancho y 5,50 metros de profundidad; de este pozo fue de donde se obtuvieron más de 1.300 objetos pese a las pocas horas de trabajo que se nos permitió. No hubo forma de identificar si ese pozo tuvo en origen esa función o si fue reutilizado, lo que es muy probable.

Para los pobres, poco y nada (la Casa Mínima de San Lorenzo 392 y los conventillos de Defensa 774)

Una esquina muy conocida de Buenos Aires es la de Defensa y San Lorenzo; ya citamos una de las esquinas por tener por debajo el entubamiento del antiguo Tercero del Sur; la que lo enfrenta fue un gran lote propiedad de la familia Peña, que tuvo su residencia allí en la segunda mitad del siglo XIX, sobre los restos de dos pequeñas casas que se remontan al siglo XVIII y que posiblemente fueron barracas.[184] Los Peña se mudaron hacia 1870 y el caserón se subdividió en seis partes: dos de ellas se demolieron para hacer conventillos y el resto se adoptó bien o mal para pequeñas casas; una de ellas —la única que se conserva— es la mal llamada Casa Mínima, que sólo es la entrada de servicio de la residencia de los Peña.

En 1995 pude excavar gran parte del terreno, y lo que se encontró es en extremo complejo ya que los cambios fueron alterando la función de cada construcción bajo tierra, una y otra vez.[185] Los dos conventillos con entrada desde la calle Defensa tenían un único pozo de balde al que le pasaba la pared por encima para dividirlo en dos; imaginemos que en cada uno de estos edificios vivían varias familias y sólo tenían esa agua, que ni siquiera era potable. Al fondo existían dos letrinas —una para cada conventillo—, pero ambas desaguaban a un único pozo compartido. Este sistema era ligeramente más complejo que los pozos de letrina habituales, ya que cada baño tenía un asiento que caía en una especie de pileta hecha de cemento, y mediante un corto conducto los excrementos caían al pozo excavado en la tierra y cubierto por una simple y endeble bovedilla hecha de ladrillos. Pese al tiempo transcurrido, al llegar la excavación las cosas estaban casi intactas bajo el suelo, sólo había cambiado el suministro de agua corriente.

De la época de la Casa Peña sólo se pudo hallar un pozo de desagüe, el que fue construido con la gran residencia adaptándolo a un pasillo de tal forma que sus paredes son las de las habitaciones que tiene arriba y su planta es rectangular; a un lado se encontró un enorme pozo vacío de uso no identificado y el pozo de basura intacto. En total se excavaron cinco pozos y tres cámaras; los primeros midieron entre 1 y 1,40 metro de diámetro y el pozo de basura, rectangular, midió poco más de 2 metros cuadrados. En este caso fue interesante ver cómo se fueron modificando los sistemas sanitarios en sólo medio siglo, adaptándose a casas cada vez más chicas, anulando lo que apenas tenía unos años de uso para rápidamente hacer nuevos pozos para lotear más y más el terreno.

La plaza Roberto Arlt

La manzana donde se ubica la plaza Roberto Arlt, actualmente delimitada por las calles Suipacha, Rivadavia, Bartolomé Mitre y Esmeralda, fue una zona de intensa vida en el siglo

XVIII. Allí se instaló el templo de San Miguel, y a su lado el primer Hospital de Mujeres del país. También había, asociado a este conjunto, un cementerio que albergaba a los pobres que no podían pagar entierros en las iglesias, en especial a los esclavos africanos. El hospital dejó su lugar, aunque no el edificio, a un asilo de niñas en los inicios del siglo XIX y más tarde a la Asistencia Pública que llegó a funcionar allí hasta la década de 1960. En esos años se demolió todo el conjunto y se hizo la plaza tal como la vemos hoy en día, pero al hacerlo se encontraron varias construcciones subterráneas: un par de pozos ciegos, una cisterna de aljibe y una enorme cámara de desagüe, de las más grandes halladas en la ciudad. Esta cámara mide cerca de 8 por 3,50 metros, está recubierta con ladrillo en sus muros, tiene una bóveda de cañón en su techo y por encima de ella hay ocho entradas de albañales. Según varios planos de la segunda mitad del siglo XIX, allí había un patio y a un lado estaban los baños; en un extremo tenía una entrada con escalera para descender, entrar y limpiarla.

Las excavaciones arqueológicas hechas en dos temporadas de trabajo[186] confirmaron la existencia de otra cámara, ubicada a 2 metros, asociada a un posible pozo de basura, rectangular, de casi 2 metros de profundidad y que se unía a esa estructura bajo tierra. El fuerte estado de deterioro hizo imposible determinar las funciones originales de estas construcciones con mayor precisión.

Cabe señalar que asociado a esto se hallaba aún gran parte del cementerio antiguo y se rescató un par de docenas de esqueletos o parte de ellos.

La compleja Imprenta Coni (Perú 680)

El edificio que se hizo conocido en su tiempo por albergar la Imprenta Coni fue excavado intensamente hace algunos años. Se reconstruyó el sistema sanitario completo a lo largo del tiempo y de los numerosos cambios que vivió el sitio desde que fuera un lugar poco agradable a orillas del Tercero del Sur. Allí se construyó una primera casita hacia 1740, la que tras numerosos cambios se transformó en la vivienda de la familia Goyena entre 1822 y 1884, cuando se construyó la imprenta.[187] En ese lugar se ubicaron tres cisternas de aljibes, las más amplias de la ciudad en su momento, dos importantes cámaras de desagüe, un sistema completo de albañales y un pozo de balde.

La cisterna mayor medía 7 por 3 metros en su base oblonga, cosa poco habitual, por 5 metros de alto; es decir que era capaz de guardar enormes cantidades de agua —95 metros cúbicos—, necesarias para que las máquinas de vapor de la imprenta pudieran trabajar. Tenía dos accesos, ambos circulares, uno en el centro del patio a través del cual se sacaba el agua, y otro contra un muro por donde descendía un caño de hierro desde la terraza. La otra cisterna medía 7 por 2 por 5 de alto, con un acceso central y otro lateral, es decir el mismo sistema que la antes descrita. En este último caso y por única vez en la ciudad, el agujero central fue cerrado con una tapa removible mediante una gran manija de hierro.

La tercera cisterna es la más extraña encontrada hasta ahora: era rectangular y adaptada a la forma de un estrecho patio al fondo del terreno que medía 6 por 1 metro, y si bien no pudo ser totalmente excavada por la inestabilidad de la construcción superior y el alto nivel de inundación que tenía, calculo que debió tener también 5 metros de profundidad. La bóveda superior había desaparecido, pero se conservaba un sistema de albañales extraño, formado por un desagüe vertical y otros dos albañales con forma habitual; debió guardar más de 25 metros cúbicos de agua.

El resto del conjunto lo completa una enorme cámara de desagüe, es decir un pozo ciego de grandes dimensiones, de planta rectangular y cubierto por una bóveda de ladrillos que sólo cubría la parte superior; las paredes no están recubiertas. Tres albañales descargaban allí los residuos líquidos del edificio y tenía también dos accesos circulares; fue totalmente rellenada hacia 1892, al igual que gran parte de las cisternas —aunque una de ellas sólo lo fue hacia 1940—, y por estar bajo una pared portante no fue posible excavarla completa; pero tenía al menos 3 metros de profundidad comprobada, aunque supongo que debió descender varios más.

El popurrí de Galerías Pacífico

Las Galerías Pacífico son un edificio magnífico más que conocido por todos los porteños, construido en 1891 por el arquitecto Emilio Agrelo. Como es lógico suponer, para hacerlo fue necesario comprar 51 lotes con viviendas preexistentes, que fueron demolidas para levantar estas enormes galerías. Esas casas tenían sus respectivos pozos ciegos, aljibes y pozos de basura, e incluso había otros que pertenecieron a casas aún más antiguas. Cuando se construyó el edificio, que tiene dos niveles de sótanos, no sólo se destruyó lo anterior sino que la excavación cortó los pozos a la mitad de su profundidad, en algunos casos hasta 8 metros hacia abajo. Pero pese a todo se salvaron muchos de ellos: se encontraron 18 construcciones subterráneas y se calculó que debieron existir cerca de 150 en la manzana.

El rescate de todo este material fue hecho por el arquitecto Pablo López Coda y, por suerte, ha sido publicado.[188] Halló nueve pozos ciegos, cinco pozos de basura, tres aljibes y una cisterna de un aljibe de mayores dimensiones. Fue interesante ya que para el año 1990 significó la primera tipología segura de estas construcciones tan poco conocidas hasta entonces. Los pozos generalmente tuvieron alrededor de 1 metro de diámetro, y algunos llegaron hasta 1,60 metro, los de agua estaban revestidos y los de desagüe no, la cisterna midió 3 metros de lado y 3,60 metros de alto con su bóveda ya destruida y los de basura, cuadrados o rectangulares, 1,20 por 2 metros en el caso del más grande, que bajaba al menos más de 5 metros, profundidad máxima hasta la que pudo ser excavado. Del interior de estas construcciones se obtuvieron centenares de objetos del siglo XIX de interés para la comprensión de la vida doméstica de la época.

Lo poco que quedaba: la casa de Fontán en Flores

El informe de un vecino de Flores nos puso sobreaviso de una obra que implicaba la demolición de una casa fundacional de Flores, de las que ya quedan pocas: se trataba de la esquina de Rivadavia y Artigas, en donde había vivido Alberto Fontán al crearse Flores hacia 1807. En esa esquina, Fontán construyó la casa de su familia, que con el tiempo fue sufriendo cambios y transformaciones hasta su demolición total en 1998. Lamentablemente, cuando llegaron los arqueólogos la demolición había alcanzado hasta el piso y continuaba bajando con enorme rapidez. Lo que se pudo observar y estudiar fueron tres pozos, dos de ellos importantes ya que medían 2 metros de diámetro y más de 8 de profundidad (al menos eso es lo que pudo ser medido). Ambos estaban vacíos y cubiertos por bovedillas atravesadas por caños de cerámica vitrificada de desagüe. Suponemos que ésa debió haber sido su función: pozos ciegos o de desagüe. Un tercer pozo era pequeño y diferente de los anteriores, de 60 cm de diámetro, con paredes de ladrillo, por lo que supusimos que era un pozo de balde, aunque por su dimensión debió ser de muy compleja manufactura. El estado de destrucción que tenía el lugar impidió saber mucho más de este sitio, que pudo haber sido de enorme interés para el pasado de la zona.

Los múltiples pozos de la Casa de María Josefa Ezcurra (Alsina 455)

Las excavaciones hechas en 1997 en la casa ubicada en Alsina 455 y que en una época perteneciera a quien le dio el nombre, doña María Josefa Ezcurra, dejaron al descubierto varias construcciones subterráneas en una situación similar en densidad a la de Defensa 751. Había un complejo pozo de basura que ya fue descrito en páginas anteriores, además de un aljibe con su cisterna, un pozo de desagüe, tres pozos ciegos y un pozo de balde. Y a eso hay que sumarle un escalera enterrada que conducía al edificio lindero, el Hotel City, que fue cancelada hace tiempo y no había noticias de su existencia pese a ser del siglo XX.

La casa, podemos recordar, fue construida inicialmente por los jesuitas como Casa Redituante, es decir para obtener rentas con su alquiler, hacia 1760. Alrededor del 1800 se produjeron importantes cambios y luego se fueron haciendo reformas de manera constante hasta llegar a la actualidad, cambios que por suerte han sido bien historiados.[189]

Vayamos paso por paso: el pozo de desagüe estaba pegado a la medianera posterior y medía 2,30 metros de diámetro, cavado en la tosca y cubierto por una simple cúpula de ladrillos rota en su parte superior. Por sus características lo fechamos para los inicios del siglo XIX. Los tres pozos ciegos eran también sencillos, medían 75 centímetros de diámetro y estaban cubiertos por su bovedilla, con restos de al menos dos albañales; no parecen ser contemporáneos, aunque todos fueron hechos en la segunda mitad del siglo XIX, época para la cual el edificio fue segmentado entre muchos inquilinos y había una imprenta trabajando en el sitio. Fue interesante hallar el primer albañal curvo de la ciudad, ya que luego fueron apareciendo otros.

El aljibe era la construcción más compleja, a la vez que moderna, ya que la fechamos para 1880 aproximadamente. Era de planta rectangular, de 1,45 por 2,20 metros exteriores, bien construida con mampostería y revoque de cemento, con una boca de entrada de 0,70 metro de diámetro y 4,20 metros de profundidad. Cabe destacar que las ordenanzas vigentes en esa época prohibían hacer cisternas de aljibes con ángulos rectos, ya que debían ser siempre curvos, de allí que habitualmente se los hiciera circulares.

El pozo de balde, lo más antiguo de todas las construcciones del subsuelo de ese lugar (segunda mitad del siglo XVIII), era del tipo compartido entre vecinos, lo que fue común en la época y es buena prueba de que las casas lindantes eran del mismo propietario y hechas para ser alquiladas; era una manera de reducir costos en las obras. El pozo era ligeramente ovalado, en forma similar al de Defensa 751, también dividido por un muro al medio, y la medianera le pasa por encima salvando el apoyo mediante un arco. Actualmente, y dado que el terreno vecino y su medianera fueron modificados, se destruyó buena parte del pozo en su lado oeste. Tenía un piso a su alrededor hecho de los mismos ladrillos y no hay evidencia de que haya tenido brocal, lo cual no era común, aunque tampoco raro. Pero es más probable que esas evidencias se perdieran por las alteraciones sufridas por el lugar.

V

Túneles para todos los gustos

a demoler. Derrocarán, año
a un sector, y poco a poco,
muros de esa casa grande
liendo. La ciudad verá, en-
cerca el río; la vieja plaza
irá una dimensión nueva,
del porteño una nueva dis
Casa de Gobierno que, en
lazó a los restos de la For-
irá más su lenguaje de re-
porque pronto no será na-
vamos a hablar nosotros de
a suya cuya verdad revela-
as de la demolición iniciada.
os tiempos, distintas voces
más fueron oídas, hablaron

rio en esa casa grande; los
s. Después, el misterio se
habló de él.
*bterráneos en la Casa de Go-
dónde llevan?*
ro del lector está dudando.
a: — *¿Adónde llevan?* —
eron esos los términos del
cronista al llegar al tema.
idió a un profesor de his-
guntó:
subterráneos en la Casa de

or, Félix F. Outes, especia-
sación, publicista de la ma-
expositor desde la cátedra
ltad de Filosofía y Letras,
stra duda. La repuso.

a bajo la Casa de Gobierno
Aires un sistema de anti-
rráneos. Subsisten desde la
Conquista, unos; desde el
otros, y fueron construidos
el español. El ingenio del
que vino al encuentro del
do autoriza a reconocerle
a obra. ¿Con qué fines? Los
esa: Los de conservarse en
nes ante el habitante de la
ña que descubría y ante el
bre las costas dejaba sus

en la época, una desarrollada costumbre de propietarios europeos que los
hacían cavar para unir sus distintas
posesiones inmediatas, mediante una
combinación de ellos. Pocos son los cas-
tillos de determinadas regiones europeas que no los cuentan. La ciudad
de París está atravesada por infinidad de anteriores comunicaciones subterráneas. No es de extrañar que el español que vino a América, en el afán
de trasladar la vida de Europa a las
nuevas riberas, abriera la tierra y la

DE LA CASA DE G

Por I

La demolición de la Casa de Gobierno ha comenzado por la parte que da a la calle Victoria. ¿Se encontrarán los obreros con los misteriosos subterráneos que subsisten desde la época de la Conquista?

cavara para establecer en su seno organizados pasos de comunicación y eficaces medios de defensa. Por eso creo,
también, que bajo la Casa de Gobierno hay antiguos subterráneos...

Así nos habló el especialista. Nos
internamos en el tema, y son estas —
las siguientes — nuestras conclusiones.

EL VIEJO FUERTE

Donde hoy — y desde 1857 — se levanta la Casa de Gobierno estaba situado el viejo fuerte de la ciudad colonial. En el siglo XVI lo construyó

◀ Artículo publicado en la revista *Mundo Argentino* en ocasión de la demolición de parte de la Casa de Gobierno en 1938, escrito por Dardo Cúneo, en el que se describen las galerías de la antigua Aduana descubiertas en esa oportunidad (Biblioteca Nacional).

Desde que se empezaron a describir construcciones subterráneas en el siglo XIX resultó que no sólo había túneles sino que también existían todo tipo de obras hechas para los propósitos más variados, e incluso algunos inverosímiles. Iremos viendo ejemplos que nos permitirán entrar en el heterogéneo mundo bajo tierra que no tiene nada que ver con los túneles coloniales de la Manzana de las Luces u otros como los ya descritos. Y que por su número, variedad y amplia gama de funciones, era bastante lógico que mucha gente se confundiera y los malinterpretara; los hubo de todas las formas posibles y para todo lo imaginable. He aquí algunos que hemos podido documentar, excavar o estudiar.

Defensa 1462: o cuando no se entiende nada

En varias oportunidades tuvimos avisos referidos a un edificio en la calle Defensa muy cerca del parque Lezama, que según los datos tenía una serie de habitaciones bajo el suelo unidas por un largo túnel. A él se asociaban leyendas sobre una imprenta clandestina, anarquistas escondidos y otras cuitas barriales poco definidas. Dio la casualidad que tiempo antes habíamos excavado justo enfrente, Defensa 1469, una casa de fines del siglo XIX, sin darnos cuenta de lo interesante que resultaba lo que había cruzando la calle.[190] Pero cuando el centro de las preocupaciones pasó a ser otro, en este caso entender la configuración física de la ciudad en la zona sur y en especial la ubicación de la antigua barranca, empezó a interesarnos esta otra casa. Poco más tarde, el Gobierno de la Ciudad mostró interés en ella y con su propietario se hicieron algunos estudios preliminares que fueron completados en el año 2004.[191] Y la verdad es que lo hallado siempre nos ha resultado complejo de explicar, no porque no podamos comprenderlo, sino por su falta de sentido desde la óptica moderna. Intentemos exponerlo con detalle: la casa fue construida en julio de 1889 y era propiedad de Vicente Pontremoli; este señor encargó un edificio nuevo consistente en un sótano y dos pisos, en la planta baja había tres departamentos alineados a lo largo de un patio y un terreno al fondo, arriba la casa del dueño que ocupaba todo el edificio, una fachada decorada con un ventanal sobre el nivel de la calle y una pequeña puerta que bajaba a un largo, estrecho y retorcido pasillo que corría desde la calle hasta el fondo del terreno, bajo el edificio, con habitaciones a sus lados ubicadas en forma de zigzag, que por una escalera salían al patio del fondo. No había más ventilación que unos agujeros reducidos ubicados al fondo y que daban al piso del jardín trasero; la iluminación era inexistente. Ésta era la situación al llegar por primera vez: una casa de la que no sabíamos ni siquiera cuándo se había construido, con un túnel de 38 metros de largo, oscuro, húmedo, de techos apuntalados, chorreando agua, habitaciones vacías, paredes con revoques destruidos... y leyendas de todo tipo. Un verdadero desafío de interpretación.

Lentamente el mosaico se fue armando: el edificio había sido construido a finales del siglo XIX, como ya dijimos, pero tras demoler una casa que había pertenecido a don Diego Noble construida hacia 1830. Según los planos de 1864, la casa tenía la forma habitual de su tiempo, con una sala al frente con zaguán, un primer patio y una tira de habitaciones, dejando un largo terreno al fondo. Esta forma no era casual: estaba ubicada justo encima de la antigua barranca al río de tal forma que había un fuerte desnivel entre la entrada por la calle Defensa y el fondo, caso muy similar, si no idéntico, a lo que hemos descrito para las casas precedentes a la Imprenta Coni. Este cambio en la altura del piso explicará todo hacia el futuro.

La casa fue demolida y el nuevo edificio hecho para el señor Pontremoli se encontró con un pequeño problema, habitual en quien construía en la vieja barranca: en lugar de aprovecharla era mejor borrarla, desaparecerla. Buenos Aires había asumido desde 1850 la idea de ser una ciudad plana, de desierto pampeano, y en lugar de aprovechar la poca topografía que tenía, la negaba. Para ello fue necesario rellenar los más de tres metros de desnivel existente para mantener la planta baja perfectamente horizontal; y quien planificó esta obra aprovechó la demolición de la casa antigua como escombro. Pero fue más lejos aún y dejó varias habitaciones bajo el nivel del nuevo piso bajo y el corredor que las une. ¿Para qué? No podemos contestarlo, posiblemente con funciones de depósito o trabajo. Lo que es seguro es que no fueron para nada clandestinas, al menos en su origen, porque si no no hubieran hecho una ventana a la calle al inicio del pasillo.

Pero como el mundo es siempre más complicado de lo que uno supone, cuando se hizo el túnel manteniendo un nivel más profundo que la casa de don Noble —1,40 metro más abajo por cierto—, se cortó al menos un pozo ciego por la mitad, el que ahora, al hundirse el piso, apareció y espera ser excavado. Pero esto no era más que el principio: al estudiar las paredes apareció el nivel del piso antiguo perfectamente conservado debajo del edificio actual. Es decir que los restos de la casa de 1830 están aún debajo de la actual y sin tocar desde 1895, lo que en Buenos Aires es realmente algo inusual.

Pero volviendo al túnel, nuevos interrogantes fueron surgiendo al estudiarlo: primero porque los dos planos conocidos no coinciden entre sí: según el de 1891 hay una serie de habitaciones que ahora no existen, según el de 1964 hay otro grupo de cuartos bajo tierra que tampoco están. ¿Errores de los dibujantes?, ¿información equivocada? No lo sabemos, sólo una excavación amplia permitirá entender mejor esa extraña galería bajo el suelo.

¿Dónde escondemos a la servidumbre?

Una casa monumental en Buenos Aires, olvidada y semidestruida por las dependencias nacionales que allí funcionaron, es la ubicada en Hipólito Yrigoyen 1418, ahora en plena restauración por el Gobierno de la Ciudad. Fue la residencia de don Isaac Fernández Blanco y allí mantuvo su increíble colección de arte que ahora se encuentra en el museo que lleva su nombre en la calle Suipacha y Arroyo. Este edificio venía de antiguo y fue remodelado varias veces, ampliado y redecorado una y otra vez, como suntuosa mansión que era. En 1890 se le suministró agua corriente, lo que fue una especie de golpe de gracia ya que era necesario que la instalación pasara por el medio de la casa, dejando bocas de inspección en el acceso, en el medio del suntuoso hall y al entrar al primer patio. Absurdamente, a los ingenieros no se les ocurrió otra solución menos destructiva que la más simple y barata; por supuesto, además había que anular el aljibe y las letrinas viejas y hacer todo nuevo. Pero alguien ideó otra solución alternativa y así se hizo: entre 1891 y 1901 se inició una obra insólita que tenía el doble propósito de resolver el problema de las cañerías y crear un pasillo bajo tierra por el cual pudiese transitar la servidumbre sin que tuviera que pasar por los suntuosos salones. Como no había terreno a los lados para hacer una entrada de servicio, simplemente se los hizo pasar por debajo: se construyó un túnel de 45 metros de largo que corre paralelo a otro menor por donde pasan las cañerías, las que pueden ser inspeccionadas desde el túnel mayor, y ya no hizo falta abrir bocas en el hall de la casa. El túnel de servicio, al llegar al patio de atrás, dobla en ángulo recto y sale por una escalera, depósito anexo mediante, a la zona de cocina y servicio.

Pero, mientras tanto, ¿qué pasó con lo que había? Bueno, no estamos en condiciones de explicar todo y mientras se escribe este libro se está excavando en ese sitio,[192] pero al menos el pozo ciego que debió pertenecer a la infaltable letrina del fondo apareció precisamente allí durante la excavación, al fondo y al medio del actual terreno. Debe haber otros pozos de cada época de la casa, y muy en especial pozos de basura.

El aljibe es la nota más curiosa: estaba ubicado en el patio abierto ligeramente desfasado del eje central, y medía 4,50 metros de alto y 3 metros de diámetro. Pero al trazar el túnel bajo tierra con el extraño codo que lleva a la zona de la cocina, se deben haber topado con la cisterna bajo tierra; solución fácil: la dejaron donde estaba, pasaron por delante y le hicieron una puerta de entrada para transformarla en bodega, depósito o cualquier otra cosa que se les pudiera ocurrir. Igual, para agua ya no servía porque la puerta dejó sólo 1 metro utilizable para depósito.

En conclusión: quien recorre esa galería bajo tierra entrando por la gran puerta de calle, bajando por lo que ahora son paredes húmedas y con hongos, ve los estrechos pasos para inspeccionar las cloacas de un lado, se encuentra con la extraña construcción abovedada sin sentido de una cisterna de aljibe bajo tierra pero con puerta, y sale por el fondo cuando hubiera sido más fácil caminar por arriba, no puede dejar de preguntarse qué es todo esto. Bueno, me hicieron la misma pregunta[193] y me llevó trabajo y tiempo entenderlo, en especial comprender la necesidad de separar la circulación de la servidumbre en casas ya construidas en la vieja tradición colonial de una sola gran entrada. Ésta fue una de las muchas soluciones adoptadas en nuestra curiosa Buenos Aires.

De cuando las cuevas fueron adornos

¿Cuevas en Buenos Aires? Sí, cierto, parecemos todos locos; pero esto es como las brujas: no existen, pero que las hay, las hay. Y como en esta ciudad no había cuevas, fue fácil solucionarlo: las hicieron artificiales, y muchas.

La historia es ésta: para mitad del siglo XIX llegó a la ciudad un estilo decorativo llamado "grutesco", proveniente de la costa sur de Francia, traído por varios arquitectos importantes que lo usaron para ornamentar jardines tal como se hacía desde el Renacimiento en Europa.[194] En esencia era la imitación en cemento de la naturaleza, mediante troncos, ramas, cuevas y todo lo que resultara romántico y pintoresco para la recreación de una nueva burguesía que buscaba en Europa su solaz e imagen. Y en Buenos Aires comenzaron a surgir cavernas, cuevas, grutas y extraños y bizarros paisajes que el gusto porteño nunca aceptó y ahora casi no existen en la ciudad ya que todo ha sido demolido: la enorme, descomunal, Gruta de Constitución y la gran Gruta de Retiro, construidas por Ulrico Courtois y por Juan A. Buschiazzo respectivamente, quizás hayan sido los máximos ejemplares. Poblaron su tiempo de leyendas y sirvieron para mostrar que la naturaleza a la cual copiaban en cemento ya estaba cada vez más lejos: el cemento reemplazaba los árboles y no era metáfora.

A quien quiera ver una de ellas, que sigue generando hermosas leyendas, le recomendamos visitar la gruta de Montes de Oca 140 en el actual edificio de VITRA, un centro para la discapacidad que fue construido como mansión privada en 1880 por Eustaquio Díaz Vélez y que desde 1931 pasó a ALPI y luego siguió su destino ayudando a los que más problemas tienen. Pero ni la gruta quedó impune al tiempo, ya que se halla en grave estado de deterioro, ni dejó de crear mitos: actualmente quienes ocupan la casona creen que fue una leonera, es decir un lugar donde el propietario criaba leones para usarlos en lugar de perros guardianes, lo que se basa en tres esculturas de esos animales traídas de Francia por el antiguo propietario, quien nunca vio un león más cerca que en el primitivo cine de la época. En las plazas y parques de la ciudad quedan pequeños ejemplos de este estilo, como puentes, bancos y escalinatas, y en especial en el Zoológico aún hay tres grandes construcciones, y poco menos en el Botánico.

Las galerías de la Aduana Vieja bajo Casa de Gobierno

Quien hoy recorra la Casa de Gobierno y su plaza trasera (suponiendo que Plaza de Mayo es la delantera) se encontrará con un gran espacio rectangular cuyo nivel es más bajo que el de la vereda; y si entra por la puerta del museo ubicada a un lado verá con sorpresa que es posible bajar a dos enormes galerías subterráneas, paralelas y casi al mismo nivel que lo visto al exterior. Este conjunto, complejo de entender para el que no está en el tema, representa buena parte de la historia de la ciudad y es de importancia para nuestro asunto. Se trata, en síntesis, de la antigua barranca al río, de la construcción de una enorme Aduana a mitad del siglo XIX, que fue demolida a finales de ese siglo para levantar lo que hoy llamamos Casa Rosada o Casa de Gobierno.[195]

La historia se inició cuando el mismo Garay decidió construir, sobre el filo de la barranca del río, el fuerte que defendería la ciudad. Desde temprano hubo que hacer obras bajo tierra en su interior y hemos citado el silo del siglo XVII o la Puerta del Socorro, inútil pero anecdótica: se trataba de una puerta pequeña que los fuertes tenían cuando estaban frente al mar, por donde podían entrar los que llegaran con embarcaciones destruidas por tormentas, sin necesidad de subir a tierra. El Fuerte quedó arriba del desnivel y abajo quedaron las toscas, esas piedras blandas y resbaladizas que formaban la muy ancha orilla del río. En el año 1855, cuando el comercio de Buenos Aires se transformó en la entrada de dinero más importante de la ciudad, se decidió construir un edificio especialmente diseñado para ser aduana; no ya una casa grandota cualquiera como la usada hasta el momento, sino realmente un lugar sobre la costa, con un largo muelle, depósitos, grúas, vagonetas con vías metálicas y todo lo necesario para operar rápido y en forma eficiente. Para ello se hizo un concurso que fue ganado por el ingeniero inglés Eduardo Taylor, de quien ya hemos hablado por ser sus obras poco habituales en Buenos Aires, muchas de las cuales generaron largas historias que ya hemos comentado. En este caso construyó un enorme edificio semicircular de tres pisos, todo hecho con bóvedas de ladrillo encimadas unas a otras, que en su centro tenía un muelle por el cual llegaban las cargas desde los barcos.

La obra principal se hizo manteniendo un nivel alto, casi el de arriba de la barranca, donde descansaba la parte monumental de la Aduana Nueva, tal como pasó a ser llamada, pero ingeniosamente Taylor supo adaptarse al hecho de que los barcos grandes no podían acercarse a la orilla pues las aguas eran poco profundas. Las mercaderías y la gente se descargaban mediante barquichuelos que llevaban sus cargas hasta carros de grandes ruedas tirados por caballos. Para resolver esto, el proyecto contempló la construcción de dos grandes rampas curvas que subían parte de la barranca y entraban, túnel mediante, en un Patio de Maniobras rectangular de más de 100 metros de largo, que es precisamente lo que ahora se ve bajo el piso en la Plaza Colón. Desde allí había tres opciones: subir la mercadería mediante guinches a otra plaza superior de cargas, o entrarla a la aduana. Y una tercera posibilidad era pasar a las grandes y viejas galerías bajo tierra que Taylor supo arreglar reconstruyendo lo que fueran los depósitos de la Real Audiencia. Y ése es el museo actual y sus túneles que, en realidad, no lo son, ya que no van de un sitio a otro. Estas galerías miden 124 metros de largo y cerca de 9 metros de ancho, una puerta las comunica ahora con el Patio de Maniobras y en el extremo sur hay unos cuartos apuntalados que, pared por medio, están en contacto —aunque no en comunicación— con el túnel del antiguo Ferrocarril del Oeste, del que luego hablaremos. El lugar es más que impresionante, y pese a todo el abandono al que se ha visto sometido y las varias obras imprudentes que deterioraron más que ayudaron, aún sigue en pie. El que se asome al patio exterior puede ver en los extremos los accesos a los dos túneles curvos que descendían hacia el río. El trabajo de restauración, si puede ser así llamado, fue más que lamentable y pese a que algo ha quedado los porteños perdimos ahí, entre 1983 y 1985, la posibilidad de recuperar con inteligencia una parte importante de nuestro legado histórico como puerto.[196]

Cuando se perforó la barranca para ampliar la aduana

Ya hablamos de la Aduana Nueva hecha por Eduardo Taylor, ahora nos toca un edificio anexo también construido por él una vez terminado el anterior, porque pese a la dimensión que tenía la aduana al poco tiempo de inaugurada ya estaba quedando chica. Por ello entre 1858 y 1860 Taylor levantó un nuevo y monumental edificio en la actual Hipólito Yrigoyen entre Leandro Alem y Balcarce. Fue más conocido en su tiempo como Rentas Nacionales, ya que ésa fue su función después de inaugurada la nueva aduana en la avenida Madero.[197] Este caso resulta más que interesante ya que su constructor supo nuevamente aprovechar la ubicación en la barranca de forma de tener un edificio de dos pisos en la parte alta y de cuatro por el otro lado. Para ello excavó dentro de la barranca, dejando así dos pisos semienterrados. Para acceder, pasando sobre un enorme hueco paralelo a la calle Yrigoyen —hoy sería la vereda del actual Ministerio de Economía—, se hicieron extrañas escaleras colgantes, casi puentes levadizos a los que los porteños estaban lejos de ver con buenos ojos. Todo el edificio fue demolido en 1935 para construir el ministerio actual, si no hubiera generado historias increíbles.

Resolviendo el misterio: Michelangelo

En la primera visita lo que es el conocido sitio tanguero porteño llamado Michelangelo, ubicado en Balcarce 433, por invitación de sus dueños, antes de iniciar una remodelación, recorremos el sitio con un grupo de futuros excavadores e historiadores[198] y nos encontramos con una leyenda de enorme peso acerca de la existencia de túneles y de que en un tramo de ellos funcionaba el bar, un inmenso cartel que invitaba a los viandantes a visitar una galería de 1752 y un folleto que hablaba de leyendas, fantasmas —da la casualidad que el que lo firma lleva el mismo nombre del fantasma— y que termina diciendo "estas cuevas son tal vez más viejas que la misma patria, ya que sus orígenes se remontan al año 1630".[199] En realidad todo estaba demostrado y fechado desde antes de empezar a estudiarlo: magnífico, nos podían haber ahorrado mucho trabajo.

La investigación logró entender que la construcción había sido edificada entre 1848 y 1849 con una doble función: destilería y vivienda, en un gran edificio ahora inexistente en su mayor parte y que llegaba hasta la esquina. En esta sección había originalmente cuatro galerías paralelas con tres niveles para ser usados como depósito de mercaderías en tránsito. Ahora sólo quedan tres de ellas. La propiedad era de la familia Huergo y la función de depósito tenía estrecha relación con la Aduana Vieja, que aún funcionaba y estaba enfrente.[200] Suponemos que la obra fue también del ingeniero Eduardo Taylor y está hecha con bóvedas de ladrillos sin columnas ni vigas, sistema utilizado por él en otros edificios que ya hemos citado, que son por cierto lo más parecido a túneles que uno puede imaginar. El edificio fue construido en terrenos que antiguamente pertenecieron al convento de Santo Domingo, recortados y vendidos en 1823, y la excavación permitió hallar un pozo de basura del convento que ya se describió en otro capítulo de este libro al igual que los tres pozos de desagüe.

Taylor, hábil como ninguno en esto de resolver problemas —luego haría la Aduana Nueva y el anexo—, trató de encontrar un sistema que permitiera racionalizar los esfuerzos de entrar y sacar mercaderías al menor costo. Para ello hizo que su edificio tuviera la entrada por la calle 5 de Julio, ese estrecho pasaje que quedó cuando se dividió el convento y que estaba justo encima de la barranca al río; la subida era por la avenida Belgrano, ancha y de poco declive. Desde allí se entraba en el edificio a un nivel que podemos llamar planta baja, que a su vez tenía otro encima y otro un poco debajo excavado dentro de la barranca misma; de esta forma era más fácil subir las cosas y luego dejarlas caer en los carros que entraban desde la calle Balcarce que ahora es la entrada principal. Era un sistema simple, barato y que ahorraba tiempo y esfuerzos. También había guinches en la fachada para ayudar en las maniobras. Pero esto no fue todo, además de perforar la barranca se hizo un subsuelo que ocupaba dos bóvedas de ancho, uno de cuyos tramos fue destinado a los baños; de esta forma el sótano mismo tenía tres pozos de desagüe. Las dos galerías inferiores se hicieron también excavando sólo en la parte baja de la barranca; uno de ellos es ahora el bar y el otro la cocina, y se dejó una tapa que permite —aunque nadie se atreve— bajar al pozo ciego, al tiempo que lo preserva para el futuro.

En síntesis, lo que había en el lugar era un formidable edificio hecho a mitad del siglo XIX por un insigne ingeniero, dos pozos, uno de basura y otro de desagüe, que dieron excelente información histórica y arqueológica, galerías de ladrillo por doquier, pero muy poco de misterio y menos de fantasmas. En realidad los pozos de desagüe eran tres, y sólo uno pudo ser excavado totalmente ya que otro había sido cortado al hacer la nueva fachada —pudo ser estudiado en lo que quedaba— y el tercero estaba bajo las obras modernas. Un buen ejemplo que demuestra que lo que hay que preservar es lo que realmente es, y saberlo aprovechar para incrementar nuestros conocimientos, no osificar mitos sin siquiera estudiarlos.

Pasando bajo los trenes

Hacia finales del siglo XIX, los ingenieros ingleses constructores de trenes y estaciones imaginaron tres sistemas para cruzar las vías de un lado al otro: uno era al mismo nivel (para los vehículos estaban las barreras), otro eran simpáticos puentes de hierro, muchos de los cuales aún persisten obstinadamente en varias estaciones; y el más curioso fue el paso por debajo. Para eso se construyeron túneles que, a similitud de muchos pasos de subterráneos, eran rectangulares, simples, y se accedía a ellos por construcciones pintorescas de madera. Obviamente la mayoría desapareció, por abandono, ya que mantenerlos era caro, por inseguridad para quienes cruzaban, o por simple indiferencia. Algunos, como el de la estación Belgrano R, medía casi 40 metros de largo.[201] Quien quiera recordar estos pasos tiene aún —aunque medio destruidos— los túneles de las estaciones de San Isidro, Victoria, Belgrano R, Urquiza, Pueyrredón, Mármol y Florencio Varela, todos bajo tierra.

¡Se nos piantan los presos!, o cuando el piso parece un queso Gruyère

Los porteños saben que la actual plaza Las Heras era el terreno que ocupara entre 1877 y 1961 la antigua Penitenciaría Nacional. Un edificio monumental obra del arquitecto Bunge, rodeado de rejas, altos muros y almenas, donde quedaban encerrados los acusados por delitos federales.[202] Dentro de él cientos de encausados buscaron afanosamente el modo de escapar, a cualquier precio y de todas formas. Y la manera más lógica era mediante un túnel que atravesara las paredes por debajo y saliera al descampado que era su entorno en esa época, tierra de pocas casuchas y muchos yuyales en las afueras de la ciudad. En 1903, más precisamente el 7 de julio, seis penados se fugaron con un procedimiento absurdamente simple: excavaron un pozo que cubrían con una gran piedra justo delante del taller de herrería donde supuestamente trabajaban y de allí pasaron a una alcantarilla que, cómodamente, salía a la avenida Las Heras. Era tan simple y tan a la vista que resultaba increíble; aunque los habitantes de la ciudad no tuvieron respiro ese día ya que en el mismo momento en el Departamento de Policía se fugaron once detenidos, en este caso haciendo las cosas al revés: perforaron el techo, pasaron a una galería que corría entre los pisos ¡y bajaron en el despacho del jefe! Allí se quedaron a pasar la noche para salir caminando a la mañana siguiente.[203] Parece que el sistema era bueno ya que en 1906, a inicios de marzo, otros cinco presos se fugaron de la Penitenciaría aprovechando nuevamente los desagües que ellos mismos estaban construyendo para dotar al edificio de un nuevo sistema de salubridad; perforaron un agujero hacia la cloaca mayor y se dirigieron hacia diferentes alcantarillas. Aunque en este caso los vigilantes se dieron cuenta y tres de los fugados fueron capturados al salir; otro fue encontrado oculto entre los árboles de Palermo esa misma noche.[204] No tanta suerte, si es que eso es suerte, tuvieron los cuatro que hicieron un boquete en el techo en ese mismo edificio y se descolgaron por la ventana mediante una soga, la que no resistió el peso y se cortó, quedando dos gravemente heridos por lo que sólo uno de ellos logró escapar.[205]

La historia más increíble, si de fugas y túneles hablamos, fue la de un frustrado intento que a los ojos de hoy merecería un premio a la imaginación: un preso comenzó a hacer un túnel tras serruchar una reja, ¿con qué?: con una ballena metálica de las usadas por los *corsets* de las mujeres de su tiempo, a la que con toda paciencia transformó en sierra. Fue en 1893 y un diario de su tiempo lo describió como "una pequeña obra maestra".[206]

> En la noche de Reyes de 1906 se usó otro túnel en la Penitenciaría; esta vez fue excavado cerca del muro exterior y por allí se escaparon trece penados hacia la calle Juncal.[207]

Pero este caso tuvo un ribete que en su tiempo pareció simpático y hoy resulta insólito: un redactor de la revista *Caras y Caretas* publicó en el diario *La Nación* un aviso ofreciendo $ 10.000 a quien facilitara un reportaje a los dos anarquistas que se fugaron en el grupo evadido; uno de ellos —Salvador Planes Vireila— le mandó una carta y hasta su propia foto, elegantemente vestido en su nuevo paradero desconocido, lo que se publicó en la revista para deleite de muchos.[208]

Todo esto en realidad no fue más que un vasto prolegómeno para la evasión más grande, jamás imaginada de la Penitenciaría, mediante un larguísimo túnel que se hizo en septiembre de 1923 y que terminó de la forma más insospechada. La historia es la siguiente: 128 presos se organizaron para hacer un pozo de 3 metros de profundidad desde un baño no utilizado como tal y que servía de depósito de escobas. Con una pala y varios cubiertos lo hicieron debajo del inodoro y desde allí excavaron 55 metros en forma horizontal hasta llegar cerca de la reja exterior de circunvalación. La tierra era colocada prolijamente en bolsas de harina que eran robadas de la panadería de la misma cárcel, y colocadas debajo de las de harina a lo largo de meses (¿la mezclarían al hacer el pan?); imaginativamente la ventilación en el estrecho pasadizo se resolvió con un fumigador de veneno para hormigas y una manguera de goma. Cuando todo estaba listo se reunieron en grupos y comenzaron a pasar lentamente; había que arrastrarse empujando con los codos y los pies —sólo quien estuvo en un sitio así sabe lo que significa hacerlo en la oscuridad absoluta y con el aire sofocante—, hasta llegar a la salida. Plan perfecto, obra perfecta, gente imperfecta.

Comenzó la huida: catorce presos pasaron sin problemas y salieron airosos —¡qué palabras exactas!— a la calle Juncal, donde desaparecieron. Pero un alemán llamado Hans Wolf entró al túnel con los pies para abajo en lugar de hacerlo de cabeza y, al llegar casi al final del túnel, donde éste se curvaba para pasar debajo del cimiento de la pared de la cárcel, no pudo avanzar más ya que era imposible hacerlo al revés. Desconocemos qué pasó exactamente: para algunos era demasiado gordo, para otros la postura lo hacía imposible, para otros trataba de proteger sus anteojos sin los cuales nada veía, para otros tuvo un ataque de pánico y por eso mismo había entrado al revés. Lo cierto es que quiso regresar y se encontró que venía detrás de él una larga hilera de otros presos que empujaban por escaparse: amontonamiento y posiblemente gritos con la consecuente repercusión entre quienes esperaban en fila para bajar. Parece que los gritos y las peleas llegaron hasta un guardia y ahí se desbarató el plan: una revista lo intituló "Doscientos años de cárcel que se escapan por un agujero"; casi fueron dos mil.[209]

¿Fue el final de los túneles? No, por cierto. En la misma Penitenciaría hubo varias tentativas posteriores, la más sonada fue la de 1929, cuando cuatro presos descubrieron un espacio hueco bajo el piso de la lavandería y allí comenzaron una larga excavación que llegó a tener 21 metros cuando fue descubierta; en este caso habían introducido una mejora técnica: cada tantos metros hacían un respiradero que salía entre el pasto del jardín e iluminaba un poco el interior y mejoraba el aire.

Con los años las cosas seguirían más o menos igual, aunque con los nuevos edificios carcelarios y el uso extendido del hormigón armado, perforar paredes, techos o pisos ya no sería lo mismo y comenzaría a ser una empresa más compleja que quedaría en manos de los ladrones de bancos, es decir, los que hacen los túneles de afuera hacia adentro. Hubo casos sonados como cuando "La Garza" Sosa Aguirre y varios de su grupo (la famosa banda del "Gordo" Valor) en 1991 se "hicieron los locos" para que una vez enviados al neurosiquiátrico se escaparan por un túnel ubicado entre la celda y la casa vecina, medianera de por medio.

La última de estas historias, para no aburrir al lector, se produjo en agosto de 2001, cuando en el neuropsiquiátrico Borda otro seudoloco logró ser internado allí en lugar de ir a la cárcel (había matado a sus padres, entre varios otros), fingiendo un estado mental que no tenía, para luego huir mediante un túnel junto con otros cuatro compañeros. Habían excavado bajo un inodoro un túnel de unos 10 metros que dio a un pasillo por el cual lograron salir al jardín y de ahí saltaron a la calle; el seudoloco hasta ese momento había estado en una silla de ruedas. Pero las pericias policiales y las declaraciones de quienes fueron capturados al poco tiempo parecen demostrar que todo se hizo con el beneplácito de los guardiacárceles.[210] El final de la historia no lo conocemos aún.

Los boqueteros se robaron el Fuerte en 1631

Puede parecer un cuento, pero los primeros boqueteros de nuestra ciudad actuaron cuando ésta era casi nada, apenas unas pocas manzanas con casas hechas de barro y techo de paja; allí, en esa casi nada, un hombre llamado Pedro Cajal y su sirviente Juan Puma hicieron:

> una mina en la contaduría y Tribunal de los jueces oficiales de Vuestra majestad, donde está su Real casa, y quemado (de la caja fuerte) la tapa de ella y robados nueve mil quatrocientos y tantos pesos de a ocho reales.[211]

Obviamente era difícil mantener en secreto este robo en una ciudad tan reducida en donde todos se conocían, y los dos responsables fueron rápidamente descubiertos y sentenciados a muerte. Pero como muestra de lo que era la justicia de la época, primero debían ser ahorcados y luego sus cabezas debían ser colocadas en sendas picas en pública exhibición; el abogado de Pedro Cajal pidió que por ser hijodalgo —no como Puma— no debía ser ahorcado sino que sólo había que cortarle la cabeza; el juez falló que en lugar de la horca debía morir por el garrote vil primero, por lo que le fue bastante peor.

Siguen los boqueteros y se ponen de moda

Siempre hubo quien violentara una puerta, una ventana o una reja y se metiera para robar, pero el robo con túnel no ha sido demasiado habitual ya que implica trabajo, organización, fondos e ingeniería; y mucha paciencia. Pero parece que la década de 1990 fue la favorita para robar bancos, hasta que se abrieron otras posibilidades y esta especialidad quedó fuera de moda.

Podemos recordar el año temprano de 1976 cuando se robó por primera vez el Banco Galicia, sucursal Plaza San Martín: los perforadores de paredes o pisos lograron romper 95 cajas de seguridad; el responsable de ese robo volvió a la carga con su sistema de boquetes al mismo banco en 1985, y esta vez el botín parece haber sido bastante más grande: ¡dos veces el mismo banco y de la misma manera! Pero el llamado Rey del Boquete, Claudio Silva Silva, uruguayo nacido en 1951, cayó preso nuevamente en 1995 tras haberse fugado en 1993; se trataba sin duda de un personaje de novela que declaró al periodismo que "yo soy el rey de los boqueteros; a mí me das un rato y entro al Banco Nación... si quiero haciendo un boquete con forma de corazón".[212]

En 1994 fueron robadas nuevamente con el mismo sistema las sucursales Avellaneda del Banco de Quilmes y en la localidad de ese nombre el Banco de la Provincia; el año anterior sólo hubo un hecho, en Lomas del Mirador, aunque se produjeron al menos cinco intentos fracasados, y en 1994 otros ocho intentos; éstos fracasaron por diversos motivos: por lluvias torrenciales que inundaban el túnel, por la llegada de la policía o porque otros sucesos daban por tierra con los intentos. En octubre de 1995 los ladrones que excavaban un túnel para robar la sucursal centro del Banco del Buen Ayre rompieron una cloaca maestra, por lo que obviamente tuvieron que desistir. En cambio en Rosario usaron el arroyo Ludueña para hacer su túnel en una pared, flotando sobre el agua mediante una balsa de gomas de auto infladas.

En 1997 se produjeron los casos más sonados por la extensión y la complejidad de las obras bajo tierra; en el mes de enero una banda robó el Banco de Crédito Argentino de la esquina de Las Heras y Callao. Para ello alquilaron un local con sótano ubicado a 50 metros de distancia, bajaron hasta 6 metros de profundidad y desde allí la excavación llegó en forma directa al subsuelo del banco, donde estaban las cajas de seguridad: casi 200 de ellas fueron violadas en un fin de semana.[213]

Ilustración de la cámara subterránea de la Casa de la Cultura en Avellaneda, que incluye una cisterna de aljibe clásica construida hacia 1865 y una serie de cámaras abovedadas unidas en hilera, que permitía guardar una enorme cantidad de agua (dibujo de Carlos Moreno).

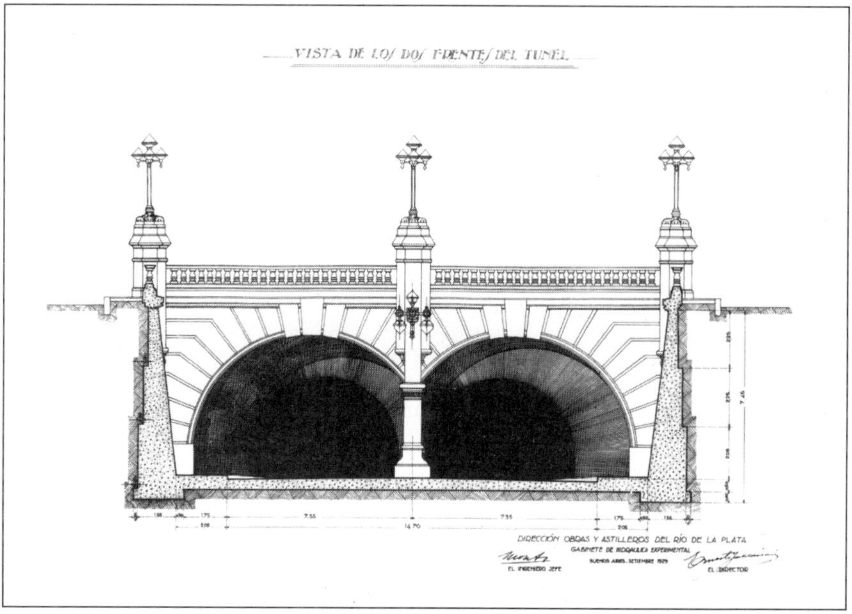

Proyecto para realizar un túnel de gran escala en 1929, que cruzaría el puerto a la altura de Dársena Sur para facilitar el tránsito, que nunca logró concretarse (archivo ex Ministerio de Obras Públicas).

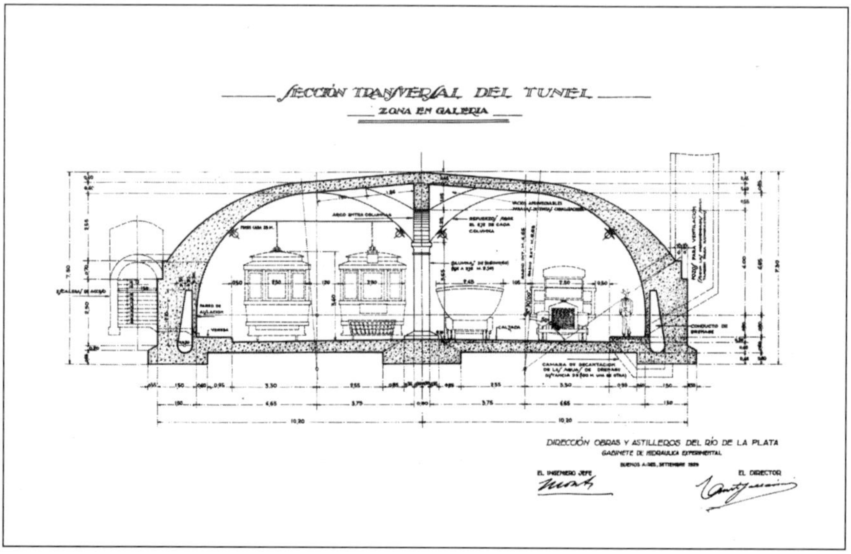

Corte arquitectónico que muestra la forma y estructura del túnel por el que podían circular tranvías, automóviles y las famosas *bañaderas* (archivo ex Ministerio de Obras Públicas).

Pozo de basura de grandes dimensiones de la casa de la familia Lavalle Cobo, en Bolívar 238, durante la excavación previa a la destrucción (archivo del autor).

Pozo ciego de la casa de la novela *Sobre héroes y tumbas* de Ernesto Sabato, en Virrey Liniers esquina Hipólito Yrigoyen, durante su demolición (archivo del autor).

Pozo redondo de poca profundidad usado para darles agua a los caballos, en la parte posterior de la mansión Las Brisas, San Isidro, mientras era excavado, ahora debajo de la plaza en el sitio (archivo del autor).

Cisterna de un aljibe construido hacia 1860 y hallado en Defensa 755, tras la excavación que dejó a la vista el albañal que le traía agua y la parte exterior del túnel de ladrillo del Tercero del Sur. Las maderas fueron colocadas al quedar fuera de uso en 1891 (archivo del autor).

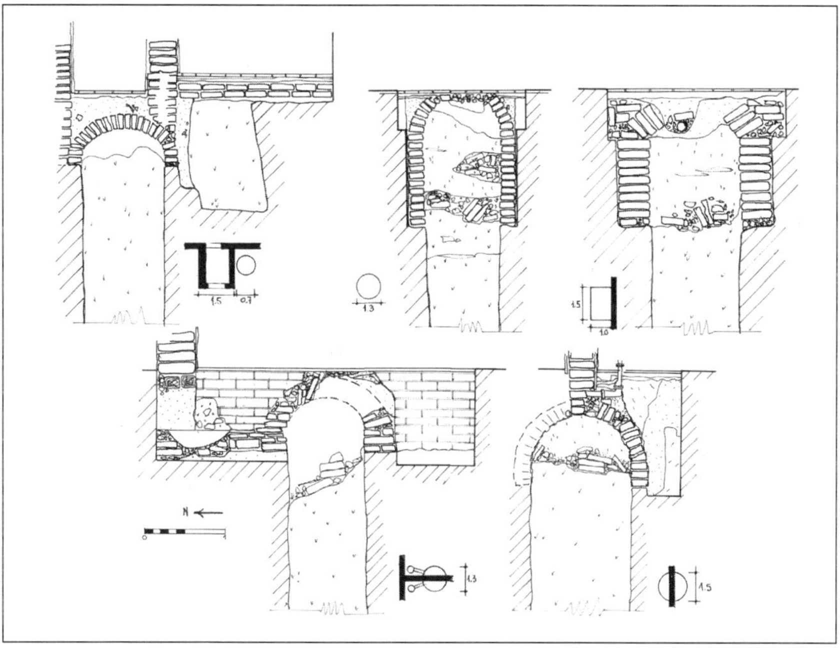

Los cinco pozos de basura, ciegos y de aljibe excavados en el terreno ubicado en la esquina de San Lorenzo y Defensa, habitualmente atribuidos a una supuesta Casa Mínima y que fue la antigua residencia Peña, construidos entre 1860 y 1880 (archivo del autor).

Túnel usado para llevar agua a las máquinas de vapor de la Usina Eléctrica de Palermo, actualmente bajo el edificio de Monumentos y Obras de Arte; después de su descubrimiento fue rellenado y tapiado (archivo del autor).

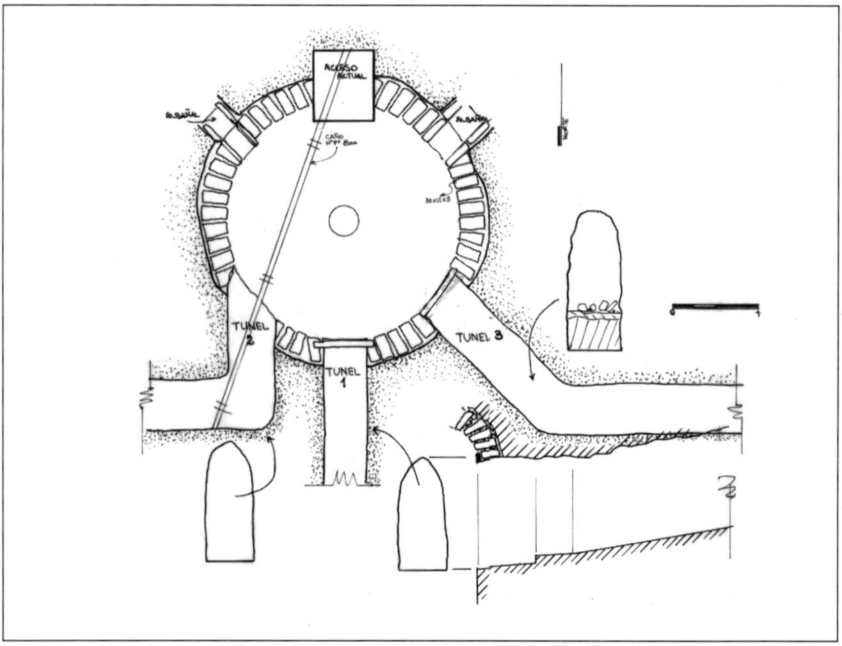

Plano y corte de lo hallado bajo el patio del Cabildo: un gran pozo ciego y tres túneles que se cruzan con él; hay dos albañales que llevaban el agua al pozo y su bóveda es de ladrillos. Es el resultado de la reutilización de construcciones del siglo XVIII para obras de desagüe hechas en 1881 (archivo del autor).

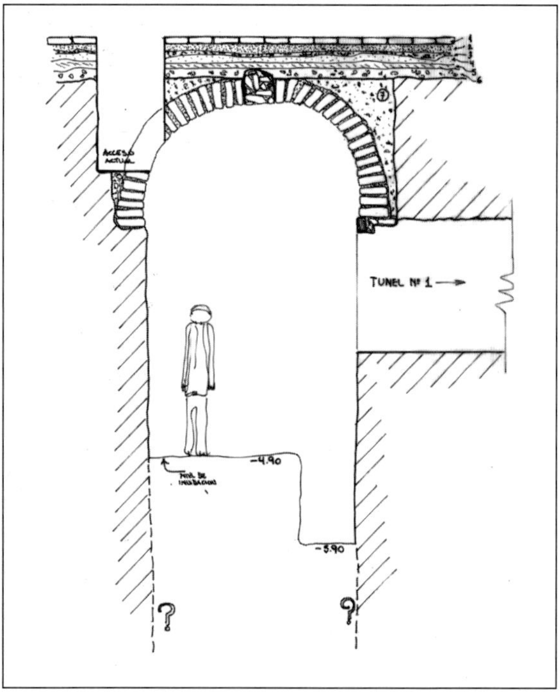

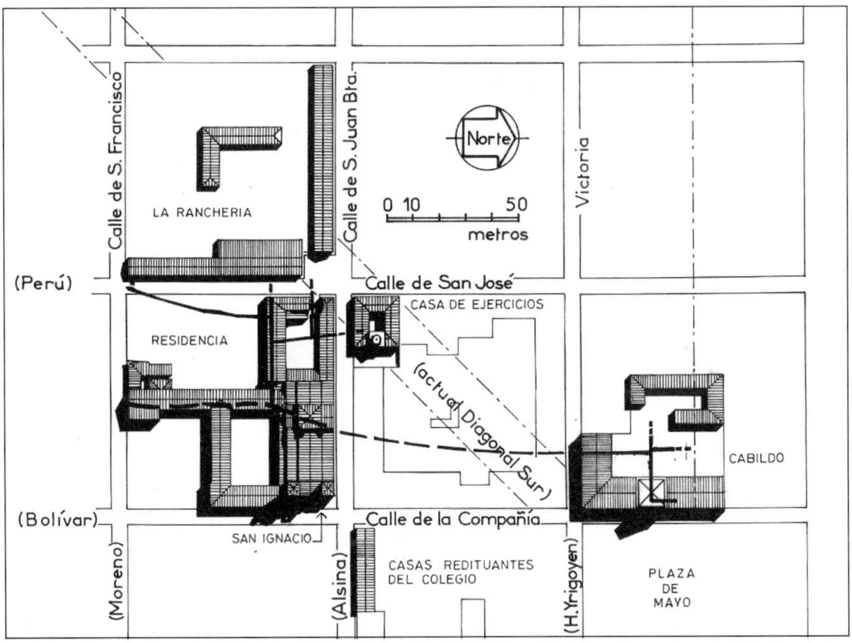

Plano reconstructivo del trazado de los túneles, incluyendo los conocidos y los proyectados y no construidos, del siglo XVIII, bajo los edificios del centro de la ciudad (gentileza Alberto de Paula).

Restauración del aljibe del convento de Santa Catalina; el círculo de ladrillos muestra el tamaño de la cisterna bajo tierra (archivo del autor).

Brocal del modesto pozo de agua excavado y preservado bajo el Palacio de las Artes, en Zapiola y Mendoza, que fue parte del Circo de las Carreras de Belgrano (fotografía de Patricia Frazzi).

Doble entrada a las galerías bajo el Pabellón Charcot del Hospital Borda, construidas para el sistema de calefacción de todo el edificio (fotografía de Patricia Frazzi).

Arco de cimentación, hallado en Defensa 755. Se trataba de un sistema muy usado hasta el siglo XIX, que generó muchas falsas ideas acerca de entradas a túneles que en realidad no lo eran (archivo del autor).

Parte inferior de un gran pozo cilíndrico para basura que perteneció al convento de Santo Domingo y que fuera destruido en 1823, durante su excavación, debajo del actual Michelangelo (archivo del autor).

Pozo cuadrado revestido en ladrillo en la parte superior con un desagüe de albañal, descubierto en la casa de San Juan 338 y construido antes de 1807 (archivo del autor).

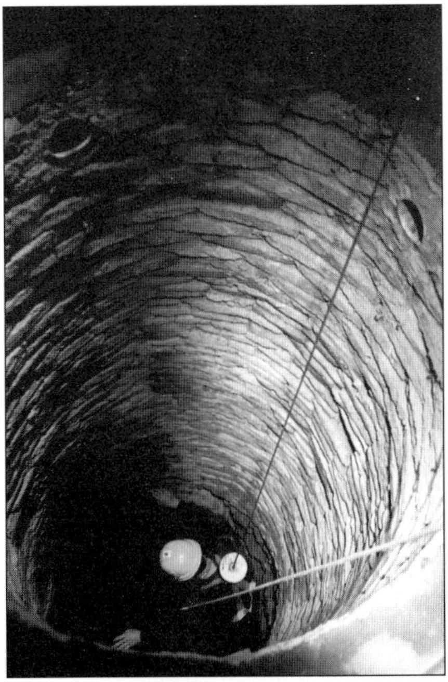

Sistema mecánico construido para poder descender con cables de acero por los estrechos pozos de Costa Rica 4001 y excavar en su interior con seguridad para los arqueólogos (archivo del autor).

Sistema de pozos conectados en la casa de María Josefa Ezcurra, en Alsina 455: se ve el pozo cuadrado con tapa para la basura y el albañal que llevaba los líquidos a un pozo absorbente, construido en 1801 (archivo del autor).

Bóvedas de ladrillo de Michelangelo, en Balcarce 433, construidas hacia 1848 por Eduardo Taylor sin usar columnas ni vigas, lo que determinó su peculiar forma (archivo del autor).

Sótano del mismo edificio durante las excavaciones que permitieron hallar tres cámaras de desagüe, con lo cual logró entenderse su peculiar historia (archivo del autor).

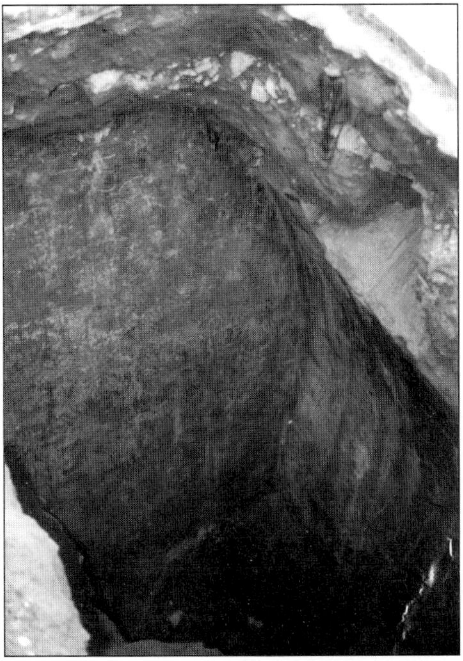

Cisterna de uno de los aljibes en el patio lateral del Cabildo, construida a finales del siglo XIX para una de las casas que allí existieron. Actualmente se encuentra rellenado; sus dimensiones de 5,35 metros de largo y 5,85 metros de profundidad la hacen una de las más grandes de la ciudad (archivo del autor).

Cámara de desagüe hallada en la plaza Roberto Arlt, que sirvió al Hospital de Mujeres a mitad del siglo XIX; paredes y bóveda de ladrillo aún en buen estado (fotografía de Marcelo Weissel).

Inicio de la excavación de los pozos gemelos bajo el Museo Histórico Nacional en Parque Lezama, actividad compleja e incómoda por la forma, las dimensiones y las cañerías que lo cortaban (archivo del autor).

Pozos gemelos de perfil cuadrado para desagües de un baño, el que se lavaba con agua de lluvia, construido antes de 1806 en San Juan 338 (fotografía de Guillermo Páez).

Foto del interior del túnel del Tercero del Sur tras ser descubierto en 1986, poco antes de completarse la excavación y el estudio; el arco del fondo soportaba la medianera con el vecino (archivo del autor).

Habitación para las comunicaciones en el búnker de Juan Domingo Perón; a la izquierda, la gran caja fuerte (archivo *Clarín*).

Foto tomada durante la destrucción del búnker de Perón, donde se ven aún restos del túnel de entrada desde el edificio Alas (archivo del autor).

El túnel fue inteligentemente hecho de 70 cm de lado, apuntalado con maderas, y como iban bastante por debajo de los edificios no había cañerías, las que pasaron aun más abajo al cruzar la calle. Simple y rápido, aunque sin duda un trabajo duro y constante que debió durar un par de largos meses. No tan prolijos fueron quienes ese mismo año hicieron un muy irregular túnel para ingresar en el Banco de Galicia de Martínez, quienes además de inexperiencia tuvieron mala suerte, ya que sólo una caja contenía dinero.

Todos quieren su túnel propio... ¿y por qué no?

En el año 2003, un importante diario porteño aceleró la rutina urbana con una noticia insólita: el siempre mal recordado ministro de Economía Domingo Cavallo, émulo de Perón y de su búnker, cuya destrucción se había hecho pública pocos días antes, quiso que le hicieran su túnel propio: quería cruzar bajo tierra desde el Ministerio de Economía hasta la Casa Rosada, ni más ni menos. Por supuesto no es que él no quisiera salir a la calle, sino que ya no podía hacerlo sin ser abucheado por la gente. En un gesto de poder omnípodo quiso su propia galería subterránea, obviamente sin pensar siquiera que hacer una obra de esa envergadura para cruzar una calle no sólo era absurdo sino inviable; únicamente el costo de recimentación de todo un sector de la Casa Rosada —una construcción del siglo XIX que a su vez es un valioso monumento histórico—, para pasar por debajo, es inimaginable. Y paralelamente se tomaban decisiones que implicaban recortes de dinero a las áreas de la cultura que sí trabajan en conservar los pocos túneles que aún había en la ciudad. Por suerte nadie le hizo mucho caso en las dependencias públicas y todo quedó en simples estudios preliminares que la nota periodística logró acallar para siempre. Si no, quizás, hubiéramos tenido un túnel nuevo para dejarlo abandonado y, dentro de algunos años, también destruirlo. Al final de cuentas, yo mismo fui consultado cuando el presidente Menem quiso tener un túnel entre la Casa Rosada y el sitio donde desciende el helicóptero presidencial; mejor no repito mi opinión.

Pero esto no terminó ahí en 2003, los diputados hicieron público su deseo de un túnel que uniera los dos edificios en que trabajan. El anuncio levantó nuevamente polémicas y *La Nación* dijo: "Cabe preguntarse si no es exactamente lo contrario lo que se necesita: senadores y diputados dispuestos a escuchar las demandas de la sociedad". No porque no sea necesaria una eficiente comunicación o un nuevo sistema de interconexión de servicios, sino por lo que el túnel representa ante la población. Como siempre los significados son mayores que las realidades.[214]

Y bueno, hablemos del búnker de Perón

En 1951 el general Perón recibió de su amigo y seguidor Aloé un búnker bajo tierra, supuestamente a prueba de guerras nucleares, construido por la Fuerza Aérea debajo de los edificios Alea y Alas en la avenida Bouchard 722. Se trataba de 110 metros cuadrados a dos niveles bajo la calle, que tenía varias entradas, equipo eléctrico independiente y un sistema interconectado con todos los medios de difusión de la época. Adentro había dos dormitorios, un living y una sala anexa, un baño, una cocina y, lo más importante, una descomunal caja fuerte con una puerta de 5 toneladas. Todo bien amueblado, con paredes recubiertas de madera y el baño con mármol. La puerta blindada daba acceso a un pasillo que por un lado iba por un túnel de 32 metros hasta el edificio Alas y de allí se salía a la avenida Alem, por el otro se subía a la calle Bouchard; el resto de las paredes eran dobles con una cámara en el medio, que tenía un panel secreto de yeso que imitaba hormigón para permitir escapes desde el dormitorio. Por cierto nunca llegó a usarse y en 1955 fue expuesto al público; luego se robaron todo lo que había en el interior y quedó abandonado hasta que fue demolido en 2000.[215]

Cuando los túneles son para divertirse: Castelforte en Adrogué

Entre 1870 y 1872 el conocido ingeniero José Canale construyó por encargo de un adinerado cliente una residencia solariega en las afueras de la ciudad, en una zona en ese momento en pleno crecimiento suburbano, en la actual calle Rosales 1520 de Adrogué. Se trataba de un conjunto formado por la casa principal, palaciega por cierto, jardines ornamentales, construcciones de servicio y hasta una especie de fuerte más italiano que pampeano, decorado con viejos cañones de guerra fuera de uso.[216] Es decir, un buen ejemplo del pintoresquismo romántico de la época y que nada tiene que ver con lo que luego se quiso imaginar respecto de malones que atacaban la zona. La gran casona fue demolida un siglo más tarde y al hacerlo se descubrió que por debajo existía, como complemento lúdico del conjunto, una circulación bajo tierra que servía a un triple propósito: actividades de servicio, extracción de agua y ser parte del tono romántico del sitio.

Lo aún existente, y que puede ser visitado, es un tramo de 25 metros de largo con paredes y bóveda recubiertos por ladrillos, al que se accede por un extremo mediante una escalera que descendía desde la casa, y por el otro lado otra escalera permitía entrar a un recinto abovedado en cuyo centro hay un estrecho pozo de agua con brocal; luego el túnel sigue hacia el norte, pero el estado de destrucción es tal que es imposible continuar, aunque es evidente que hay un cambio en la forma y la construcción. En el interior del pozo, que desciende sólo unos 4 metros, hay una excavación hacia el oeste que, al menos según versiones, es otro nivel de túnel aunque está también derrumbado; por cierto no ha sido explorado ni bien analizado hasta la fecha, por lo que es imposible aseverar mucho más acerca de este segundo nivel. Para los curiosos es un sitio visitable, conservado, al menos lo que está bajo tierra, y que sirve para entender mejor la mentalidad de una época en la que estos juegos eran comunes y hoy resultan inexplicables, sin caer en imaginarios de malones o secretos innombrables.

Pero el lector no debe creer que estos túneles de divertimento eran cosa rara: parece que varios se dieron ese lujo. Al menos hay otro caso que aún podría estudiarse: el de la residencia veraniega Villa Elisa, de los Uriburu, en la localidad que lleva el mismo nombre. El palacio fue destruido por un enorme incendio en 1960, pero sólo parece haber sido demolido luego hasta el nivel del piso, quedando las circulaciones bajo tierra intactas desde 1890.

Cimientos curvos, ¿a quién se le ocurre?

Sí, el título puede parecer ridículo pero no lo es. Los cimientos no son solamente horizontales sino que desde siempre también tuvieron forma de arcos, que los constructores han llamado arcos romanos en forma habitual. Desde Babilonia, cuando se comenzó a construir en ladrillo, se descubrió que si el piso donde se va a cimentar tiene irregularidades, es probable que en el futuro haya asentamientos también irregulares y eso produzca al menos fisuras en lo que esté arriba. Esto no se resolvía con rellenos, ya que era peor aún, sino tratando de salvar la irregularidad: una arcada o un simple arco permiten saltar ese problema y estructuralmente funcionan tan bien como un cimiento continuo; es más, si bien lleva más tiempo hacerlo permite un gran ahorro de material. Así que cualquier constructor lo hacía sin complicaciones hasta que la tecnología del hormigón armado acabó con todo aquello.

Estos arcos no son muy grandes, aunque a veces alcanzan los 4 metros de ancho y nunca sobrepasan los 3 metros de alto salvo alguna rara excepción; pero esto no sería nada si no fuera porque cuando un neófito las encuentra le parecen puertas tapiadas. Y sí, mucha diferencia no hay, pero el que sabe no las confunde. Estos arcos han generado innumerables fantasías de entradas o salidas a túneles y galerías de todo tipo, y en estas páginas citamos algunos muy conocidos; en el edificio del Gobierno de la Ciudad de Buenos Aires se visitan estas arquerías y se narran historias insólitas sin pensar que detrás hay sólo tierra; tierra y más tierra. He ilustrado algunos ejemplos para que se entienda este sistema constructivo antiguo; los túneles existen, pero no son éstos.

Galerías bajo tierra para darles de comer a los pobres (Santa Felicitas)

La iglesia de Santa Felicitas es más que conocida para los que viven en Barracas, y también el enorme conjunto que existe a sus espaldas: el Colegio de Santa Felicitas, escuela religiosa que fue cambiando de manos de una orden a otra a lo largo de su historia pero que mantiene en buena medida su fisonomía original desde 1893. Tanto la iglesia como el conjunto generaron innumerables historias sobre túneles, y muchos los ubican erróneamente en la Gruta de la Virgen que está al final del jardín. Es buen momento para explicar esta situación, ya que por crear mitos donde no hay nada se han olvidado de lo que sí hay.

Todo el conjunto del colegio, que ocupa la mayor parte de esa enorme manzana con un frente de 135 metros, está construido dejando por debajo del piso un nivel de sótanos realmente magnífico, incluso impresionante para el que logra visitarlo: ¡son 2.600 metros cuadrados de galerías! Sin dudas único en la ciudad, la entrada principal estaba en Pinzón 1284. Buena parte está techada con bóveda, en especial los corredores, hay áreas que tienen el piso simplemente de tierra y quedan los restos de las primitivas instalaciones sanitarias e incluso de pozos ciegos cegados, lo que sería de gran interés para excavarlos en el futuro. La iluminación, a través de las pequeñas ventanas que sobresalen sobre el nivel de la vereda, le dan al conjunto una luz particularmente curiosa que aumenta el interés en el sitio.

Todo este subsuelo fue construido para instalar allí una serie de servicios sociales para los sectores carenciados de la zona, que luego dejaron de funcionar. En el interior están aún en buen estado lo que fueran la Sala de Economía Doméstica, la Sala de Espera y Consultorios, la Lavandería, los comedores separados de hombres y mujeres, la Cocina-Escuela para Obreras y las otras dependencias que allí funcionaron. Actualmente se comenzaron a hacer visitas guiadas y recorridos que muestran el lugar y han roto otro mito tradicional.

Cuando los túneles son arcos, pero generan historias insólitas (el sótano del Palacio Municipal)

Otra historia similar a la anterior: el edificio del actual Gobierno de la Ciudad y antes Municipalidad tiene una larga historia, pero el que actualmente existe fue iniciado en 1891 por el ingeniero Juan María Cagnani sobre un proyecto de Juan Buschiazzo. Fue ampliado a la forma actual entre 1912 y 1914. La esquina de Bolívar y Avenida de Mayo tiene un cuerpo saliente, cilíndrico, resultado de que allí hubo una entrada importante que luego fue cerrada. Ese acceso, similar al que está en la otra esquina del edificio, estaba construido a 45 grados y la escalera daba a una rotonda, un espacio circular al que los porteños no estamos demasiado acostumbrados. Esa rotonda tiene, como es lógico, la misma forma en el sótano: un círculo de 7,30 metros de diámetro que no parece coincidir mucho con ese gran espacio subterráneo que el edificio tenía destinado en origen a ser el gran archivo del municipio. Los muros de esa rotonda miden más de 1 metro de ancho y están construidos a su vez con un sistema tampoco muy común: arcos. Ya vimos que era un sistema usado en la ciudad hasta la llegada del invento del hormigón armado para cimentaciones, pero estos arcos son muy altos y salientes, por lo que dan la sensación de que en realidad son puertas o vanos de entrada (¿por qué no de salida?) hacia misteriosos túneles. Para ayudar a la leyenda, a un lado de los arcos se puede pasar a una serie de estrechos cuartos construidos aprovechando el ancho de la vereda e iluminados desde la calle por vidrios pequeños, lo que era común en el centro de la ciudad a finales del siglo XIX. Nada mejor para dejar vagar la imaginación que ese círculo lleno de arcadas que concentran todos los túneles que recorren la ciudad; y por la información que nos llega a diario parece que los visitantes son muchos.[217] Pero las casualidades no existen; si realmente se rompieran esos arcos y se excavara unos metros, nos encontraríamos con el túnel que corre paralelo a la Avenida de Mayo, ahora olvidado y semiderruido, y que describimos más adelante. No tiene nada que ver con estos arcos municipales, pero ahí está.

Otro más, y van... el Museo Mitre y su no-túnel

Posiblemente muchos conocen la antigua casa que alberga el Museo Mitre en la céntrica calle San Martín 336, casa donde vivió Mitre buena parte de su vida. La casa fue sufriendo cambios en forma constante desde que fue sede del diario *La Nación* y luego para adaptarse a vivienda y más tarde a museo, de forma tal que ya poco o nada queda original fuera del mobiliario; y últimamente le han cambiado revoques, pisos y carpinterías. Pero al margen de esto, en 1999 se hizo una excavación arqueológica en el interior a cargo de Zunilda Quatrín, que consistió en levantar los pisos de la sala central y trabajar en ese sector.[218] Los resultados fueron interesantes ya que permitieron recuperar materiales históricos que se remontan al siglo XVII y cubren hasta los inicios del siglo XX, producto de los cambios arquitectónicos y la vida doméstica en el sitio.

Pero los diarios, a veces apresurados, dieron la noticia del hallazgo de un túnel, basados en lo que observaron en el sitio, donde efectivamente vieron a los arqueólogos meterse dentro de uno de ellos. Pero las cosas no siempre son lo que parecen: el túnel no era tal cosa, en realidad no existía. Y la historia es la siguiente: el edificio tenía en origen —y aún conserva casi intacto— un sistema de albañales para circulación del agua. Cuando Obras Sanitarias decidió cambiar el sistema hacia 1885, lo reemplazó por caños de cerámica vitrificada que tuvieron que cruzar el edificio preexistente por la mitad; para ello se levantaron los pisos y se hizo una zanja para colocarlos, pero para pasar bajo las paredes hubo que hacer agujeros horizontales (bueno, túneles al fin, aunque tengan sólo 1 metro de largo); al excavar eso fue lo que se encontró, nada más que para proteger los pisos del patio sólo se abrió un extremo, lo que a simple vista daba la sensación de que se penetraba en algo a lo que no se le veía salida. Esa vez los diarios exageraron demasiado.[219]

El Ferrocarril del Oeste pasa bajo la ciudad

Quien cruce por detrás de la Casa de Gobierno verá, si mira con cuidado, que en el extremo sur del edificio el terreno mantiene un nivel un poco más elevado, diferente del resto de la Plaza Colón. Y que el paredón que da hacia Puerto Madero está no sólo más alto sino que su nivel es perfectamente plano, diferente del resto: ¿qué sucede bajo tierra? Sólo es cuestión de asomarse al paredón —o mirarlo desde abajo que es más fácil y prudente— y verán la boca del gran túnel con las letras FCO encima, y que cada tanto sale por ahí un tren que viene y va a Castelar pasando por Plaza Once.

Esta historia, que si bien dijimos al iniciar este libro no deberíamos citar porque trata de subterráneos y trenes acerca de los que no íbamos a hablar, es una excepción por varios motivos que iremos viendo. Esto nació cuando la ciudad comenzó a trazar sus subterráneos y a racionalizar sus trenes urbanos, entre 1909 y 1916, con el objeto de poder mover trenes de carga entre la estación Once y el puerto sin tener barreras en cada esquina del centro. La obra la hizo el Ferrocarril del Oeste, luego llamado Sarmiento y ahora TBA, con una técnica diferente de la empleada en otros subterráneos, ya que no era para pasajeros sino sólo para cargas: fue excavado en su mayor parte bajo tierra y no a cielo abierto, pues estaba en el tercer nivel bajo el suelo, de forma que dos líneas de subterráneos podían pasarle por arriba, cosa que efectivamente sucede.[220]

El túnel fue una verdadera obra de ingeniería porque en su trayecto se cruza con grandes trabajos cloacales, además de los subterráneos, y fue necesario excavar y dejar cerradas estaciones del nivel superior e intermedio por si algún día se llegaran a hacer otras líneas y por lo tanto no fuera necesario trabajar encima de este tendido. Incluso tiene otros túneles menores conexos, como el de 30 metros de largo que lo une con otras vías a una cuadra de la estación Once. El trazado bajo tierra se inicia detrás de esa estación, entre las calles Bustamante y Agüero, y mide en total 4.700 metros de largo y su profundidad máxima alcanza los 20 metros. Tiene un par de accesos y ventilaciones y en 1949 y por poco tiempo fue usada para pasajeros, aunque el proyecto fracasó. En 1992 propuse su reciclado[221] y en 1997 se inauguró la nueva línea a Castelar, que ahora cumple un servicio que debió haber tenido todo el siglo XX, si no para trenes, siquiera para peatones que con gusto hubieran recorrido un atractivo turístico de primer nivel si se lo adecuaba convenientemente.[222]

El viejo Polvorín de Cueli que ya no lo es y a lo mejor tampoco lo era

Debajo del ahora inexistente Invernadero Caliente del Botánico porteño se pudo ver por mucho tiempo una serie de arcos tapiados. En 1987 hice un pequeño estudio y se excavó en la parte exterior, donde se halló parte de otra pared paralela a la de los arcos. Todas las evidencias parecían indicar que se trataba de un fragmento supérstite de lo que fuera entre los finales del siglo XVIII y el siglo XIX el Polvorín de Cueli, un depósito de pólvora ubicado en lo alto de la barranca de la zona norte, útil para la defensa de la ciudad; desapareció cuando Carlos Thays hizo el Botánico en ese sitio.[223] Por supuesto la identificación de ese arco con el Polvorín era más hipotética que cierta, pero la hice con el objeto de abrir un interrogante y volver a excavar en el sitio en un futuro; pero la realidad fue más rápida y en noviembre de 1991 todo fue destruido. Pues se trataba de borrarle toda importancia patrimonial posible al Botánico para que no hubiera trabas en su proceso de privatización, lo que al final fracasó; el polvorín —o al menos la posibilidad de estudiarlo detenidamente— quedó reducido a la nada e inútilmente. No obstante, se lo está excavando nuevamente (septiembre de 2005) reconfirmando que, a pesar de su interés, no fue el polvorín.

Debajo del Monumento a Colón

El hermoso monumento a Cristóbal Colón que se levanta en la Plaza Colón mirando al río —como corresponde— fue hecho por Arnaldo Zocchi, quien lo proyectó en 1910, pero el conjunto no terminó de erigirse hasta varios años más tarde. Fue obsequio de la comunidad italiana a la Argentina por el Centenario de la Independencia. Se trata de una obra de envergadura y con un peso formidable, pues es íntegramente de mármol de Carrara, con un total de 115 toneladas; sólo la estatua pesa 40 de ellas.

Quienes decidieron colocar allí el monumento no tuvieron la posibilidad de imaginar lo que futuras generaciones pensarían de él y el papel que le dieron en el imaginario colectivo. Sí se sabía que lo ponían encima de las hacía poco destruidas paredes de la Aduana Nueva que ya describimos en otras páginas, pero en ese momento no eran más que un conjunto de escombros de un edificio demolido por inútil. Hasta ahí todo iba bien, pero el que lo proyectó, y por motivos que desconozco, le hizo una subestructura hueca. Lo habitual era, más en un sitio de relleno, hacer un basamento sólido, incluso con vigas de hierro cruzadas, pero en este caso se optó por una cámara hueca, abovedada, que soporta otra similar en planta baja, posiblemente como forma de alivianar el peso y a la vez distribuir mejor las cargas sobre un aro de cimentación. Este espacio iba a servir de Museo Colombino, el que comenzó a hacerse y luego quedó abandonado, y las obras de su interior desaparecieron; todo fue destruido salvajemente o robado, y los mármoles arrancados.

Para bajar de la rotonda superior a la inferior hay un pequeño agujero cuadrado sin escalera que se tapa a nivel de piso; en la cámara interior no hay nada más que la posibilidad de ver los cimientos. Lo interesante de todo esto es que, de una forma u otra, se fue creando la idea de que ésa era la entrada a los túneles que desde mitad del siglo XX ya estaban a la vista en la Casa de Gobierno; cuando años más tarde se dejó visible parte del patio de maniobras de la Aduana, ya todo quedó supuestamente confirmado: esa extraña bajada, escondida en el centro de un monumento ¡era la famosa puerta! No hace falta decir que quien baje verá con sus ojos que no es paso a ningún lado, que es sólo un basamento de hormigón armado coincidente con la estructura que soporta, pero el imaginario es más fuerte.[224] En algún momento que no tenemos claro, alguien, quizá en coincidencia con la destrucción de la puerta, excavó en los cimientos, rompió la estructura de bovedillas en busca del tesoro inexistente, pero no encontró nada y causó graves deterioros; quizás ese alguien entendió que las fantasías difícilmente se hagan realidad.

Actualmente el sitio ha sido reacondicionado por el Gobierno de la Ciudad transformándolo en el Centro de Interpretación del Centro Histórico de la ciudad.

El túnel para llevar electricidad (Moreno 330)

En los finales de la década de 1880 se inauguró un edificio formidable y que aún existe en la calle Moreno 330, ahora ocupado por una escuela en estado de abandono. Se trataba del primer Laboratorio Municipal de Química fundado por iniciativa de Pedro Arata y en donde, entre 1892 y 1893, funcionara el Museo Histórico Nacional antes de irse a Parque Lezama. Ese edificio fue dotado de la mejor tecnología de su tiempo, y entre esos avances tuvo su propio generador eléctrico, resultado de la primera concepción de la generación eléctrica por la que cada usuario, o grupo de ellos, producía para su propio consumo con maquinaria de tamaño reducido. Aún no se imponía la idea de la generación masiva para la venta del producto a los particulares y el establecimiento de una red urbana única. Lo cierto es que desde el generador ubicado en el amplio sótano —las máquinas están en su sitio— salen gruesos cables que circulan por una serie de túneles de un metro de lado, revestidos en ladrillo, que llegan a cada salón del edificio en la planta baja. La red permanece intocada, como si fuera un enorme museo de la tecnología. Hubo varios autores que creyeron que eran túneles extraños y misteriosos (véanse las publicaciones de Carlos Krieger, por ejemplo), pero lo que maravilla no es eso, sino las posibilidades de exhibición pública de tecnologías congeladas en el tiempo.

Un túnel para generar electricidad en 1887

En la plaza ubicada entre Libertador, Figueroa Alcorta, Sarmiento y el Parque Japonés hay un pequeño lago cargado de historia, ya que en el centro hay una isla —en realidad es una península— rodeada de alambrados. Allí se levanta cubierto por los árboles un edificio que funcionó en el siglo XIX como Usina Eléctrica de Palermo y ahora alberga las dependencias de Monumentos y Obras de Arte del Gobierno de la Ciudad. Está compuesto por dos enormes galpones de hierro con otras construcciones anexas modernas, lo que en origen fue construido en 1887 por Rufino Varela y Cía. para darle electricidad al parque. Su ubicación en el centro de la laguna se debió a la necesidad de tener disponible gran cantidad de agua para sus calderas a vapor. Si bien como usina tuvo corto uso, luego sirvió a otros propósitos, incluso se lo agrandó con el segundo galpón en 1903, hasta llegar a ser el depósito general de querosene del municipio, cuando este producto se usaba para iluminación, y para ello se hizo un gran sótano que aún permanece abierto. Desde el inicio, el acceso de agua y posiblemente de carbón también se hacía a través de unos túneles rectangulares, recubiertos de ladrillos, de 1,70 metro de alto y 1 metro de ancho, que corren bajo el galpón más antiguo y luego cruzan al moderno, rematando un ramal en el sótano.

En 1987 logré abrirlos y, con un enorme esfuerzo, ya que estaban rellenos con escombros pegados con cal, vaciamos una buena parte de su recorrido.[225] Lamentablemente pasaron dos cosas: la primera es que cuando se hizo el baño del lugar, en vez de hacerle cloacas simplemente mandaron el caño al túnel por lo que permanecía inundado. Los caños, obviamente, se rompieron con el paso del tiempo y jamás se arreglaron; más tarde, ante la insistencia de que se reparara el sistema, se optó por volver a tapar los túneles. Y así permanece, cubierto por un nuevo piso de cemento que ni siquiera dejó una marca de las entradas a las galerías bajo el piso.

El túnel para cruzar la calle por debajo del Spinetto

Debajo de lo que ahora es el Shopping Spinetto —calles Alsina, Moreno, Matheu y Pichincha— y que en origen fuera un conocido centro comercial construido por el arquitecto Gino Aloisi en 1894 para aprovisionamiento mayorista, existe una larga galería de 2 metros de alto. Este túnel servía para no tener que cruzar la calle al edificio anexo ubicado en Alsina 2440, lo que ahorraba tiempo e incomodidades en el manejo de mercaderías pesadas y voluminosas. Bajo la calle Matheu, y cerrado por sendas rejas, todavía es visitable este túnel de fines del siglo XIX donde es posible imaginar los carros alargados y estrechos empujados por fortachones de la época, moviendo la mercadería de un sitio a otro a varios metros bajo el nivel de la calle y su tráfico actual.

La torre del Río de la Plata

Quien se asome al río frente a la ciudad verá cuatro extrañas construcciones que funcionan como tomas de agua; dos son obviamente modernas, otra es más antigua, pero una de ellas, la que está más cerca, resulta muy extraña y realmente antigua... y sirve para que la gente se pare a mirarla desde lejos, o que los barquitos le den la vuelta por alrededor imaginando qué habrá tras la puerta cancelada. Y sí, es cierto que es una construcción poco habitual, pero se trata de una simple y ya fuera de uso toma de agua para las antiguas Obras Sanitarias, construida por la empresa Bateman, Parsons & Bateman en 1888-1889. Era la que enviaba agua al primer sistema de distribución de la ciudad, un simple tanque elevado ubicado en Plaza Lorea, mediante un enorme caño cuya entrada medía 1,80 metro de diámetro y que en su boca medía casi 1 metro más. Fue una verdadera hazaña de la ingeniería de su tiempo para estas tierras, y ahí ha quedado, mudo testigo de los cambios tecnológicos del último siglo. El túnel, en realidad la cañería, ha quedado bajo el agua y la tierra en espera del futuro.

Un proyecto frustrado: el túnel del Puerto

En el año 1929 los ingenieros del Ministerio de Obras Públicas presentaron un proyecto de túnel de gran escala, que iba a tener el siguiente recorrido: entraba por la avenida Huergo a la altura de Cochabamba y, tras cruzar la esclusa que une Dársena Sur con el Dique 1, salía cerca de la Costanera Sur. Era una enorme estructura subterránea de hormigón armado que daba paso a cuatro vehículos en horma simultánea, doble paso de peatones y sus escaleras y conductos de aireación e iluminación. Sin duda, la ciudad no había tenido una propuesta así desde la del Ferrocarril del Oeste, mucho menor, que ya describimos. Lamentablemente no tuvo éxito y sólo quedó el plano; en realidad, era una estructura compleja y cara para algo que se resolvía simplemente con una buena calle y un puente nuevo.

Pozos tapados, túneles vacíos

En la ciudad existen numerosos túneles nunca utilizados, aunque construidos con propósitos definidos, al igual que pozos inútiles que tuvieron enormes costos y que sólo fueron usados para volverlos a rellenar.

El caso más simpático, si no fuera en el fondo grotesco, fue la enorme excavación hecha en la plazoleta de la esquina de Esmeralda y Viamonte; allí fue desarmado el monumento a Dorrego piedra por piedra, con enorme cuidado, para hacer debajo un estacionamiento subterráneo; después de levantar el grupo escultórico, llevarlo a depósito y excavar el estacionamiento, se decidió genialmente volver a rellenarlo y rearmar el monumento en el mismo lugar. Hoy no hay rastros de que allí hubiera pasado algo. El intendente era Grosso y el presidente Menem.

Pero no todo es reciente, ya desde los inicios del siglo XX hubo estaciones de subterráneos y hasta túneles que quedaron sin terminar o sin uso. Al menos en dos sitios de la ciudad existen estaciones ya excavadas y construidas aunque nunca usadas porque jamás se hizo el subterráneo, hay una bajo Avenida de Mayo en su cruce con Piedras y con Chacabuco, un largo túnel bajo Lima y Garay, y se usa como cochera el tramo Constitución-San José, entre otros sonados casos de nuestra habitual falta de planificación.

Los túneles de Avenida de Mayo con baños bajo tierra

La gran avenida de Buenos Aires, hecha a imagen y semejanza de las de París, no dejó de tener una infraestructura moderna, tanto que ni siquiera ahora hemos podido asumirla. La avenida tenía a ambos lados y bajo tierra sendos túneles para colocar allí dentro, ordenadamente, todos los cables y cañerías necesarios. Estos túneles, que en gran parte aún existen, corrían en forma paralela a las fachadas, midiendo 2,30 por 1,23 metros en el interior abovedado, y por debajo de él pasa la cañería de desagüe pluvial: todo esto dejaba un área libre entre esta estructura y los cimientos de los edificios, que quedó para el propietario y muchos aún la usan. Estos túneles, que hoy serían un atractivo turístico único, o que podrían usarse para lo que fueron pensados, un sistema que abarataría los costos de romper y tapar cada vez que hay que pasar un cable nuevo, han sido sistemáticamente destruidos. El último tramo en ser roto fue el de la esquina de Perú y Avenida de Mayo, durante el año 1998, y allí quedó inexplicablemente abierto por los tres años siguientes. Los baños públicos, que también fueron planificados y abandonados en la década de 1920, estaban debajo de la avenida, en las esquinas y al centro de la calzada.

VI

Los Terceros, o los arroyos fantasmas de la ciudad (y otros ríos entubados)

SE COMPROBO LA EXISTENCIA
DE UNA GALERIA SUBTERRANE

rios obreros que trabajan en la
olición de la finca existente en
ina formada
sina han h
nte por su f
te la atenci
personas qu
a la novedad
imer mome
o conjetura
cierto, de es
asos semeja
vación subt
y dependen
mente.
es la primera vez que en nuestra
tal se encuentran excavaciones de
índole. La misma conformación del
uelo de la metrópoli y la costum-
de sus habitantes coloniales de rea-
construcciones subterráneas des-
das a los fines más diversos, ha
conociéndose a medida que se rea-
an obras en el subsuelo para le-
ar nuevos edificios.

EL HALLAZGO

finca es de construcción antigua
ese local han funcionado distintos
ercios; últimamente estaba ocupa-
or una farmacia. Adquirida la pro-
ad hace algún tiempo por el Ban-
le la Nación, esta institución or-
su demolición, arguyendo razones
carácter edilicio y en ese trabajo
n empeñados actualmente algunos
bres.
removerse algunos escombros, se
ujo un pequeño desmoronamiento
determinó la preocupación de los
ros. Se investigaron las causas del
no, y a poco se pudo comprobar
bajo los cimientos existe un túnel.
aturalmente que el descubrimiento
ocó en los obreros los más varia-
comentarios. Se creyó inmediata-
te en la posibilidad de hallar algún
ro y, animados por la halagadora
los operarios se dispusieron a
orar el lugar, y al efecto reanu-
n la tarea con mayores bríos.
subterráneo se inicia en el ángulo
este del terreno en este lugar há-

subterráneos históricos bonaerens
Tratará en el libro las construccio
os Aires desd
ndidos por el d
izo las interes
consignamos.
nzó diciendo n
posiblemente,
mencionan
tantas constr
izás coloniales,
Aires—
regó, que no ex
en el subsuelo de Buenos Aires un c
plejo de construcciones subterráneas
obedezcan a un plan orgánico; es de
que se hayan hecho con el propósito
vincular entre sí, mediante galerías
edificios públicos y privados.
En el subsuelo de Buenos Aires se
cuentran numerosas construcciones s
terráneas de diferente tipo y modalida
constructivas, todas ellas de carácter
miciliario.
Algunas son sumamente interesa
por los dispositivos que ofrecen y la
plitud que alcanzan.

Un subterráneo histórico—

Aparte de estas construcciones
ofrecen caracteres genéricos comu
existen otras igualmente subterrán
que se han ejecutado con otras fin
dades: por ejemplo las existentes e
manzana comprendida por las calles
grano, Bolívar, Perú y Moreno, unas
las cuales se atribuyeron en su tiemp
propósito de hacer volar la residenci
Rosas y que dieron lugar a un pr
so ruidoso; otras que existían baj
misma casa que ocupó el dictador y
ya aplicación es muy difícil de cono

La mina de Centenach—

Debe recordarse asimismo, agregó
adelante nuestro entrevistado, que e
bloque diagonal Sur, Alsina y Chacab
deben encontrarse los restos de la g
ría de mina construída por Felipe C
tenach y su amigo Gerardo Esteve Ll
junto con otros catalanes, con el
pósito de hacer volar el cuartel d
Ranchería, donde se alojaba un
número de tropas inglesas en 1806.
Esa galería, sus ramas y el hor
correspondiente, fueron malamente

◀ La única gran entrevista a Félix Outes, publicada en 1927 en *La Prensa*, en donde desarrolla la hipótesis defensiva de los túneles, pero sin la participación de Greslebin (Biblioteca Nacional).

La geografía urbana y los arroyos de la ciudad

Buenos Aires habitualmente es vista (en realidad deberíamos decir: imaginada) como una ciudad totalmente plana; para cualquiera es un espacio pampeano, liso, y a lo sumo alguien recuerda la ya desdibujada barranca hacia el río o la antigua denominación de las avenidas hacia el norte como del alto (Cabildo) y del bajo (Libertador). En esos casos es interesante preguntarle a nuestro interlocutor acerca del porqué de las inundaciones; o mejor aún, vale la pena pararse en Plaza de Mayo y mirar hacia el sur (Defensa, Bolívar, Balcarce, Perú, lo mismo da) y notar que si mantenemos la vista horizontal los colectivos quedan debajo de nuestros pies. Y más allá, Parque Lezama se levanta como una de las pocas montañas subdesarrolladas que nos quedan.

La verdad es que nunca fue una ciudad plana o al menos totalmente plana: tenía irregularidades que si bien no superaban los 20 metros, eran y son suficientes para notarlas cuando andamos en bicicleta o el agua entra por la puerta de nuestra casa. Había barrancas, elevaciones, desniveles, bajadas y arroyos que, desde la fundación en el siglo XVI fueron hitos urbanos que sólo se borraron en los finales del siglo XIX. Eran parte de la vida cotidiana y cuando llovía se hacían notar, y mucho. En algunos sitos se formaban torrentes naturales por donde la ciudad desaguaba hacia el río y que, formando zanjones a veces profundos, eran conocidos como los Terceros, porque obviamente eran tres los principales: el del Sur, el del Medio y el del Norte, los que por cierto eran denominaciones aburridas pero eficaces; por supuesto la gente les daba un poco más de alegría que los burócratas y así estaban los zanjones de Goyo, de Matorras, de Granados, del Hospital y tantos nombres imposibles de recordar. Los arroyos más grandes, ya fuera de la ciudad, sí tenían nombre propio: el Maldonado, el Vega, el Cildáñez, el Medrano y otros que aún corren bajo la ciudad entubados por las calles de esos mismos nombres, o Juan B. Justo para el Maldonado. Incluso el Riachuelo toma su nombre de una deformación castiza: era simplemente *un riachuelo*. Así, sin apellido; a tal grado que un maravilloso plano inglés del siglo XIX tradujo el nombre como Chuelo River.

¿Por qué eran importantes estos tres arroyos? Por dos motivos, primero porque al correr agua en forma esporádica se podían aprovechar para tirar basura, lo que era fundamental en su tiempo ya que al municipio no se le ocurría otra idea ni disponía de posibilidades para descartar los residuos sólidos. Por otra parte, porque la ciudad no tenía otra forma de escurrir el agua hacia el río, precisamente porque no era plana sino que los desniveles se hacían hacia esos arroyos, es decir que hacia allí se derivaban desde los albañales de las casas todas las aguas servidas que no iban a las letrinas, es decir, la mayor parte. Y cuando llovía iba hacia allí toda el agua que caía sobre la ciudad; con el paso del tiempo y en la medida en que Buenos Aires se fue haciendo cada vez más impermeable —más cemento, más asfalto, más empedrados— el agua ya no se absorbía sino que se desplazaba; y aún lo hace cuando todo se inunda. Precisamente Juan de Garay, que de esto parece que sabía bastante —de fundar ciudades hablamos—, eligió un sitio alto y plano, como es Plaza de Mayo, con pendientes hacia los cuatro lados; por supuesto nunca imaginó que se iban a rebasar los límites físicos que él mismo puso: el Tercero del Sur (a la altura de la calle Chile) y el del Medio (actual Tres Sargentos).

Estos arroyos tenían largos recorridos, el del Norte venía desde lo que hoy es la calle Corrientes y Larrea, cruzaba Barrio Norte por Las Heras y Bustamante y desembocaba en Libertador a la altura de Austria. Tenía un recorrido sinuoso con varios brazos menores que llegaban desde las quintas cercanas. El del Medio o De Matorras, como también era llamado, era el más corto ya que se originaba en la actual Plaza Lavalle y bajaba por Viamonte, Suipacha, Maipú y Paraguay para salir por la actual calle Tres Sargentos, cuya forma peculiar es respuesta al entubamiento inferior. El del Sur, o de Viera, o de Granados, o del Hospital, nacía atrás de la actual estación Constitución y corría por tres brazos, dos de los cuales se unían en Estados Unidos y Bolívar, y el tercero en Defensa y San Lorenzo, para bajar por la reducida manzana que queda entre Chile —allí más ancha con ese propósito— y San Lorenzo —más estrecha—, ambas diseñadas así para darle espacio al entubamiento. Este último fue el que, por el volumen de agua que acarreaba, más problemas trajo a la población. Los problemas eran diarios y una descripción municipal de 1865 lo dice claramente:

> El zanjón de la calle Defensa se encuentra en la actualidad en un estado de insalubridad peligroso para la salud del vecindario. Las aguas detenidas se encuentran en completo estado de descomposición, llegando a tal grado que es imposible pasar por aquellas inmediaciones sin sentirse molestado por las miasmas corrompidas que se aspiran.[226]

Esto era tan cierto que el camino del Bajo, que corría aquí por sobre las toscas del río, era en realidad un desvío de la Calle Real (Defensa) para evitar el zanjón. Del Tercero del Medio escribía Lucio Mansilla en 1889:

> La calle Maipú entre Viamonte y Paraguay era un foco de barro permanente, en el que nunca faltaba su correspondiente caballo muerto, hinchado, amenazando reventar como una bomba, agusanado, exhalando una fetidez miasmática que sólo estos Buenos Aires podían disipar.[227]

Respecto del del Norte las cosas no eran diferentes y una nota de un diario de 1852 era más patética aún:

> Ya Buenos Aires nada tiene que envidiar a la poética Venecia, sus calles son el seno de un océano ¡donde navegan hasta vapores! Este invierno es indispensable que los vecinos [...] costeen un bote o lanchón para atravesar de una casa a otra o salir a alguna diligencia. Ayer observamos en uno de esos lagos una porción de muchachos pescando y escuchamos a uno de ellos que gritaba a los otros: ¡aquí he visto un bagre! Nada tenía de extraño que hubiera bagres cuando a poco de andar creímos distinguir una ballena que flotaba sobre la superficie, pero nos llevamos un chasco: era un caballo. Este cuadrúpedo hinchado boyaba sobre aquel mar de fatalidades.[228]

Fue justamente la necesidad de impedir las constantes inundaciones lo que dio lugar a los diversos proyectos de entubamiento que hubo: largas discusiones, propuestas y contrapropuestas que llevaron años, pero finalmente se decidió un sistema simple y sabio: se determinó una forma de túnel a la que se debían ajustar los propietarios y cada dueño de lote debía construir su tramo, rellenar el resto y construir encima. Es cierto que llevó varios años completarlo, pero el sistema elegido fue por cierto eficiente y se hizo. Una de las grandes obras de Torcuato de Alvear como intendente; si bien algunos tramos se iniciaron en 1860 otros se completaron para 1875. Pero lo que nadie se imaginaba es que esta monumental obra tenía los días contados: cuando el nuevo plan del ingeniero Bateman para el desagüe urbano se estableció para toda la ciudad en 1877, se descartó el uso de los Terceros para evacuar agua y quedaron cancelados. Veinte años después fueron rellenados y olvidados y estos túneles enormes empezaron a entrar en la des-memoria cada vez que un vecino se encontraba con una parte de ellos.

Otro sector de la ciudad en donde se hizo una obra similar fue en Ayacucho al 1600, donde el agua se juntaba periódicamente. Alvear mandó construir cinco grandes galerías abovedadas de ladrillo y luego se vendieron los terrenos de encima. Éstos estuvieron abiertos al público con un restaurante llamado El Lagar del Virrey durante la década de 1970 y en 1985 fueron destruidos para hacer una simple playa de estacionamiento. Al parecer aún se conserva un tramo bajo el edificio de la actual Comisaría 17 sobre la calle Las Heras. Este sitio fue el que en manos del ingeniero Krieger dio lugar a la leyenda de túneles que salían al río (a ese lugar jamás llegó el río, por cierto), y de allí a ser usados por contrabandistas todo fue simple. ¡Si Alvear supiera en qué quedó transformada su gran obra para evitar inundaciones!

Excavaciones en el Tercero del Sur

El proyecto del Tercero del Sur se inició cuando John Coghlan presentó en 1859 la idea de construir un túnel-acueducto para entubar este arrroyo que tantos dolores de cabeza traía. El proyecto fue aceptado por la Municipalidad el 15 de octubre de ese año con un presupuesto acordado de 410.000 pesos para su construcción.[229] Esa primera propuesta generó una serie de proyectos más específicos con variantes de toda índole, que se fueron llevando adelante durante los siguientes veinticinco años por el sistema adoptado de trabajar con los propietarios. Aun cuando Alvear hizo su informe anual de trabajos en 1886, indicaba el rellenado de cinco cuadras de las calles Chile, México y Piedras para terminar con el tema. En el ínterin, los constantes cambios de funcionarios y técnicos produjeron retardos y modificaciones, pero todos los participantes fueron profesionales de primer nivel. Podemos recordar que el primer proyecto técnico fue hecho en abril de 1861 por Otto Armin y Enrique Hunt,[230] a quienes se les unió Nicolás Canale un año después; más tarde introdujeron cambios Eduardo Taylor y el ingeniero Moreno; luego siguieron Ebelot, Kuhr y Benoit, hasta que en 1870 se definió la solución adoptada. Estos cambios se aprecian hoy día en el túnel ya restaurado, donde las bóvedas presentan ligeras diferencias entre sí, incluyendo los tramos que tienen columnas al medio a semejanza de lo que se haría mucho más tarde al entubar el Maldonado.

La excavación mostró que cada tramo bajo las casas era un sector en sí mismo, construido excavando en la tosca un canal de corte rectangular que fue recubierto con cemento, dejando una pequeña canaleta en el centro del piso para facilitar el drenaje; por encima una gran bóveda de ladrillo sin revocar, de 4,50 metros de diámetro, cubre todo el zanjón. En realidad hasta la calle Independencia son dos tramos que se unen para desaguar en una gran bóveda que corre bajo la pequeña manzana entre Chile y San Lorenzo; la curiosa forma de esta manzana no se debe a que el entubamiento esté bajo San Lorenzo, como es común escuchar, sino a que el recubrimiento luego fue loteado, por lo tanto el túnel está bajo las casas, no bajo las calles. Según los documentos municipales de 1862:

> Se debían hacer primeramente los dos conductos principales, el uno que corre por la calle de Chile y el otro por la de Independencia desde el río hasta llegar a la altura de Bolívar [...] y que siendo este punto el más infestado por encontrarse la confluencia de los dos desaguaderos en la manzana que tiene por calles las de Chile, Independencia, Defensa y Bolívar, es el primero y más importante punto que se debía tratar.

Es evidente que la cosa anduvo bien y en la *Memoria del Honorable Ayuntamiento* de 1887 el intendente podía usar las siguientes palabras:

> Si se recuerdan los inmensos perjuicios que sufrían los habitantes de las calles donde pasaban los antiguos Terceros y sus inmediaciones, cuando se producía una lluvia un poco más fuerte que las ordinarias, pueden perfectamente valorarse los beneficios que esas obras han reportado, puestas en función de una manera acabada. La seguridad de que no se habían de repetir luctuosos accidentes [...] con motivo de las inundaciones [...] dio ánimo a algunos propietarios a construir buenos edificios en esos sitios; y en el transcurso de poco tiempo ha podido verse levantar suntuosas moradas donde antes sólo se encontraban tapias o casuchas inhabitables. El valor de la tierra en las calles por donde atrave-

> saban los Terceros y sus inmediatas era inmensamente menor que las del resto de la ciudad, aunque se tratase de parajes más centrales [...] Las obras construidas antes de 1877 han producido pues dos grandes beneficios: impedir las inundaciones y valorizar la propiedad.

La obra en sí misma fue hecha, como dijimos, excavando todo el zanjón hasta formar un canal rectangular con declive hacia el río. Éste fue ligeramente mayor que el desnivel original, de forma tal de facilitar el drenaje y en las excavaciones se nota la forma y profundidad en que la tosca fue excavada. Luego se hicieron el piso y las paredes y más tarde la bóveda dejando así un espacio de 4,50 metros de ancho y 3,50 metros de alto; parece que la cubierta fue hecha con una cimbra que, a medida que se avanzaba, se la iba corriendo, dejando marcas en la mampostería. No tenía ventilación ni respiraderos aunque sí hemos hallado varios agujeros de desagüe desde las casas que estaban encima. Éstos estaban prohibidos, pero en las excavaciones se ve que varios propietarios, para ahorrarse las instalaciones sanitarias, hacían que sus albañales descargaran en forma directa al entubamiento. Los documentos municipales hablan constantemente de desagües que fueron mandados a tapar y de las limpiezas que era necesario hacer en el zanjón donde a veces se acumulaba basura que impedía el normal escurrimiento. Las uniones entre casa y casa son burdas, a veces resueltas con pedacería de ladrillos. El paso de medianeras o paredes por encima del zanjón fue un grave problema, porque la cimentación debía apoyarse sobre la bóveda, y en varios casos fue necesario cortarla para armar arcos más sólidos por las alturas de los muros. En el año 1867 hubo una ordenanza del municipio que prohibía arrojar basura en el Tercero entubado y que exigía que

> los dueños o arrendatarios de las casas que hacen servidumbre del zanjón de la calle de la Defensa y sus adyacentes, construirán en el término de 20 días las letrinas y sumideros correspondientes, a dos varas cuando menos de distancia del borde del zanjón.

Más adelante veremos que esto no fue así, al menos en muchos casos.

Para la década de 1890 dejó de funcionar al irse inaugurando los nuevos conductos del Plan Bateman, cuyos desagües bajaban sin curvas por el medio de las calles hacia el río y cortaron este sistema anterior; muchos vecinos simplemente lo rellenaron, otros lo destruyeron. Lo hallado en el interior en los sectores excavados ya ha sido publicado y consiste en una enorme colección de objetos de la vida cotidiana de la época.[231] A esto se le suman los objetos que vinieron con la tierra usada para el relleno, que dio un muestrario de materiales que se remonta hasta al siglo XVI.

Actualmente el conjunto ha sido recuperado por la obra de Jorge Eckstein, quien abrió al público el tramo desde la calle Defensa 751 hasta la bajada original por la calle Chile, que es visita obligada de los porteños.[232]

El famoso Maldonado

El único y verdadero arroyo que cruzó la ciudad desde siempre fue el Maldonado; no tuvo el cauce del Riachuelo ni la estacionalidad de los Terceros, y además estaba lejos del centro de la ciudad vieja. Era un obstáculo para entrar a Buenos Aires desde el norte y el tema de sus puentes siempre trajo complicaciones al Cabildo y al municipio más tarde, pero era un verdadero arroyo y lo que se podía hacer con él era poco en esos tiempos; así que fue quedando abierto, serpenteando entre el barro como buen río de llanura y creando historias y leyendas en torno de sí mismo. Se inundaba periódicamente, los animales y carros se empantanaban, el olor llegaba a ser tremendo, se acumulaba la basura cuando no llovía en muchos días, los niños jugaban... Pero para la vida de la ciudad era siempre un inconveniente a salvar, un obstáculo concreto; sólo después de entubado hubo quienes recordaron con nostalgia los sauces en su desembocadura, sus zonas arboladas que adelantaban la vegetación y los pájaros del Tigre. Y para la mitad del siglo XIX comenzaron a construirse las primeras casas a su vera; casas modestas, casas de gente que no tenía mejor lugar para elegir, o que se arremolinaban cerca de los puentes para poner un almacén o un bar para los viajeros y las carretas. El río fue para las primeras industrias de la zona un excelente medio para evacuar sus afluentes, contaminando rápidamente toda la cuenca que, hacia 1910, estaba en un estado trágico para la vida humana, aunque ésta transcurría en sus bordes casi sin enterarse de las enfermedades que producía en ellos.

A partir de 1880 comenzaron los primeros proyectos para hacer algo con el Maldonado.[233] El primero en preocuparse fue Alfredo Ebelot, quien, asociado a Pedro Blot (ambos habían participado del entubamiento del Tercero del Sur), formó un estudio para diseñar un canal abierto con puerto y grandes contenedores de agua para evitar las inundaciones. Los barcos se moverían a la sirga tirados desde caminos laterales en el clásico sistema europeo de canales. El otro proyecto importante para el arroyo fue el del ingeniero Pellegrini, presentado en 1887. Y luego siguieron más, pero todos fueron quedando lentamente olvidados o descartados al ir haciendo obras menores como la rectificación del curso en varios puntos del recorrido, la canalización de su desembocadura hacia 1900 y otras menores.

El último de todos los proyectos fue el que parecía más eficiente, pero sin duda el menos pintoresco; en esa época nadie se preocupaba por el paisajismo o por dejar un arroyo abierto aunque controlado, para darle a la ciudad una mayor variedad de vistas y de espacios abiertos: era cuestión de que fuera rápido, fácil y limpio. Así en 1929 comenzaron los trabajos de entubamiento mediante la excavación de todo el recorrido para hacer una cámara de corte rectangular con columnas al medio y cubierta por una gran losa de hormigón armado que permitiera trazar una avenida en su parte superior, la actual Juan B. Justo. Con gran eficiencia las obras habían terminado en 1932 con su gran arco de desembocadura en el Río de la Plata; la avenida fue completada con los años y los edificios crecieron en sus bordes, hasta que quedó sólo el recuerdo que inundó tangos y libros nostálgicos. Y que vuelve a la memoria cada vez que las grandes sudestadas producen su anegamiento y su entorno se vuelve a llenar de agua como en los viejos tiempos.

VII

Túneles por todo el país: ¿difusión, imitación o semejanza?

Los túneles secretos de Buenos Aires

través del
nos llega
ensaje de
crueldad
ado en el
húmedo y
la cueva.

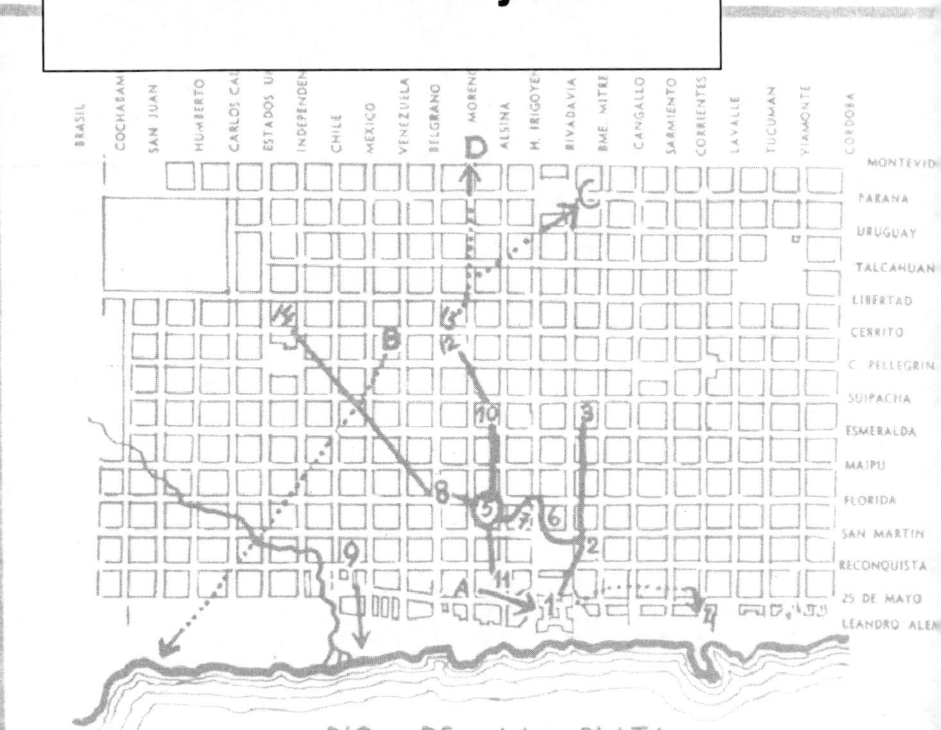

NCIAS:

ca.
l.
a del antiguo Colegio de Educandos e Iglesia de San Mi-
del Hospital de Caridad de Mujeres (hoy, la Asistencia
).
salida al río desde la Fortaleza (hoy, Correo Central).
nzana de las Luces" (San Ignacio, Colegio de San Car-
seo y Facultad de Ciencias Exactas).
ildo y la Cárcel.

7) La Casa de Niños Expósitos.
8) Casa de la Virreina.
9) Galería subterránea, probable entubamiento del Zan
nados. Se la confundió con un refugio de los unitar
la "Cueva de Maza".
10) Convento de San Juan, monjas capuchinas.
11) Convento de San Francisco. La existencia auténtica
mal no está debidamente comprobada.
12) Cuartel de Milicias de Caballería Ligera Buenos Aire
Buen Orden o de Monserrat.
13) Parroquia de Nuestra Señora de Monserrat.
14) Casa de Ejercicios, probable terminal del túnel del S

◀ Nota de carácter sensacionalista publicada en 1957 en *Mundo Argentino* según la cual, tomando como base el plano de Greslebin de 1920, la supuesta red ha crecido sin límites y hasta sale de la ciudad antigua (Biblioteca Nacional).

Buenos Aires y sus túneles no pueden ser explicados satisfactoriamente sin ver y entender lo que sucede en el resto del país. No sólo porque en forma habitual se oyen noticias sobre hallazgos similares sino porque muchas veces las explicaciones son semejantes, resultado de una misma historia y de sistemas constructivos y arquitecturas parecidas más allá de las diferencias regionales. Y porque los imaginarios se difunden por largas distancias creando mitos semejantes ante situaciones similares. Como escribió (y no en chiste) un autodenominado "tunelólogo": "Si Buenos Aires los tiene, por qué no habría de tenerlos mi ciudad"; cabe el término absurdo de "tunelólogo" ya que fue acuñado y publicado por Roberto Vacca en 1968 junto con el aun menos feliz de "subterrólogo". Por suerte sólo un par de personas se animaron a usarlo; lo lamento por ellas.

Lo que pocos tienen en cuenta es que muchas de las más antiguas referencias a túneles, que ya resultaban inexplicables en mitad del siglo XIX, se escribieron en relación con sitios fuera de Buenos Aires; recordemos a Sarmiento hablando de Córdoba, a Lina Beck-Bernard sobre Santa Fe y poco más tarde a Vicente Quesada. Lo interesante es que pese a que esa información era más antigua, la construcción del modelo explicativo hacia 1890-1920 (el modelo canónico de Greslebin) y la coherencia con que fue presentado —pese a sus olvidados antecesores—, sirvió para que en otros sitios se lo tomara en forma rígida y se lo aplicara allí, donde fuera, quitándole capacidad explicativa, perdiéndose sus logros y tapando sus deficiencias.

Pero eso no puedo subsanarlo, harían falta años de investigación en cada ciudad, lo que en pocas se ha comenzado a hacer. Por ello ésta es sólo una indagación mínima por el territorio nacional en la medida en que he podido leer, ver o participar en estudios de este tipo de obras bajo el nivel del piso. Algunas han resultado fascinantes, otras inexistentes, las más eran fruto de malas interpretaciones con o sin intencionalidad; pero resultó ser un mundo nuevo que cada vez es más amplio. No busco explicaciones finales, sólo muestro lo que veo.

Córdoba

La historia de los túneles de Córdoba, al menos la escrita, comienza con el texto de Sarmiento de 1845 y ya hemos citado en el capítulo II sus palabras lapidarias sobre la cripta de la Compañía, a la que él interpreta como la entrada a galerías bajo tierra y las asocia con calabozos de tortura de la Inquisición. No sabemos realmente de dónde sacó Sarmiento eso —suponemos que lo conoció en su visita a la ciudad veinte años antes—, pero la cripta sí existe y ya ha sido descrita en detalle por Juan Kronffus en 1918; en síntesis, son dos bóvedas chicas a las que se penetra por una tapa de piedra bajo el altar mayor, en donde se colocaba a los religiosos muertos, costumbre antigua en Europa y en toda América Latina. A partir de esa primera referencia hay muchas. Otro intelectual de la época, Vicente Quesada, escribió en la década de 1880 que también bajo el colegio de Montserrat había una

> gran galería subterránea, con sus altares, sus sólidas murallas de piedra y su extensión dilatada, hasta dar con la que se llamó el Noviciado Viejo. Ese subterráneo de gran costo atraviesa una parte de la ciudad;

pero esto no es todo ya que el mismo autor nos aclara que

> no penetré en él nunca cuando era un estudiante porque era muy niño y no me hubiera atrevido, y después por pereza, por indolencia. Lo que sé sobre esa misteriosa comunicación es la mera tradición, el vago recuerdo de las conversaciones estudiantiles.[234]

En 1918 el historiador de la arquitectura Juan Kronffus publicó un artículo titulado "Las galerías subterráneas de Córdoba";[235] ese estudio es sin duda un clásico del tema en el cual el autor analizó cada caso conocido tratando de encontrarle una explicación racional, incluso notando cómo se habían extrapolado ideas provenientes de Buenos Aires y su Manzana de las Luces hacia la Manzana Jesuítica de Córdoba, sin certeza alguna. Quizá su historia y planos del Noviciado viejo sean un buen ejemplo de su claridad: se trataba de una construcción que correspondió a la cripta de una iglesia inconclusa iniciada en 1700 y paralizada en 1714, cuya obra estuvo en manos de Juan Kraus, a quien ya vimos relacionado con la propuesta de hacer un túnel bajo la iglesia de San Ignacio en Buenos Aires. Por la suspensión de la obra quedó sin uso, deteriorándose, hasta que con la expulsión de los jesuitas en 1767 ya estaba desdibujada en la realidad y en la memoria, a tal grado que una tasación de 1771 ya habla de

> un edificio subterráneo que no se puede reconocer el fin de su destino, de 27 varas de largo y 14 de ancho; obra fornida de arquería, con tres naves, repartida de piedra de cerro, cal y ladrillo, con 6 varas de alto desde el suelo hasta la clave de la bóveda, con doce claraboyas.[236]

El terreno fue cambiando de propietario y ya para 1806 se vendía como "un sitio sin edificar, situado en el Noviciado viejo". Desde allí hubo muchas referencias a esa cripta bajo tierra, la que fue tejiendo misterios, olvidos y des-memorias. Hay que destacar que si bien era una cripta y por ende debía quedar debajo de la iglesia que iría encima, no estaba totalmente bajo tierra ya que tenía unas ventanas ubicadas cerca de las bóvedas del techo, para iluminar el interior, las que ahora sí están tapadas aunque son claramente visibles. En varias oportunidades fue vuelta a hallar, inspeccionada y vuelta a tapar, aumentando cada vez más la imaginación local y cuando en 1928 se abrió la avenida Colón el tema estuvo en la comidilla diaria. En 1989 fue reencontrada y por suerte, esta vez sí el municipio se hizo cargo de la restauración y apertura al público en una obra que sin dudas es digna de mención; lamentablemente no hubo trabajo arqueológico acorde a la calidad de lo que se estaba haciendo, pese a que incluso se encontraron esqueletos humanos. Todo lo hallado fue separado en tres partes: lo que volvió a ser enterrado, lo que se envió desordenadamente al Cabildo y lo que fue descartado; jamás nadie siquiera se ocupó de publicar estos materiales, pese a que hubo un supuesto experto (¡espeleólogos!) que malinterpretó lo hallado según las noticias que le llegaban de lo que se encontraba en Buenos Aires.[237] Es la construcción subterránea más estudiada y publicada del país como arquitectura bajo tierra, con un uso intenso por los cordobeses y sus autoridades municipales.

Al interesado acerca del conocimiento de los túneles en Córdoba le recomendamos un interesante estudio de Efraín Bischoff titulado *Los túneles de Córdoba, una antigua conseja*,[238] que en gran medida sigue estando vigente; allí es posible encontrar una larga bibliografía sobre el tema que supera los límites de este capítulo.

Retomando el tema, otra de las construcciones que ha dado de qué hablar siempre en Córdoba fue el conjunto jesuítico formado por la antigua iglesia, el colegio y sus anexos, lo que conformaba una compacta manzana céntrica en la ciudad conocida como Manzana Jesuítica. La mayor parte de los mitos y leyendas parten precisamente de allí y ha sido su mayor perseguidor un historiador cordobés, el padre Grenón, quien publicó uno a uno los documentos y planos de la época, identificando varias de las estructuras subterráneas existentes y su verdadera función. En el caso de la Manzana Jesuítica, en un estudio de 1947 reconstruyó la Cripta doble que baja desde el crucero de la iglesia hacia la sacristía;[239] esta estructura consta de dos bóvedas con una serie de enterratorios donde se colocaban los cadáveres hasta que eran descarnados, para luego incluir los huesos en el osario. Se trata de una construcción de excelente factura y en uso durante los siglos XVII y XVIII, similar a la Cripta del Noviciado viejo ya descrita. Una curiosidad de ese escrito es que Grenón ubicó el sitio en el que se hallaban los lugares comunes, es decir, los antiguos baños. No explicó demasiado al respecto e ilustró un pozo negro cubierto por una bóveda de ladrillo con una entrada de albañal. Si bien el gráfico no es claro en cuanto a entender que esta cúpula cubre en realidad un pozo, las dimensiones de 6 por 6 metros la hacen una construcción importante para este tipo de instalaciones, más aún para el siglo XVIII, cuando fue realizado el plano sobre el que se hace la descripción.

Otro factor que entra en juego en los multifacéticos túneles cordobeses es la existencia de las viejas acequias que cortaban la ciudad transportando agua; y ahora están bajo el asfalto o las veredas. Éstas quedaron fuera de uso y olvidadas a los lados de algunas calles hasta que las taparon, muchas sin ser rellenadas. Hubo muchos hallazgos que sorprendieron a los visitantes casuales por las dimensiones de estas obras: la del Colegio Montserrat medía 1,30 metro de alto, una gran obra de los constructores jesuitas. Las acequias que atravesaban La Cañada eran aun más grandes, ya que tenían una cubierta abovedada en ladrillos; pero son acequias, no túneles, transportaban agua y no gente.

Un caso digno de ser rescatado de todo este caos informativo es la Noria de Baracaldo, ubicada en el barrio de Bajo Palermo, y desde siempre una ruina informe con un enorme pozo que daba lugar a historias de túneles a los que se descendía por ahí. Un buen trabajo arqueológico organizado por el municipio permitió entenderla como una obra del siglo XVIII que incluía un túnel que servía de acueducto, y que se conectaba al menos con una fuente a 150 metros de allí. La visita a este sitio es una lección sobre técnicas constructivas coloniales y una explicación sobre conductos para agua que, sin mucho trabajo, aún podrían ponerse en funcionamiento si fuera necesario. Por lo menos el turismo estaría agradecido si se lo hiciera y pudiera quedar a la vista.

Pero no todo es tan antiguo; hace muy poco un sonado intento de robo se produjo cuando se trató de cruzar a través de los túneles que van desde el río Suquía por debajo la calle Sáenz Peña, hasta una transportadora de caudales donde esperaba un tesoro de dos millones y medio de dólares. El túnel, que perforó hormigón, midió más de 30 metros, lo que significó una obra de envergadura aunque no tuvo los resultados previstos.[240]

En el año 2002 se generó una polémica interesante, producto de dos eventos casi simultáneos: el municipio organizó un recorrido turístico denominado "Córdoba subterránea" y el conocido historiador de la arquitectura Carlos Page encontró un largo canal excavado en la tierra —fuera de la ciudad— atribuido a los jesuitas aunque sin pruebas. Esto generó una fuerte discusión entre expertos y en el público general, que llegó a los medios de comunicación y mucho se dijo al respecto. Pero el cierre lo produjeron dos hechos concretos positivos: una comisión presentó un detallado informe sobre mitos y verdades en el tema publicado por *La Voz del Interior* del 22 de septiembre de ese año, clarificando bien qué se sabe y qué no; y Carlos Page editó un video titulado *La otra Córdoba: mitos y secretos de la Córdoba subterránea*, lo que implica otro paso adelante importante.

Un último hallazgo debe ser citado ya que, quizá por primera vez, se incluyó el trabajo arqueológico desde el momento inicial: en marzo de 2003 en el Hospital San Roque se halló una cripta al hacer trabajos de remodelación en ese viejo edificio religioso. Allí se encontró una habitación subterránea de envergadura, en cierta medida similar a las del Cabildo. La presencia de especialistas permitió iniciar de inmediato su rescate e interpretación, y posiblemente su recuperación para ser visitada.

Saliendo de la capital cordobesa y yendo a la localidad de Alta Gracia, debemos citar un hallazgo arqueológico muy interesante en el edificio principal de lo que fuera la Residencia de los Padres de la antigua estancia jesuítica. Durante los trabajos hechos por Marta Slavazza en la década de 1970 se encontró un complejo e inteligente sistema de letrinas de dos pisos: un doble muro servía de descarga vertical a una canaleta por la que corría agua de una acequia por un lado y que salía al lago artificial cercano por el otro, lavando así en forma constante los lugares comunes. Hay que destacar nuevamente la intervención del hermano Juan Krauss en estas obras, las que fueron completadas por Andrés Blanqui.[241]

Corrientes

El caso de Corrientes es muy interesante ya que casi en forma simultánea con el proyecto porteño de arqueología urbana comencé a recibir datos del arquitecto Andrés Salas de esa localidad, quien estaba interesado en la recuperación de la memoria urbana en una ciudad que se caracterizó por una violenta destrucción de su patrimonio en los últimos veinte años. Una ciudad en la que todas sus casas tenían galerías, y hoy no queda ni siquiera una para mostrarles a los turistas: el municipio las borró sistemáticamente porque evidenciaban, según ellos, una ciudad que no progresaba. En ese salvajismo de quienes no entendieron qué es la modernidad, la población se aferró a mitos, leyendas, cuitas y misterios: en cada cuadra hay un túnel misterioso, un aparecido, un entierro con ollas con oro... y por suerte es así.

Los estudios de Salas,[242] que son a la fecha los únicos serios que he conocido en esa ciudad, relevaron toda la información disponible sobre túneles, que fue volcada a planos que incluían cotas de nivel, para tratar de entender la lógica de este tema. Intentó soluciones —cámaras de aire bajo los pisos de madera—, escapes de presos y otras bastante lógicas, llegando a la conclusión de que es "casi imposible la existencia de túneles pues el tipo de suelo es inadecuado y los anegamientos intermitentes", por la inaccesibilidad desde el río, y lo evidente que hubiera sido tratar de entrar contrabando por allí a la vista de toda la ciudad en la barranca misma.[243] De todas formas dejó abierta la puerta con la posibilidad de obras hechas durante la Guerra de la Triple Alianza y la confusión que habitualmente se produce al hallar pozos de aljibes y pozos ciegos. Y si bien pueden existir otros túneles más antiguos o complejos, algo que aún no se ha demostrado, él mismo indica que ya no es posible seguir sufriendo el "síndrome del túnel".

La Plata

La capital bonaerense también tiene sus misterios, verídicos e imaginarios. El epicentro de todo es una cámara que deja ver un paso bajo tierra ubicada en la plaza Islas Malvinas, que siempre generó inquietudes. Básicamente lo que parecería ser factible es que en el trazado original, y al menos bajo la avenida 51 y con cuatro cuadras de extensión nada más, se hubiera hecho una galería para instalaciones similar a la que describimos en la Avenida de Mayo de Buenos Aires, pues son de la misma época. Era razonable, cómodo y útil aunque después quedaron fuera de uso y lentamente se fueron destruyendo: misterio, si es eso, no hay ninguno, lo que es de lamentar es su pérdida por el potencial patrimonial y turístico que tendría su recuperación, pero ésa es otra historia. Y para finalizar nada mejor que el cierre que un autor local le puso a su texto sobre el tema: "Los porteños están legítimamente orgullosos de sus túneles: ¿y los platenses qué?".[244]

Mendoza

En esta ciudad hay por cierto varias construcciones subterráneas, muchos mitos y algunas verdades, y me tocó a mí mismo trabajar en ellas. Hay por cierto cuatro grandes historias sobre esto, las que por suerte pudieron ser entendidas gracias a los estudios hechos en los últimos años. Dos de ellas son muy simples: hablaban de misteriosos túneles debajo del asilo de ancianos que hay frente a la Plaza Pedro del Castillo y bajo el edificio que ahora alberga el museo y la sede de la Junta de Estudios Históricos. El primero resultó no ser más que los conductos modernos (construidos en 1980), que ciertamente serpentean bajo el edificio para ubicar allí cañerías e instalaciones eléctricas; el otro es una gran cisterna de aljibe típica de la época, interesante como para que pudiera quedar expuesta, pero no va más allá de eso.

Los otros dos casos tienen relación con el Área Fundacional creada por nuestras excavaciones a partir de 1989. Allí había una larga y compleja historia relacionada con un largo y estrecho túnel en las Ruinas de San Francisco, que incluso había pasado de la mitología a la literatura; cuando comenzamos a trabajar allí nos interrogamos muchas veces respecto de esto ya que nada había que lo corroborara, pese a toda la excavación hecha durante años.[245] Una feliz idea de una antropóloga social lo resolvió: invitó a varias personas muy mayores, que decían haber estado en el túnel, a recorrer el lugar. En pocos minutos los cinco invitados coincidieron: caminaron directo hasta lo que fuera la antigua escalera del coro, que corre por dentro de una pared y que, por la ruina misma del conjunto, es oscura, estaba derruida y sucia. No era un túnel, o al menos no estaba bajo tierra; por cierto era una sensación similar para el neófito, pero era la escalera del coro construida por los jesuitas en el siglo XVIII de forma similar a los accesos a otros púlpitos y escaleras de coro de su tiempo, metidas dentro del muro mismo.

El otro túnel es moderno: se trata de la cámara subterránea que alberga lo que fuera la primera fuente de agua que tuvo la plaza fundacional, construida con su acueducto hacia 1810. Ésta fue detectada y excavada en 1993, y para acceder a ella el municipio construyó un acceso con un túnel bajo tierra, una obra excelente de arquitectura para la protección del patrimonio histórico, que con sus juegos de iluminación genera sensaciones muy especiales a quien entra a visitarla. Pero la fuente estuvo en origen sobre la superficie de la plaza, y toda la obra para recorrerla bajo el nivel del piso es absolutamente moderna. Los acueductos que tiene, cuyo ramal de entrada llega desde el Challao,[246] sí son antiguos, pero se trata de un albañal principal hecho de mampostería de ladrillos y en tramos con un caño de cerámica dentro; es muy interesante como obra de ingeniería hídrica, pero nada más que eso.

Cabe destacar que, en la postura opuesta a Córdoba, las muchas acequias entubadas de Mendoza nunca generaron este tipo de historias, puesto que la población tiene muy claro que son conductos de agua, algunos de gran tamaño, que recorren la ciudad por debajo. Buen ejemplo de cómo cada ciudad construye sus propios imaginarios.

Mercedes

En la localidad de Mercedes, provincia de Buenos Aires, tuve la suerte de poder estudiar un hallazgo hecho por el municipio y que fue cuidadosamente preservado. Increíble pero cierto: fue preservado aunque ocupa un espacio dentro del edificio municipal mismo.

Se trata del sistema de obtención y evacuación del agua del edificio original del siglo XIX, compuesto por un aljibe y un pozo ciego. Éste está ubicado bajo una pared, por lo que se le hizo un arco de cimentación que le pasa por encima para evitar su hundimiento. Hay también un albañal de ladrillos que llevaba el agua hasta el pozo ciego. Esto es todo, y aunque está en espera de su restauración y exhibición, no dio lugar a extrañas conjeturas: se hizo lo que se debía hacer —excavarlos y preservarlos—, y cuando sea posible se los restaurará, para mostrar el simple y a la vez complejo sistema sanitario del edificio.

Paraná

Una de las ciudades que más ha difundido acerca de sus construcciones subterráneas ha sido Paraná; pese a que es evidente que hay obras de este tipo bajo su suelo las confusiones han sido impulsadas por los mismos investigadores, compitiendo con Santa Fe y Buenos Aires para ver quién tenía más y mejor. También a partir de 1987 se comenzaron a publicar artículos que trataban de forzar diferentes hallazgos interesantes en sí mismos, para que coincidieran en una red que uniría la barranca del río con iglesias y fortificaciones repitiendo las viejas ideas difundidas por Greslebin; es tal la obsesión por el tema que se ha escrito que "la red de túneles [...] es de tal magnitud que todavía [...] quedan grandes extensiones".[247]

La ciudad tiene una importante variedad de obras bajo el suelo, de todas las épocas y para todo tipo de funciones, como cualquier ciudad antigua y grande construida sobre una barranca al río y con fuertes desniveles en su topografía; hay aljibes, conductos industriales, desagües cloacales y más que nada los conductos pluviales, que podían ser de tamaño pequeño hasta importantes, y quizás incluso deba haber alguna obra colonial muy tardía, por qué no. Pero por lo general la información ha sido presentada sin rigor: alguien le dijo a alguien quien le contó a otro... y valga un ejemplo: "Según se me informó la cisterna del aljibe presentaba en sus paredes ciertos indicios de la existencia de dos aberturas que conducirían a sendos túneles".[248] Es decir, nada de nada y por supuesto en los renglones siguientes esos dos túneles ya tienen dirección, destino, ramificaciones, uso y recorrido. Podemos citar cosas más graves aún: "En un túnel [se encontraron] esqueletos humanos y cacharros de cerámica —urnas funerarias— con restos humanos en el interior, en posición fetal".[249]

Resulta interesante que por otra parte es una de las pocas ciudades en las cuales el municipio ha hecho obras importantes en este aspecto; recuperó un aljibe que fuera de la casa de los Corsiglia en la bajada del puerto y lo dejó visitable, aunque ahora vandalizado, e impidió la destrucción del sótano de la cervecería en el actual Club Estudiantes, si bien ahora está abandonado y lleno de basuras. Para continuar esa recuperación, en el año 2005 se iniciaron dos estudios sistemáticos por la arqueología, incluyendo excavaciones, uno de ellos destinado a liberar cisternas de aljibes cuyos resultados han sido excelentes;[250] el otro a fechar e interpretar la funcionalidad de los túneles;[251] gracias a ello se logró establecer fechas con bastante rigor, entre otras cosas el túnel de Coceramic, el más discutido y generador de fantasías, como una obra de desagüe pluvial hecha hacia 1860-1870 que se intercepta en su boca con un antiguo puente diez años posterior, ése era todo el misterio. La otra estructura era el citado sótano del Club Estudiantes, donde existe una construcción subterránea de grandes dimensiones y excelente calidad. Se trata de dos bóvedas de mampostería de ladrillos sostenidas por paredes de piedra bien trabajada, unidas por un arco portante al centro, que miden en total 21,60 metros de largo por 5,15 de ancho, con una altura de los muros actual de 2,10 metros, y la bóveda tiene 2 metros de alto; es evidente que el piso actual, de arena, no es el original, el que debe estar más abajo. Se la ha interpretado como una construcción de mitad del siglo XIX, posiblemente hecha hacia 1850-1870. También se visitó la denominada Calera ubicada en la avenida Estrada al 600, la que no consideramos que lo haya sido, que merece más atención al respecto, pero que no es túnel de ninguna clase sino la parte posterior de una construcción interesante pero ya desaparecida.[252]

En síntesis, Paraná resulta en extremo rica para investigar este tipo de estructuras pero es muy difícil hacerlo mientras se atribuya todo a túneles jesuíticos cegados por la masonería; me pregunto si quienes lo escriben sabrán qué era, y qué es, la masonería, o si seguramente siguen repitiendo las pavadas del curita de la infancia sobre "los malos" de la película de la historia. Y que no parezca que los trabajos científicos han parado esto, aún se ven a diario notas que dicen cosas como "Me impresionó la cantidad de esqueletos, de huesos diseminados. Caminábamos lejos de las paredes que estaban llenas de alacranes" o que "uno de ellos, el que se ubica cerca de la plaza Sáenz Peña, sirvió para ocultar las tropas del general Francisco Ramírez".[253] Por suerte actualmente hay investigadores que, trabajando con documentos y con toda seriedad, están dando lentamente un panorama claro del conjunto y estableciendo la racionalidad necesaria[254].

San Isidro

Durante el año 2001 llevé a cabo lo que sería la primera excavación, de varias, en lo que ahora se denomina Manzana Municipal (o Fundacional) de la localidad de San Isidro y en donde se encuentra el antiguo municipio y el Museo Histórico, frente a la plaza de la barranca de dicha localidad. El trabajo tenía objetivos muy específicos que ya han sido publicados, pero entre los pedidos hechos por las autoridades estaba el que averiguáramos qué era una extraña construcción o pozo que se hallaba en el exacto medio del pasillo del museo y que en forma habitual creaba hundimientos. Se habían tejido toda clase de fantasías y era necesario dar una respuesta. La excavación mostró que no había nada más que un antiguo caño roto que provenía de lo que fue una cocina y ahora es una oficina, pero cuyas cañerías nunca quedaron totalmente fuera de uso; este goteo incesante produjo un hundimiento tras otro. Misterio resuelto.[255]

Lo que para mí sí era de fuerte interés es que en los patios había dos aljibes intactos, aunque maltratados y cegados. Bajo la dirección de Guillermo Paez se abrieron y restauraron y hoy, iluminados desde el fondo hacia fuera, constituyan un atractivo importante en el museo. Son de diferente época, el más antiguo se remonta a los inicios del siglo XIX, su brocal era de mampostería revocada con dos filas de azulejos franceses en la base y tiene una estructura de hierro superior de poca calidad. El otro fue construido después de la mitad de ese siglo, es de mármol de Carrara y su ornamentación en hierro es excelente.[256] Ambos midieron cerca de 5 metros de profundidad, tenían sus cisternas revocadas con sus albañales intactos y son buenos ejemplos de cómo se guardaba el agua proveniente de las terrazas en las casas suburbanas hasta entrado el siglo XX.

En ese mismo sitio, en la excavación del terreno de al lado, encontramos sí un pozo para agua, de poca profundidad, perfectamente cubierto por ladrillos y con el fondo impermeabilizado, que se fechó hacia 1899-1900 y que por ahora puede ser visitado. No tiene tampoco ningún misterio pero gracias a su buen estado de preservación es ejemplo de los complejos sistemas para agua usados hasta no hace tanto tiempo.

San Juan

Ésta es otra ciudad donde en forma constante se encuentra uno con datos sobre la existencia de túneles de todo tipo; una y otra vez he sido consultado hasta el cansancio por hallazgos de toda clase que llevan a reavivar la mitología urbana. Las múltiples veces que se han abierto las veredas donde estuvo la antigua iglesia de los jesuitas, y que cada vez da a la luz huesos humanos de quienes estuvieron enterrados en su cripta y bajo el suelo de la nave, como es obvio, despiertan nuevas inquietudes.[257] Hasta la fecha, y más de allá de las historias interminables y sin sustento, lo que siempre he visto son hundimientos producto de viejos pozos y cisternas, incluso de sótanos, que tras el terremoto de 1944 fueron mal tapados; o antiguas bodegas de fabricación de vino de las que incluso queda a la vista la Antigua Bodega, con una construcción de 10 metros de largo bajo tierra. Esto por supuesto no quiere decir que no haya habido otro tipo de obras subterráneas, simplemente que a la fecha no hay dato concreto alguno más allá de las difusas memorias de quien recuerda a otros que le dijeron o vieron algo. Ojalá un trabajo serio permita entender mejor por qué pesa tanto en el imaginario sanjuanino este tema, lo que posiblemente esté relacionado con el terremoto de 1944 y la destrucción y pérdida casi total de la ciudad.

San Luis

Si bien no hay nada aún publicado, parecería que la presencia de túneles en Mendoza y San Juan no podía dejar atrás a la tercera competitiva ciudad cuyana, y esto es positivo si se hace en serio. Sólo sabemos hasta ahora que una primera propuesta llevada adelante por Daniel Lagos, con intenciones audiovisuales, chocó con mucha información verbal, vagas ubicaciones y nada concreto. Al menos nada concreto que no pueda explicarse normalmente: aljibes, cisternas, pozos de basura, conductos, albañales. También esperamos mayor información futura.

Santa Fe

La ciudad de Santa Fe ha sido uno de los sitios de frecuentes noticias en los medios acerca de la presencia de este tipo de obras bajo el centro urbano y las cuitas de sus pobladores están plagadas de leyendas y misterios. La información seria disponible es poca, al menos la publicada, y si hacemos un resumen de lo escrito éste indica constantemente la existencia de una secuencia de sótanos o cisternas de aljibes desde los cuales, supuestamente, parten túneles en diferentes direcciones. Notablemente, nunca nadie real y concreto recorrió nada de lo que pueda presentar mayores pruebas que su propia memoria, y eso es lo primero que llama la atención. Son siempre otros, conocidos de alguien o ya fallecidos; lo que siempre se describe sólo son supuestas galerías que irían hacia ciertos sitios paradigmáticos de la ciudad, como el Cabildo, los edificios jesuíticos o colegios del siglo XIX[258], y que siempre se entrecruzan en el esquema de red colonial de Buenos Aires. Valgan algunos ejemplos de la forma de tratar el tema:

> En una depresión del terreno cercana a un viejo aljibe, en el fondo del mismo se descubrió una rudimentaria escalera con peldaños empotrados a la pared y una oxidada puerta que cerraba el camino al misterio. Lamentablemente los propietarios no se animaron a indagar qué había más allá de la extraña puerta y una vez más el arcano mantuvo incólume su reducto de sombras y dudas.[259]

Por supuesto hoy pensamos que debió ser una escalera para bajar al aljibe, lo que aún se usa en tantos sitios, como lo hemos mostrado. De todas formas este tipo de referencias ni siquiera vale la pena tomarlas en cuenta y resultan de un entrecruce de datos sueltos con hipótesis explicativas importadas de Buenos Aires. Casi todos los casos de los que tenemos noticias son similares en la información disponible, lo que es de lamentar, y por lo que vimos son ejemplo de los sistemas de provisión de agua antiguos: aljibes con sus cisternas —algunas muy grandes—, a las que a veces se le agregaban cámaras pequeñas o estrechas galerías para mejorar la entrada de agua o la absorción del terreno. Tenemos casos de pozos que, al presentar las paredes zonas de poca resistencia o disgregadas, o alteradas por anteriores actividades, son retiradas formando galerías de varios metros hasta hallar soporte en la tosca para la estructura. En otras páginas de este libro pueden verse casos así donde incluso se revistió parte en ladrillos como protección o se agrandó el pozo hacia un lado u otro.

Creo que en lugar de insistir en ajustar forzadamente lo que se encuentra a la hipótesis previa, se debería hacer un esfuerzo por rescatar con seriedad ese patrimonio tal como es; de la otra forma no quedará nada.

La más antigua referencia en Santa Fe es la de la viajera suiza Lina Beck-Benner, quien publicó en 1864 sus relatos de viaje por el país entre 1857 y 1862. Se trata de un libro hermoso producto de una mujer inteligente y observadora, que al entrar en el convento de La Merced lo describe con una prosa y una mordacidad poco habituales; y nos aclara que "en vano se buscaron huellas de sótanos y subterráneos"[260] para entender por dónde se robaron las riquezas de los jesuitas expulsos un siglo antes. Más adelante narra (aunque no lo presenció ella sino que se lo contaron), para recalcar la actitud indolente y malintencionada del cura, que una vez un par de suizos se presentaron para tratar de encontrar un tesoro del que sabían la ubicación, y que otra vez dos curas de otro país llegaron allí e hicieron lo que pareció como muy raros recorridos con un plano, pero nada hay en concreto. Todo es lo que alguien le contó que pasó mucho tiempo antes y a otros. Por último, cuando alguien penetró en el aljibe halló lo que fue descrito como una pequeña ventana con reja, pero el cura no estuvo interesado en abrir para ver qué había. Y eso es todo, que aunque parco y sin ir más allá del chismorreo que les daban los autores a los libros de viajeros románticos, los que debían tener el tono necesario para crear atractivo para el lector, es interesante por lo antiguo de la cita. Sé que se han presentado a organismos oficiales proyectos de investigación para estudiar el sitio, pero al igual que en toda la ciudad nunca se ha logrado ver resultados concretos que vayan más allá del hallazgo de cisternas antiguas, en general del siglo XIX y por cierto muy interesantes pero sin misterio alguno. Pero volviendo a la iglesia de los jesuitas es posible que, pese a todos los cambios, aún existan restos de los enterratorios coloniales bajo el piso de la iglesia, lo que sería totalmente normal, y quién sabe si no hubo una cripta que luego fue simplemente tapiada como en tantos otros casos. Eso sí sería interesante de estudiar seriamente.

Un hallazgo reciente muy bien controlado ha sido una verdadera excepción: en las excavaciones hechas en la manzana de la Casa de Gobierno, en los restos de lo que fue la Jefatura de Policía entre 1903 (fecha de construcción) y 1908 (demolición), se encontró una obra subterránea de 6 por 4 metros de base por 5 metros de altura hasta la bóveda que lo recubre y que en un extremo tiene una pequeña cámara con una escalera para descender. Por suerte se hizo una buena investigación documental y Luis María Calvo pudo dar con el plano original que muestra que es la cámara de desagote de un grupo de letrinas que estaban ubicadas encima.[261] Si comparamos la forma veremos que no es muy diferente de la cámara de la Plaza Roberto Arlt en Buenos Aires y que tantas leyendas generó.

A partir de ese ejemplo comenzó un relevamiento de información a cargo de Luis María Calvo y Ana María Cecchini en 1998 acerca del tema en lo que fue un antecedente directo para el porteño *Programa Bajo las Baldosas* en funcionamiento. A ese llamado a la comunidad se presentaron 21 personas a informar que aportaron 44 ubicaciones de puntos posibles. Un primer análisis no arqueológico mostró que uno era un sótano (Casa de los Aldao), otro una cisterna, tres eran criptas de iglesias, algunos más deben haber sido pozos de basura y aljibes, incluso desagües y cloacas antiguas, quedando como duda sólo la posible manzana jesuítica. A fin de aportar otro tipo de documentación se usó el georradar para buscar anomalías, y se encontró con el mismo problema que hay en este tipo de tecnologías para todos los casos en que se lo ha aplicado: que no sirve para esto. Estamos a la espera de los resultados finales de estos estudios, que son los primeros organizados y sistemáticos en el interior.

Tandil

Un primer acercamiento a las construcciones subterráneas de Tandil lo tuve en 1988 cuando, ante un hallazgo inesperado en obras de demolición, se encontraron los sótanos de la conocida cervecería de Alcide Henault en la calle 14 de Julio 468.[262] Gracias a varias gestiones hechas en ese momento se logró preservar buena parte de ellas bajo el estacionamiento del nuevo edificio. Con el tiempo nuevos hallazgos llamarían la atención, tanto de sótanos como de otras cervecerías —hubo varias en la ciudad—, cisternas de aljibes y las conocidas "minas de sal" locales que fueron explotadas siguiendo la veta bajo tierra. Esto dejó varias circulaciones que llaman la atención e incluso están siendo usadas turísticamente como otro atractivo más; la casa del pionero Juan Fugl, actual Escuela de Artes Visuales, es buen ejemplo de esto, en las calles 9 de Julio y Maipú. Hay quien ha querido ver conexiones con los sótanos o cisternas del Salón Danés en Maipú y Rodríguez y de la vieja Panadería del Pueblo, pero no sólo es difícil de demostrar sino de sostener. De todas formas son un interesante interrogante que merecería mayores estudios.

Tucumán

Un hallazgo interesante se hizo en 1980 en lo que fuera el antiguo Colegio de los Jesuitas, actual claustro de San Francisco. En 1982 se iniciaron excavaciones a cargo de Roque Gómez, lo que permitió hallar por primera vez un sistema completo de letrinas o lugares comunes, para usar la palabra de época, que no casualmente tienen una serie de cortas galerías bajo tierra donde apoyan arcos de piedra sobre los que estaba el piso de esos baños. La profundidad no es mucha, 1,30 metro, pero la forma peculiar de este complejo sistema, que incluye una escalera para poder descender y limpiarlo, dio para que se crearan leyendas locales de que era, en realidad, la entrada hacia misteriosos túneles del pasado. Fue un estudio pionero en la materia y los objetos hallados se pueden ver en el Museo Nicolás Avellaneda de esa ciudad.[263]

Otra historia muy diferente es la de la hija del capo mafioso nacional conocido como Chicho Grande, la célebre Ágata Galiffi, quien luego heredaría el título del padre. Ella tuvo un plan genial para un robo perfecto. Todo se basaba en un anarquista alemán llamado Wolf, quien se había dedicado toda la vida, encerrado en un cuarto, a falsificar billetes de pesos, dólares y libras, guardándolos prolijamente. Esperaba el día en que tuviera tantos billetes que, al lanzarlos al mercado, se derrumbara el capitalismo opresor.[264] Al saber esto, Ágata intentó cambiarlos lentamente, pero era casi imposible por la cantidad y porque eran billetes de alta denominación. La solución fue hacer un túnel de 94 metros cruzando una manzana de la ciudad de Tucumán hasta llegar al Banco de la Provincia, entrar en la bóveda, cambiar los billetes y desaparecer. Para ello contrató a un ingeniero que, munido del respectivo teodolito, trazó los planos y contrató un equipo de mineros bolivianos para hacer el túnel. Hasta ahí todo anduvo bien, incluso los problemas surgidos al haberse topado con un aljibe en medio del recorrido, pero al llegar bajo la bóveda del banco el techo cedió y murió uno de los mineros. Era lo inesperado, lo impensable: los demás se negaron a seguir por superstición ancestral y debido a los conflictos por su deserción se frustró el proyecto; Ágata cayó poco más tarde —por otras razones— y todo quedó olvidado. Sin duda uno de los túneles delictivos más extensos de los que tenemos noticias.

Notas

[1] Información proveniente del ex archivo de *La Gaceta de Palermo*; agradezco a Oscar Himschoot el acceso a estos datos.

[2] Patrick Brown (1928), págs. 69 a 76.

[3] Agradezco la información a Abel Alexander, que organizó el archivo; las fotos fueron ubicadas por Alina Silveira.

[4] Agradezco a Mario Silveira por esta compleja identificación.

[5] Manuel Bilbao (1934).

[6] Vicente Nadal Mora (1946), láminas 158 a 160 y (1947) láminas 106-111; Enrique Hers (1979).

[7] Vicente Nadal Mora (1957), todo el libro está dedicado a la ornamentación con herrería.

[8] Lucio V. Mansilla (1955) y José A. Wilde (1969).

[9] Juan Bialet-Masse (1988), el texto es de 1904.

[10] Edmundo Wernicke (1918), pág. 130.

[11] Mariquita Sánchez, carta del 5 de diciembre 1846 (1952), pág. 138.

[12] Julio Cortázar (1996), texto de 1980.

[13] Beatriz Guido (1980).

[14] Ernesto Sabato (1993), texto de 1974.

[15] Ernesto Sabato (2000).

[16] Ernesto Sabato (1980).

[17] Ernesto Sabato (1993), pág. 291.

[18] Epifamio Lamas (1977).

[19] Daniel Schávelzon y Mario Silveira (1988).

[20] *La Gaceta Mercantil* (1848), del 17 de abril y del 16 de mayo; también *El Comercio del Plata* (1848) del 29 de febrero y del 17 de abril.

[21] Ídem, 17 de abril, pág. 2

[22] Sarmiento (1961), vol. I, pág. 111.

[23] Vicente Quesada (1998), pág. 139; Joaquín V. González (1957) pág. 88; la edición original es de 1886.

[24] Las obras de Benoit en el Cabildo pueden verse detalladas en Daniel Schávelzon (1989).

[25] Pedro Benoit (1882), pág. 199.

[26] Plano del Ministerio de Obras Públicas, ver Schávelzon (1992) para detalles.

[27] Juan Vilardi (1940).

[28] *La Nación*, 17 de agosto 1909.

[29] Relevamiento de Pablo López Coda, incluido en Schávelzon (1992), pág. 20.

[30] Blas Vidal (1904).

[31] Ídem.

[32] La ordenanza municipal de 1894 puede verse en cualquier digesto municipal anterior a 1930.

[33] *PBT* Nº 136, 1907.

[34] Ver como ejemplo *La Nación*, 17 y 19 de agosto 1909.

[35] Ídem, 17 de agosto.

[36] Ídem.

[37] *La Nación*, 18 de agosto 1909.

[38] *La Nación*, 19 de agosto 1909.

[39] *La Nación*, 20 de agosto 1909.

[40] Ídem.

[41] *Caras y Caretas*, 26 de agosto 1909.

[42] Ángel Gallardo (1918), y luego lo cita en sus memorias (2003).

[43] Plano del ingeniero Topelberg del año 1915, archivado en la Dirección de Catastro de la Secretaría de Planeamiento Urbano del Gobierno de la Ciudad.

[44] Posiblemente de 1890; no ha sido posible hallarlo pese a las referencias de Greslebin y de Krieger; podría tratarse de un error del primero y repetido por el segundo autor.

[45] Héctor Greslebin (1920), sobre su vida ver Beatriz Patti y Daniel Schávelzon (1992, 1993 y 1997).

[46] Carbia al parecer se peleó con Greslebin por esa nota del diario; Greslebin le echó en cara que no hubiera avanzado en su investigación, según información de la familia de R. Carbia.

[47] Félix Outes (1920); sobre la vida y obra de Outes ver Francisco de Aparicio (1942) y Outes (1922).

[48] El túnel de Defensa 751 está abierto al público desde el año 2001, y representa una obra monumental de restauración a cargo de Jorge Eckstein, véase *La Prensa*, 20 de diciembre 1998.

[49] Félix Outes (1920).

[50] Leopoldo Lugones (1922).

[51] Manuel Olivier (1926).

[52] *La Unión*, 6 de octubre 1920.

[53] Enrique Udaondo (1922), págs. 33 y 34.

[54] Félix Outes (1927).

[55] Ídem, fue el primero en poner en duda la interpretación canónica aceptada.

[56] *La Razón*, 27 de octubre 1928.

[57] Marcelo Weissel (1997) y Zunilda Quatrín (2001).

[58] El plano original fue hecho por el M.O.P. en 1936; lo he publicado completo en Schávelzon (1992), pág. 72.

[59] Vicente Nadal Mora (1957).

[60] Dardo Cúneo (1938).

[61] Enrique Peña (1910), volumen I dedicado a la historia del fuerte de la ciudad.

[62] Sergio Ruiz Díaz s/fecha.

[63] Julián Vilardi (1940).

[64] La correspondencia se encuentra en el archivo del Cabildo; agradezco a María A. Vernet por facilitarme la información.

[65] José A. Pillado (1943).

[66] Daniel Schávelzon (en prensa).

[67] *La Razón* 5 de agosto 1948, pág. 10.

[68] Ídem.

[69] Vicente Nadal Mora (1957).

[70] Dalmacio Sobrón (1997).

[71] Carlos Krieger (1971).

[72] *Democracia*, 22 de octubre 1954.

[73] *El Mundo*, 2 de diciembre 1956.

[74] Vicente Nadal Mora (1957).

[75] Carlos Tero (1958).

[76] *La Prensa*, 14 de agosto 1960.

[77] Héctor Greslebin (1964).

[78] Las declaraciones fueron hechas por Krieger al diario *Clarín*, que publicó en varias notas en 1967.

[79] Héctor Greslebin (1969), corresponde al volumen de los años 1966-67.

[80] La carpeta original de dibujos de Rönnow se encuentra en el Instituto de Arte Americano.

[81] Mario Buschiazzo (1951) publicó los documentos de Rönnow y los historió.

[82] Jorge Larroca (1957).

[83] Las declaraciones de Carlos Krieger están en el diario *Clarín* (1967).

[84] *La Nación*, 31 de julio 1979; las apreciaciones de Krieger están en *Panorama* del 18 de agosto 1970, véase también *La Razón* del 30 de julio 1970.

[85] *La Razón*, 18 de noviembre 1974, y *La Prensa* del 18 de noviembre 1974.

[86] Carlos Krieger (1971 y 1982).

[87] Claudio Faccio (1988).

[88] En el año 1987, y pese a todos los esfuerzos hechos, se demolió la casa y gran parte de las bóvedas, que luego fueron rellenadas con escombros para hacer una playa de estacionamiento. Lo absurdo es que podía haberse hecho igual, conservando (o usando) las bóvedas de abajo.

[89] Eduardo Taylor; véanse obras de él en otros capítulos de este libro, en especial su proyecto para el Tercero del Sur y para Michelangelo, además de la Aduana, todas obras similares a esta citada.

[90] Existe un libro inédito de Krieger que he visto en manos de su familia; lamentablemente no me facilitaron copia de él en 1992, cuando intenté publicarlo, porque iba a editarlo la Manzana de las Luces.

[91] Federico Kirbus (1982), pág. 122.

[92] Carlos Scavo (1986).

[93] Ruth Tiscornia (1983), págs. 229-234.

[94] Como bibliografía básica en este tema sugerimos a Zacarías Moutoukias (1988), actualizado y accesible.

[95] Tiscornia (1983); la carga ideológica es clara y acorde con su tiempo y con la interpretación del papel del imperialismo en las supuestamente pasivas economías locales.

[96] No está claro cuándo se organizó la Comisión ni quiénes eran sus miembros, al parecer fue en 1971; Mayochi y Poitevin s/fecha.

[97] Jorge Gazaneo, s/fecha.

[98] Alberto de Paula (1984).

[99] La información sobre construcciones subterráneas fue surgiendo a medida que se hacían excavaciones en proyectos de diversos tipos, con objetivos e hipótesis propios; sólo después de un tiempo se sintió que había un conjunto de información suficiente como para transformarlo en un proyecto en sí mismo.

[100] Enrique Peña (1910), volumen I.

[101] Germán Tjarks (1966), pág. 223.

[102] Guillermo Furlong (1944), vol. I, pág. 138.

[103] Esta conocida historia está bien narrada en Zabala y de Gandía (1980), vol. I.

[104] Guillermo Furlong (1946), Mario Buschiazzo (1938).

[105] Dalmacio Sobrón (1997).

[106] Existe un plano inédito hecho para Greslebin por Carlos Gamondes.

[107] Fue excavado aprovechando la restauración hecha para Casa FOA en 2001, a través de la Dirección General de Patrimonio, Secretaría de Cultura, Gobierno de la Ciudad. Agradezco a Marcelo Magadán por haber ubicado el sitio.

[108] Andrés Millé (1955), pág. 264.

[109] Elsa Calderón (1987), págs. 60-61.

[110] Carlos de Alvear (1865), pág. 188.

[111] Daniel Schávelzon (1992).

[112] Ídem, el tema de las galerías filtrantes sería una buena explicación alternativa para los túneles de la Manzana de las Luces; si fuera así, se trató de un proyecto también fracasado, ya que no hubiera rebajado el nivel freático; véase Mónica Barney y David Fleming (1991).

[113] Este trabajo tuvo extensas notas en periódicos entre 1985 y 1988 y se han editado innumerables artículos, tanto de los que hicimos la excavación (realizada junto con Jorge Ramos y un amplio equipo de estudiantes) como de historiadores y otros interesados; es imposible reseñar lo editado.

[114] Daniel Schávelzon (1985).

[115] El Polvorín de Cueli fue destruido inútilmente, véase Sdrech (1991).

[116] Schávelzon, Magadán y Aguirre Saravia (1987), un resumen en Schávelzon (1999), págs. 138-140.

[117] Véase como ejemplo el estudio de materiales históricos en Schávelzon (1991) y el CD titulado *Catálogo de cerámicas históricas del Río de la Plata*, de Daniel Schávelzon (2002), resultado de ese trabajo.

[118] Agradecemos a Félix Luna por su idea de publicar una nota extensa en *Todo es Historia* y a María Sáenz Quesada por las facilidades para que haya sido posible; existe reedición del año 2002.

[119] Daniel Schávelzon (1995).

[120] Daniel Schávelzon (1991, 1994 y 1996).

[121] La excavación de esas cinco casas está descrita en Schávelzon (1995 y 1999).

[122] Pablo López Coda (1992), págs. 163-167.

[123] Un resumen accesible de estas excavaciones en Daniel Schávelzon (1999), págs. 144-146.

[124] Enrique Peña (1910), de Paula y Tait (1960), Alberto de Paula (1984).

[125] Otro caso absurdo de destrucción patrimonial, ya que se había acordado dejar el aljibe abierto y restaurado.

[126] Editada por Corregidor, ya hay cuatro volúmenes impresos.

[127] Daniel Schávelzon (1992).

[128] Pablo Willemsen (1994); le agradecemos la información sobre el sitio.

[129] Daniel Schávelzon (1996 y 1999), págs. 134-138.

[130] Daniel Schávelzon y Mario Silveira (1988).

[131] Graciela Seró Mantero (2000).

[132] Las excavaciones de la primera etapa fueron hechas por Marcelo Weissel (1997), véase *Clarín* del 9 de mayo y del 19 de noviembre 1997.

[133] Los informes inéditos se encuentran en el Centro de Arqueología Urbana.

[134] Zunilda Quatrín (2000).

[135] Daniel Schávelzon (en prensa).

[136] Trabajo hecho para el Instituto Histórico del GCBA.

[137] Mario Silveira (2000).

[138] Zunilda Quatrín (2000).

[139] La excavación fue hecha para la Dirección General de Patrimonio de la Secretaría de Cultura del GCBA durante el año 2001.

[140] Los informes de esta excavación aún se están procesando; la primera temporada fue hecha bajo mi dirección junto con Emilio y Verónica Eugenio, Mario Silveira y América Malbrán; la segunda fue llevada a cabo por Marcelo Weissel, para la Dirección General de Patrimonio de la Secretaría de Cultura, GCBA.

[141] Zunilda Quatrín (2001).

[142] Véase *La Nación*, 16 de julio, 1988.

[143] *La Nación*, 4 de marzo 1984, *La Razón*, 17 de abril 1984, Enrique Mayochi (1989).

[144] *Metrópolis*, 6 de junio 1991.

[145] Mayochi, Poitevin y Gazaneo (1997).

[146] Germinal Nogués (2001).

[147] José A. Wilde (1969).

[148] Vicente Nadal Mora (1957).

[149] Ramón Gutiérrez y Alberto de Paula (1974).

[150] Germán Hers (1979); en general los autores se basan en Mansilla y Wilde para estas aseveraciones.

[151] Lucio V. Mansilla (1955).

[152] Mariquita Sánchez, carta del 8 de noviembre 1847 (1952), pág. 169.

[153] Ángel Prigniano (1998).

[154] Pedro M. Arata (1887).

[155] Ídem, pág. 214.

[156] Concolorcorvo (1908), pág. 33.

[157] Francisco Tamburini, documentación original del contrato para la Escuela Normal de Profesores, 1886.

[158] Guillermo Furlong (1944), vol. I.

[159] Roxana Fernández (2000) presenta una síntesis de la propuesta que no llegó a realizarse.

[160] Agradezco al arquitecto Mederico Faivre por haber gestionado este proyecto; ver las excavaciones en Páez, Pérez, Ramos y Silveira (1999); sugerimos visitar el lugar para ver los pozos conservados; se difundió en *La Prensa* del 30 de agosto, *Clarín* del 3 de septiembre y *Página/12* del 4 de septiembre 1999.

[161] Agradecemos para esta excavación a Lucrecia Zapiola y Carlos Dellepiane, que la hicieron posible; fue excavada por el Instituto Histórico del GCBA bajo la coordinación de Zunilda Quatrín.

[162] El informe de lo hecho en el sitio está en Zunilda Quatrín (2000), ver *Clarín*, 22 de enero 2000.

[163] Nota del Centro de Gestión y Participación Nº 7 a la Subsecretaría de Acción Cultural GCBA, 13 de marzo 2000.

[164] La única información disponible en Daniel Schávelzon (1992), pág. 102; plano y fotos de Luis Buchalter.

[165] Mario Silveira (2000).

[166] Zunilda Quatrín, comunicación personal de 1997.

[167] La casa estuvo ocupada por intrusos más de veinte años, con lo que el deterioro fue tremendo e incluyó la pérdida del aljibe y el rellenado de su cisterna con bolsas de basura; un informe en *Cronista Mayor de Buenos Aires* Nº 19, 1999.

[168] Mario Buschiazzo (1967).

[169] Agradezco a Dolores Rodrigué, Verónica Rinaldi y Gimena Varela su trabajo en el sitio.

[170] Daniel Schávelzon (1989).

[171] Daniel Schávelzon y Ana M. Lorandi (1992), págs. 63-65.

[172] Daniel Schávelzon y Mario Silveira (1998).

[173] Daniel Schávelzon y Mario Silveira (1998).

[174] La primera temporada de excavación fue hecha en 1991 y 1992 y fue publicada más tarde (1995).

[175] Una nueva etapa de trabajo se inició en 2002 pero quedó suspendida por las crisis económica y política; en esta ocasión el trabajo de campo estuvo a cargo de Xavier Perussich.

[176] La extrema complejidad de esta excavación fue realmente un problema, en especial para entender las secuencias de operaciones de alteración por los pozos ciegos y otras obras bajo tierra, hechas todas en pocos años y con gran violencia. Se logró entenderlo gracias a la aplicación del Método de Harris, creo que por primera vez en la arqueología histórica del país, por Sergio Caviglia en 1987.

[177] La existencia de estos pozos dobles es muy común en los planos de fines del siglo XVIII para casas de un mismo propietario; era un modo de abaratar las casas construidas para alquiler.

[178] Agradezco la posibilidad de hacer ese trabajo a Oscar Balestieri y a Jorge Ramos. Sobre la Casa Lavalle-Cobo puede verse un informe del autor de 1999 en http://members.tripod.com/guamini/ponencia/s.html; un resumen en *Página/12* del 9 septiembre 2001. Daniel Schávelzon y Mario Silveira (1988).

[179] El tema de la presencia de esclavos en la Casa Ezcurra abrió una veta de investigación en la arqueología que ha resultado de sumo interés; véase Daniel Schávelzon, *Buenos Aires Negra*, en prensa, Editorial Emecé.

[180] Andrés Millé (1955), pág. 26.

[181] Ídem, pág. 264.

[182] Agradezco a Marina Ojero, Norma Pérez, Patricia Frazzi, Verónica Rinaldi, Guillermo Paez y Alicia Marzoratti por haber acudido a este rescate; la información fue de Horacio Redini.

[183] Los informes de esta excavación se encuentran en el Centro de Arqueología Urbana; véase como nota periodística Piña (2000).

[184] La investigación documental y los planos fueron hechos por Pablo López Coda (2000).

[185] Agradezco en esta excavación a Jorge Eckstein como propietario, a Pablo López Coda y Andrés Zarankin por acompañarme en los trabajos de campo. Véase un resumen en Daniel Schávelzon (1999), págs. 132-134.

[186] En la plaza se hicieron dos temporadas de excavación dirigidas a diferentes objetivos; véase Marcelo Weissel (1997) y Zunilda Quatrín (2001); hay numerosas notas periodísticas, entre ellas *La Razón* del 26 de octubre y *Clarín* del 13 de noviembre 1999.

[187] Sobre estos trabajos véase Daniel Schávelzon (1991, 1994 y 1996).

[188] Pablo López Coda (1992), págs. 161-167.

[189] Esta excavación fue hecha por la Secretaría de Cultura del GCBA debido al interés personal de María Sáenz Quesada durante 1997; la dirección general fue de Graciela Seró Mantero, quien publicó los resultados de las investigaciones (2001); hay numerosas referencias periodísticas en esa época.

[190] Esas excavaciones están descritas en Daniel Schávelzon (1992), págs. 69-74.

[191] La excavación de este sitio fue hecha en 2004. Agradecemos a su propietario Manuel Ibáñez y al personal del Centro Histórico del GCBA.

[192] La excavación de la casa Fernández Blanco está a cargo de Mariano Ramos desde 2001.

[193] Esta obra de restauración es un proyecto emprendido por la Dirección General de Museos del GCBA en el año 2000 y consiste en la recuperación de la que fuera la casa de este famoso coleccionista, residencia que se hallaba en trágico estado de destrucción.

[194] Sobre este estilo decorativo véase M. Magaz y D. Schávelzon (1994).

[195] Las excavaciones fueron iniciadas durante la dictadura militar de Galtieri sin control arqueológico alguno; siguieron en 1984 de la misma forma. Sólo se logró recuperar un par de cajas con objetos y alguna información científica por terceros.

[196] Por suerte Marcelo Magadán logró hacer algunas observaciones durante esta destrucción realizada con supuestos objetivos de restauración, y preparó un proyecto de salvataje que nunca logró ser aplicado totalmente.

[197] Sobre la historia y los planos de este poco conocido edificio, véase Daniel Schávelzon (1988).

[198] Esta excavación fue hecha con la colaboración de Mariano Ramos, América Malbrán, Graciela Mendoza, Matilde Lanza, Ariel Bártoli; la historia fue documentada por Pablo Willemsen.

[199] Epifanio Lamas (1977).

[200] Véase la historia entre la Aduana y este edificio en Schávelzon y Silveira (1998).

[201] Jorge Tartarini (2001), págs. 243-248; Horacio Ramos (1992).

[202] Juan C. García Basalao (1979).

[203] *Caras y Caretas*, 18 de julio 1903.

[204] *Caras y Caretas*, 17 de marzo 1906.

[205] *Caras y Caretas*, 10 de junio 1911.

[206] *La Prensa*, 4 de abril 1893.

[207] *Caras y Caretas*, 14 de enero 1911 y 4 de febrero 1911; *PBT*, 14 de enero 1911.

[208] R. Fernández (1897).

[209] *Caras y Caretas*, 1 de julio y 8 de septiembre 1923.

[210] Enrique Sdrech (1991).

[211] Zabala y de Gandía (1980), vol. I, págs. 289-290.

[212] *Diario Popular*, 26 de junio 1994.

[213] *Clarín*, 7 de enero 1997.

[214] Luis Esnal (1995), *Clarín*, 14 de marzo y 4 de abril 2003, *La Nación*, 27 de marzo 2003.

[215] La información sobre el búnker se la agradezco a Néstor Zaquim y a Estela Bin.

[216] *La Nación*, 16 de julio 1988.

[217] Agradezco esta información a Iván Grondona y Graciela Seró Mantero.

[218] Zunilda Quatrín (2000).

[219] *La Nación*, 13 de febrero 1999, pág. 8.

[220] Sergio Ruiz Díaz, s/fecha.

[221] Daniel Schávelzon (1992), págs. 122-125.

[222] Roxana Fernández (1997).

[223] Daniel Schávelzon (1986 y 1987).

[224] Agradezco a Néstor Zaquim la información sobre el sitio y haberme permitido visitarlo y estudiarlo.

[225] Daniel Schávelzon (1987).

[226] Comisión Municipal (1911), págs. 176-177.

[227] Lucio V. Mansilla, 1889 (1983), pág. 140.

[228] Néstor Auza (1988), pág. 177.

[229] *El Nacional*, 15 de octubre 1859, pág. 2, y 7 de mayo 1870.

[230] A partir de la idea rectora citada hubo media docena de modificaciones importantes al proyecto, según la influencia de cada uno de los ingenieros intervinientes, pero la idea original se mantuvo.

[231] Estos materiales sirvieron de base para la clasificación de objetos de la cultura porteña entre los siglos XVI y XX; véase nota 117.

[232] Véase *La Prensa*, 20 de diciembre 1998, y *The Buenos Aires Herald*, 7 de octubre 2001.

[233] Diego del Pino (1971) presenta una historia completa y documentada.

[234] Vicente Quesada (1998) y Bischoff (1975), para su interpretación.

[235] Juan Kronffus (1918).

[236] Carlos Page (sin fecha), pág. 10.

[237] En esta obra se hicieron intentos de una arqueología urbana pero fueron un rotundo fracaso; no había ni gente entrenada ni especialistas: no hay informes científicos ni materiales recobrados, pese a que sí los hubo en gran cantidad, Isaac Edelstein (1997).

[238] El trabajo de Efraín Bischoff (1975) es excelente y en extremo documentado.

[239] Pedro Grenón (1947), pág. 15.

[240] Fabián García (2001).

[241] Marta Slavazza (1999), a quien agradezco toda la información suministrada.

[242] Andrés Salas (1987).

[243] Andrés Salas, comunicación personal de 1988.

[244] *El Día*, 17 de abril 1996, págs. 15-16 y www.laplatamagica.com.ar/cur995atac3ra.htm a cargo de Gualberto Reynal.

[245] Véase Daniel Schávelzon, editor (1998).

[246] *Los Andes*, 10 de enero 2002.

[247] Miguel Ángel Mernes (1991).

[248] Miguel Ángel Mernes (2002), pág. 2.

[249] Miguel Ángel Mernes (2002), pág. 9.

[250] Trabajos a cargo de Carlos Ceruti, véase *El Diario*, 19 de mayo 2005, pág. 5.

[251] A cargo de Daniel Schávelzon, Patricia Frazzi y Guillermo Paez.

[252] Zacarías Pilón (1999) y Jorge Riani (2004).

[253] Mariano Wullich (1998), *Página/12*, 17 de febrero 1989.

[254] Jorge Riani (varios artículos de 2004) y Walter Musich (2002 y 2004); véase *El Diario*.

[255] Daniel Schávelzon y Mario Silveira (2001).

[256] Guillermo Paez, ídem ant., págs. 159-181.

[257] Natacha Schvartz (1999).

[258] José López Rosas (1984).

[259] Ídem, pág. 1.

[260] Lina Beck-Bernard (2001) era la esposa del embajador suizo y venían a establecer colonias en el país.

[261] Luis M. Calvo, comunicación personal.

[262] Véase un informe sobre ese pequeño estudio en D. Schávelzon (1994).

[263] Roque Gómez (1982 y 1999); le agradezco el envío de planos y publicaciones.

[264] Esther Goris (1999).

Nota de agradecimiento

La enorme búsqueda documental que significó este libro es el resultado del trabajo de muchos amigos, pero en forma especial agradezco a Abel Alexander, a Rodolfo Isarria y a Alina Silveira, sin ellos hubiera sido imposible ubicar muchas notas y fotos en archivos que no son accesibles. Para las fotos antiguas agradezco a Marcelo Loeb y su material del antiguo archivo de la Editorial Haynes. Le debo buenas ilustraciones a Fabián Catanese y la Editorial DDB. Los planos del Catastro de Pedro Beare fueron reproducidos gentilmente del Museo de la Ciudad. La familia de Héctor Greslebin me ha brindado ayuda y me facilitó material gráfico de gran importancia para este y otros libros anteriores. Los excelentes dibujos de Carlos Moreno son una gentileza personal que agradezco de manera especial.

Bibliografía

ANÓNIMO

1848 *La Gaceta Mercantil*, Nos. 7352 y 7358, del 17 de abril y 16 de mayo, págs. 1-2, Buenos Aires.
El Comercio del Plata, 29 de febrero y 17 de abril, Montevideo.

1899 "Portfolio de curiosidades", *Caras y Caretas*, Nº 16, 21 de enero, Buenos Aires.

1903 "Racha de evasiones, la de la Penitenciaría", *Caras y Caretas*, 18 de julio, Buenos Aires.

1907 "Buenos Aires subterráneo", *PBT*, Nº 162, págs. 3-4, Buenos Aires.

1909 "Los subterráneos de Buenos Aires, una serie de hallazgos curiosos: la tradición y la realidad", *La Nación*, 17 de agosto, Buenos Aires.
"Los subterráneos de Buenos Aires, la casa de Juan Manuel de Rosas; escondrijos misteriosos", *La Nación*, 18 de agosto, Buenos Aires.
"En el mercado central; las grandes cámaras ocultas", *La Nación*, 19 de agosto, Buenos Aires.
"El pozo de la calle Belgrano. El túnel de San Ignacio", *La Nación*, 20 de agosto, Buenos Aires.
"Los subterráneos de Buenos Aires", *Caras y Caretas*, 26 de agosto, Buenos Aires.

1911 "La evasión de presos en la Penitenciaría", *PBT*, 14 de enero, Buenos Aires.
"En la Penitenciaría Nacional, evasión de trece penados", *Caras y Caretas*, 14 de enero, pág. 4, Buenos Aires.

1912 "La evasión de presos", *PBT*, 4 de febrero, Buenos Aires.

1920 "Hallazgo de un lago subterráneo en la capital, cuatro manzanas en peligro", *La Unión*, 6 de octubre, Buenos Aires.
"Sobre el Tercero antiguo, una alarma infundada", *La Nación*, 13 y 14 de septiembre, Buenos Aires.

1923 "La sensacional evasión en la Penitenciaría Nacional", *Caras y Caretas*, 1 de julio, Buenos Aires.

"Después de su fuga de la Penitenciaría", *Caras y Caretas*, 8 de septiembre, Buenos Aires.

1927 "En un terreno céntrico se comprobó la existencia de una galería subterránea", *La Prensa*, 26 de noviembre, Buenos Aires.

1928 "Se ha descubierto un nuevo subterráneo o es una ramificación de otros ya conocidos", *La Razón*, 27 de octubre, Buenos Aires.

1929 "La sensacional evasión en la Penitenciaría de 1924", *Caras y Caretas*, 7 de diciembre, Buenos Aires.

"Una nueva tentativa de evasión en la Penitenciaría Nacional", *Caras y Caretas*, 7 de diciembre, Buenos Aires.

1934 "Una guarida de contrabandistas comunicaba con el río por un túnel", *La Nación*, 23 de mayo, Buenos Aires.

1948 "De vez en cuando la gran ciudad revela secretos de su subsuelo", *La Razón*, 5 de agosto, pág. 10, Buenos Aires.

"Aparecieron más edificaciones debajo del Mercado del Plata", *La Razón*, 5 de agosto, pág. 14, Buenos Aires.

1954 "Los misterios del subsuelo porteño: cuevas, galerías y mazmorras enrejadas", *Democracia*, 22 de octubre, Buenos Aires.

"Hallan en el subsuelo de la ciudad otra extensa catacumba de la época colonial", *El Mundo*, 2 de diciembre, Buenos Aires.

1960 "El peligro de derrumbe de una casa en San Telmo", *La Prensa*, 14 de septiembre, Buenos Aires.

1967 "Buenos Aires y sus catacumbas", *Clarín*, 1 de junio, pág. 27, Buenos Aires.

1968 "Buenos Aires, ciudad de túneles secretos", *Así*, 21 de mayo, págs. 2-3, Buenos Aires.

1970 "Cavando para instalar el gas hallan en plena calle Balcarce un túnel y cavernas", *La Razón*, 30 de julio, Buenos Aires.

"Túnel en Plaza de Mayo", *La Nación*, 31 de julio, Buenos Aires.

"Catacumbas bajo la Plaza de Mayo", *Así*, 4 de agosto, Buenos Aires.

"Los subterráneos de Santa María de los Buenos Aires", *Panorama*, 18 de agosto, Buenos Aires.

1974 "Abrióse un pozo al hundirse la calle en Alsina y Bolívar", *La Prensa*, 18 de noviembre, pág. 10, Buenos Aires.

"Un tremendo pozo que se abrió en la esquina de Alsina y Bolívar reactualiza la historia de los túneles de San Telmo", *La Razón*, 18 de noviembre, Buenos Aires.

1977 "Carteles de la nostalgia", *Revista La Nación* (27 de febrero), págs. 10-11. Buenos Aires.
1979 "Los túneles porteños fueron del presente a la leyenda sin pasar por la historia" (nota de E. Goyechea), *Convicción*, 17 de agosto, Buenos Aires.
"Buenos Aires subterráneo" (nota de J. Arverás), *Clarín*, 26 de agosto, pág. 32, Buenos Aires.
1982 "En los túneles misteriosos", *La Nación*, 4 de octubre, pág. 8, Buenos Aires.
1983 "Reaparece la vieja ciudad", *Clarín*, 10 de junio, pág. 29, Buenos Aires.
1984 "Primera visita guiada a los túneles de la época colonial", *La Nación*, 3 de julio, Buenos Aires.
"La ciudad invita a descubrir su historia secreta" (nota de N. García Rozada), *Revista La Nación*, págs. 8-10, 4 de marzo, Buenos Aires.
"Los túneles de la Manzana de las Luces", *Clarín*, 30 de julio, pág. 31, Buenos Aires.
1986 "La exploración de los túneles de Palermo", *Clarín* (sección Arquitectura"), 7 de febrero, págs. 4-5, Buenos Aires.
"Ubican en Palermo los restos de un antiguo polvorín", *La Nación*, 21 de octubre, pág. 22, Buenos Aires.
"Una investigación deparó valiosos hallazgos históricos: arqueología urbana en San Telmo", *La Nación*, 1 de diciembre, pág. 16, Buenos Aires.
1987 "Hallan restos indígenas en San Telmo, objetos de cerámica cerca de un túnel del siglo pasado", *Clarín*, 5 de septiembre, pág. 42, Buenos Aires.
1988 "Arqueología urbana: túneles sin misterio", *Revista Cabal* Nº 44, págs. 54-57, Buenos Aires.
"Misteriosos túneles de Buenos Aires", *La Razón*, 17 de abril, Buenos Aires.
"El misterio se agazapa en los túneles de Adrogué", *La Nación*, 16 de julio, Buenos Aires.
1989 "Desde los jesuitas hasta la mujer de Rico transitaron los túneles de Paraná", *Página/12*, 17 de febrero, pág. 8, Buenos Aires.
1991 "Otra ciudad oculta", *Metrópolis* (suplemento de *Página/12*), 6 de junio, Buenos Aires.
"Excavación del Cabildo: buscan túneles del 1700", *La Nación*, 9 de noviembre, pág. 5, Buenos Aires.
"El túnel del tiempo", *Clarín*, 18 de enero, Buenos Aires.
1992 "Túneles virreinales, una historia para profundizar", *Crónica*, 13 de diciembre, Buenos Aires.

1994 "Catacumbas porteñas", *La Prensa,* 12 de febrero, Buenos Aires.
"Los boqueteros son el terror de los bancos", *Diario Popular,* 26 de junio, pág. 10, Buenos Aires.
1996 "El enigma de los túneles platenses, una leyenda que se reflota en la ciudad", *El Día,* 17 de abril, pág. 16, La Plata.
1997 "Una banda de boqueteros hizo una obra de ingeniería para robar un banco", *Clarín,* 7 de enero, págs. 28-29, Buenos Aires.
"Arqueología en zona bancaria", *Clarín,* 9 de mayo, págs. 36-37, Buenos Aires.
1998 "Excavando en la memoria", *La Prensa,* 20 de diciembre, págs. 4-5, Buenos Aires.
1999 "Hallan un cementerio de la época colonial en la plaza Roberto Arlt", *Clarín,* 13 de noviembre, pág. 62, Buenos Aires.
"Hallaron un esqueleto del siglo XVIII", *La Razón,* 17 de noviembre, pág. 8, Buenos Aires.
"Los arqueólogos investigan dos grandes pozos en un restaurante", *La Prensa,* 30 de agosto, pág. 18, Buenos Aires.
"Hallazgo arqueológico en Palermo", *Clarín,* 3 de septiembre, pág. 38, Buenos Aires.
"Dos pozos para estudiar la vida porteña en 1850", *Página/12,* 4 de agosto, Buenos Aires.
"Hallan en pleno centro porteño restos humanos del siglo XVIII", *La Razón,* 26 de octubre, pág. 11, Buenos Aires.
2000 "Arqueología Urbana", *Cronista Mayor de Buenos Aires* Nº 19, pág. 8, Instituto Histórico, GCBA, Buenos Aires.
"Descubrieron en Belgrano vestigios de un hipódromo", *La Razón,* 29 de febrero, Buenos Aires.
"En una casona de Belgrano hallan vestigios de lo que habría sido el Circo de las Carreras", *Diario Popular,* 29 de febrero, Buenos Aires.
"Analizarán los restos óseos que hallaron en la plaza Roberto Arlt", *Clarín,* 9 de marzo, pág. 50, Buenos Aires.
"Rastros del primer hipódromo, se trataría del Circo de las Carreras que operó hasta 1886", *La Nación,* supl. *Belgrano,* 9 de marzo, pág. 5, Buenos Aires.
"Por primera vez los arqueólogos excavarán en la Plaza de Mayo", *Clarín,* págs. 48 y 49, 2 de abril, Buenos Aires.
2001 "Hallazgo arqueológico en un convento", *La Nación,* 21 de julio, pág. 14, Buenos Aires.
"Buenos Aires a través de sus túneles", *Abogados* (febrero), págs. 26-29, Buenos Aires.

"La increíble historia de un preso que cumplía condena en el Borda y se fugó", *Clarín*, 5 de agosto, pág. 50, Buenos Aires.

"Recapturan a un preso que se fugó del neurosiquiátrico Borda", *Clarín*, 18 de agosto, pág. 57, Buenos Aires.

Descubriendo túneles, en www.oni.escuelas.edu.ar/2001/entre-rios/tuneles/sitio/ubicaciones.htm.

"Descubrieron un raro túnel bajo un edificio de la Justicia", *La Nación*, 12 de septiembre, Buenos Aires.

"Historia exhumada del erotismo porteño", *Página/12*, 9 de septiembre, pág. 23, Buenos Aires.

"A valuable investment in history", *The Buenos Aires Herald*, 7 de octubre, pág. 12, Buenos Aires.

"Los túneles del Cabildo sacan a la luz vestigios de la Buenos Aires colonial", *Página/12*, 9 de noviembre, pág. 9, Buenos Aires.

2003 "Diputados: quieren un túnel de salida", *Clarín*, 14 de marzo, pág. 17, Buenos Aires.

"Un túnel para los diputados", *La Nación*, 27 de marzo, pág. 18, Buenos Aires.

"El túnel que quieren hacer los diputados tendrá 58 metros de largo", *Clarín*, 1 de abril, pág. 23, Buenos Aires.

2004 "Túneles en Paraná: tráfico subterráneo de esclavos", en *Weekend*, octubre, pág. 18, Buenos Aires.

"Los túneles existen pero no los hicieron los jesuitas", en *El Diario*, 9 de noviembre, pág. 3, Segunda Sección, Paraná.

"Nuevo hallazgo histórico en plaza Primero de Mayo", en *Boletín Informativo Municipal* Nº 954, 13 de noviembre, Paraná.

2005 "Investigación de túneles", en *Uno*, 18 de mayo, Paraná.

"Historia de una casa, arqueología urbana en la capital provincial", en *El Diario*, 19 de mayo, pág. 5, Paraná.

"Túneles: se necesitaría una baja inversión para ponerlos a punto", en *El Diario*, 20 de mayo, Paraná.

"Rechazaron la idea de que habrían sido construidos por jesuitas", en *Análisis* (online), 20 de mayo, Paraná.

APARICIO, FRANCISCO DE

1942 "Félix Outes (bibliografía, currículum)", *Publicaciones del Museo Etnográfico*, Facultad de Filosofía y Letras, vol. IV, págs. 253-299, Buenos Aires.

ARATA, PEDRO
1887 "El clima y las condiciones higiénicas de la ciudad de Buenos Aires", *Censo General de la Ciudad*, vol. I, págs. 265-397, Buenos Aires.

ARCUSÍN, PABLO
1987 "Quien camina por estos túneles", *Clarín*, 21 de noviembre, págs. 22-23, Buenos Aires.

AUZA, NÉSTOR
1988 *Periodismo y feminismo en la Argentina (1830-1930)*, Emecé, Buenos Aires.

BARNEY, MÓNICA Y DAVID FLEMING
1991 "Filtration gallery irrigation in the Spanish world", *Latin American Antiquity*, vol. 2, Nº 1 págs. 48-68.

BASTERRA, ABEL
1995 "Hallan túneles de hace casi tres siglos construidos por los jesuitas en Paraná", *Clarín*, 6 de abril, Buenos Aires.

BECK-BERNARD, LINA
2001 *El río Paraná, cinco años en la Confederación Argentina 1857-1862*, Emecé, Buenos Aires.

BENOIT, PIERRE
1882 "Casa de Justicia, antiguo Cabildo", *Memoria del Departamento de Gobierno (1881-1882)*, págs. 197-204, Imprenta del Siglo, Buenos Aires.

BIALET-MASSE, JUAN
1968 *El estado de las clases obreras argentinas a comienzos de siglo* (1904), Universidad Nacional de Córdoba.

BILBAO, MANUEL
1934 *Tradiciones y recuerdos de Buenos Aires*, Talleres Gráficos Ferrari Hnos., Buenos Aires.

BISCHOFF, EFRAÍN
1975 "Los túneles de Córdoba: una antigua conseja", *Todo es Historia* Nº 102, Buenos Aires.

BROWN, PATRICK
1929 *El caserón de las brujas*, Jacobo Peuser Ltda., Buenos Aires.

BUENOS AIRES WESTERN RAILWAY
1913 *Underground lines*, Buenos Aires Western Railways Ltd., Londres.

BUSCHIAZZO, MARIO J.
1938 "La construcción del colegio e iglesia de San Ignacio en Buenos Aires", *Estudios* Nº 324, págs. 537-568, Buenos Aires.
1951 "La Casa de la Virreina", *Anales del Instituto de Arte Americano*, vol. 4, págs. 83-91, Buenos Aires.
1967 "La casa del general Pacheco", *Anales del Instituto de Arte Americano*, Nº 20, págs. 87-90, Buenos Aires.

CALDERÓN, ELSA C. DE
1987 "Recoleta", 2ª Parte, *Buenos Aires nos Cuenta*, Nº 13, Buenos Aires.

CALVO, PABLO Y DANIEL SCHÁVELZON
2001 "Cavallo en el túnel del tiempo", *Clarín*, 24 de junio, pág. 14, Buenos Aires.

CASA DE GOBIERNO
1957 *Museo de la Casa de Gobierno, sus antecedentes y características*, Presidencia de la Nación, Buenos Aires.

CORTÁZAR, JULIO
1996 "Texto en una libreta", *Queremos tanto a Glenda*, Alfaguara, Buenos Aires.

COMISIÓN MUNICIPAL
1911 *Actas de la Comisión Municipal de la Ciudad (1867)*, Comisión Municipal de la Ciudad, Buenos Aires.

CONCOLORCORVO
1908 *Lazarillo de los ciegos caminantes*, Biblioteca de la Junta de Historia y Numismática, Buenos Aires.

CÚNEO, DARDO
1938 "Los subterráneos misteriosos de la Casa de Gobierno", *Mundo Argentino*, Nº 1416, 9 de marzo, Buenos Aires.

De Alvear, Carlos M.
1865 "Observaciones sobre la defensa de Buenos Aires, amenazada de una invasión española al mando de...", *La Revista de Buenos Aires* Nº 61, Buenos Aires.

De Paula, Alberto
1984 "Aspectos arquitectónicos del Colegio y sus anexos y establecimientos auxiliares", *Manzana de las Luces, Colegio Grande de San Ignacio 1617-1767*; Manzana de las Luces, Buenos Aires.

De Paula, Alberto y T. V. Tait
1960 "La Capilla de Ejercicios Espirituales del Colegio de Belén en Buenos Aires", *Anales del Instituto de Arte Americano* Nº 13, págs. 83-90, Buenos Aires.

De Paula, Alberto y Ramón Gutiérrez
1973 *La encrucijada de la arquitectura argentina: 1822-1875; Santiago Bevans y Carlos Pellegrini*, Departamento de Historia de la Arquitectura, Resistencia.

Del Pino, Diego
1971 *Historia y leyenda del arroyo Maldonado*, Cuadernos de Buenos Aires, Municipalidad de Buenos Aires.

Edelstein, Isaac
1997 *La cripta del Noviciado Viejo de los jesuitas de Córdoba*, Narvaja Editor, Córdoba.

Esnal, Luis
1996 "Cayó el Rey de los Boqueteros", *Diario Popular*, 9 de noviembre, Buenos Aires.

Faccio, Claudio
1988 "Túneles" (Carta de Lectores), *Todo es Historia*, Nº 252, pág. 96, Buenos Aires.

Fernández, Roxana
1997 "Un nuevo tren irá por un viejo túnel", *Clarín*, 28 de julio, págs. 28-29, Buenos Aires.
2000 "Intentan reconstruir la vida de una familia del siglo XIX (Benoit)", *Clarín*, 22 de enero, pág. 37, Buenos Aires.

2000 "Por primera vez los arqueólogos excavarán Plaza de Mayo", *Clarín*, 2 de abril, págs. 48-49, Buenos Aires.
"En San Telmo está la casa más antigua de la Capital Federal", *Clarín*, 5 de agosto, pág. 65, Buenos Aires.

FIGUEROA REYES, RODRIGO
2001 *Che! Bolú*, agosto, DDB Argentina, Buenos Aires.

FUMIERE, JORGE P.
1969 *Origen y formación del partido de Almirante Brown (1750-1882)*, Archivo Histórico de la Provincia de Buenos Aires, La Plata.

FURLONG, GUILLERMO
1944 *Historia del Colegio del Salvador y sus irradiaciones culturales y espirituales en la ciudad de Buenos Aires 1617-1943*, 3 tomos, Colegio del Salvador, Buenos Aires.
1946 *Arquitectos argentinos durante la dominación hispánica*, Ediciones Huarpes, Buenos Aires.

GALLARDO, ÁNGEL
1918 "Colegio Nacional de Buenos Aires. Visita a los subterráneos", *La Nación*, 10 de octubre, Buenos Aires.
2003 *Memorias*, El Elefante Blanco, Buenos Aires.

GARCÍA, FABIÁN
2001 "Descubrieron un túnel construido para robar una empresa de caudales", *Clarín*, 6 de noviembre, pág. 36, Buenos Aires.

GARCÍA BASALAO, JUAN CARLOS
1979 *Historia de la Penitenciaría de Buenos Aires (1869-1880)*, Editorial Penitenciaria Argentina, Buenos Aires.

GAZANEO, JORGE
S/f "Excavación, consolidación y puesta en valor de los túneles de la Manzana de las Luces", *Manzana de las Luces, 400 años de historia*, Instituto Histórico de la Manzana de las Luces, Buenos Aires.

GENOVESE-OEYEN, STELLA
1946 *La iglesia de San Ignacio*, Instituto Libre de Segunda Enseñanza Técnica, Buenos Aires.

GÓMEZ, ROQUE
1982 "El Colegio de los Jesuitas en Tucumán", *Documentos de Arquitectura Nacional y Americana*, Nº 17, págs. 31-35, Resistencia.
1997 *El conjunto de la Estancia de Tafí del Valle y la arquitectura jesuítica en Tucumán*, Facultad de Arquitectura, Universidad Católica de Tucumán.
1999 "Investigación arqueológica en el Colegio de la Compañía en San Miguel de Tucumán", *Jesuitas: 400 años en Córdoba*, vol. I, págs. 165-174, Córdoba.

GORIS, ESTHER
1999 *Ágata Galiffi: la flor de la mafia*, Sudamericana, Buenos Aires.

GRENÓN, PEDRO
1945-1948 *Mi álbum gráfico de motivos del pasado*, 3 álbumes, edición del autor, Córdoba.
1947 *Un plano de la Universidad*, edición del autor, Córdoba.

GRESLEBIN, HÉCTOR
1920 "El subsuelo porteño. Detalles de los subterráneos en la manzana delimitada por las calles Alsina, Perú, Bolívar y Moreno", *La Unión*, 11 de octubre, Buenos Aires.
1964 "Aspectos de los antiguos subterráneos secretos de Buenos Aires", *La Prensa*, 9 de septiembre, pág. 13, Buenos Aires.
1969 "Los subterráneos secretos de la Manzana de las Luces en el viejo Buenos Aires", *Cuadernos del Instituto Nacional de Antropología*, vol. 6 (1966-1967), págs. 31-73, Buenos Aires.

GRONDONA, IVÁN
2001 Manzana de las Luces (entrevista a Marcela Garrido), *Argentina para Mirar, Buenos Aires* (www.ivan-grondona.com.ar/argentina/historia/hist-1).

GUIDO, BEATRIZ
1970 *Escándalos y soledades*, Losada, Buenos Aires.

GUTIÉRREZ, RAMÓN (DIRECTOR)
1996 *El Palacio de las Aguas, Monumento Histórico Nacional*, Aguas Argentinas, Buenos Aires.
1999 *Agua y saneamiento en Buenos Aires 1580-1930*, Aguas Argentinas, Buenos Aires.

2001 *Buenos Aires y el agua: memoria, higiene urbana y vida cotidiana*, Aguas Argentinas, Buenos Aires.

HERS, ENRIQUE G.
1979 *Historia del agua en Buenos Aires*, Municipalidad de la Ciudad, Buenos Aires.

HONORABLE AYUNTAMIENTO
1864 "Desagüe de la ciudad", *Memoria del Honorable Ayuntamiento 1862-1864*, págs. 147-169, Buenos Aires.

INSTITUTO DE ARTE AMERICANO
1972 *Manzana de las Luces*, Universidad de Buenos Aires, Buenos Aires.

IRÓS, GUILLERMO Y OTROS
S/f *Viejo Noviciado Jesuítico: siglo XVII*, Documento Informativo Nº 1, Córdoba.

KASEL, CARINA
2000 "Exploradores del pasado", *Genios*, Nº 114, págs. 10-12, Buenos Aires.

KIRBUS, FEDERICO
1982 *Guía de turismo y aventuras*, edición del autor (4ª edición), Buenos Aires.

KRIEGER, CARLOS
1968 "Misteriosa Buenos Aires", *Clarín*, 11 de agosto, págs. 22-23, Buenos Aires.
1971 *Túneles con misterio*, Edición República de San Telmo, Buenos Aires.
1982 "Túneles de San Telmo: un poco de historia", *San Telmo Hoy*, Nº 4, págs. 2 y 9, Buenos Aires.
1988 *Los Terceros*, Instituto Histórico, Municipalidad de la Ciudad, Buenos Aires.

LAMAS, EPIFANIO
1977 *Historia de Michelangelo* (folleto distribuido por Michelangelo), Buenos Aires.

LARROCA, JORGE
1967 "El misterio de los túneles coloniales de Buenos Aires", *Todo es Historia*, Nº 2, págs. 84-91; también en *Crónicas de Buenos Aires*, vol. II, Buenos Aires.

Londero, Oscar
2004 "Buscan desentrañar el misterio de la red de túneles que hay debajo de Paraná", *Clarín*, 2 de junio, págs. 30-31, Buenos Aires.

López Coda, Pablo
1992 "Construcciones subterráneas en la Galería Pacífico", en *Túneles y construcciones subterráneas de Buenos Aires*, págs. 2163-2167, Corregidor, Buenos Aires.
2001 "Historia de la Casa Mínima del barrio de San Telmo", *Crítica* Nº 112, Instituto de Arte Americano, Buenos Aires.

López Rosas, José
1984 "Santa Fe subterránea", *El Litoral*, suplemento *La Comarca y El Mundo*, 3 de marzo, págs. 1-2, Santa Fe.

Lorandi, Ana María y Daniel Schávelzon
1991 "Excavaciones en Parque Lezama, Buenos Aires, 1988-1989", en *La Arqueología Urbana en la Argentina*, págs. 37-77, Centro Editor de América Latina, Buenos Aires.

Lorandi, Ana María; D. Schávelzon y S. Fantuzzi
1998 *Excavaciones arqueológicas en Parque Lezama, Buenos Aires, primer informe (1988)*, Programa de Arqueología Urbana, public. Nº 12, Buenos Aires.

Lugones, Leopoldo
1922 "El hundimiento de Buenos Aires", *La Nación*, 9 de julio, Buenos Aires.

Macheroni, Luis
1920 "A propósito del lago subterráneo, alguien que recuerda algunos interesantes antecedentes", *La Nación*, 15 de octubre, Buenos Aires.

Magadán, Marcelo
1986 "Un caso de arqueología arquitectónica" [la Aduana de Taylor], *Summa*, Nº 229, págs. 30-35, Buenos Aires.

Magaz, María del Carmen y Daniel Schávelzon
1994 "Cuando el arte llegó al cemento: arquitectura de grutas y rocallas en Buenos Aires", *Todo es Historia*, Nº 320, págs. 62-70, Buenos Aires.

MANSILLA, LUCIO V.
1955 *Memorias*, Hachette, Buenos Aires.

MANZANA DE LAS LUCES
S/f *Manzana de las Luces, 400 años de historia*, Instituto Histórico de la Manzana de las Luces, Buenos Aires.

MARECHAL, LEOPOLDO
1994 *Adán Buenosayres* (1948), Planeta, Buenos Aires.

MAYOCHI, ENRIQUE
1989 "El misterio de los viejos túneles de Buenos Aires", *Revista La Nación*, Nº 1040, 1 de junio, pág. 24, Buenos Aires.

MAYOCHI, ENRIQUE Y N. POITEVIN
S/f *Manzana de las Luces, túneles del siglo XVIII*, Instituto de Investigaciones Históricas de la Manzana de las Luces, Buenos Aires.

MEGAW, THOMAS Y JOHN BARTLETT
1988 *Túneles: planeación, diseño y construcción*, 2 vols., Limusa, México.

MERNES, MIGUEL ÁNGEL
1991 "Entre Ríos: los túneles de Paraná", *Entrevista* Nº 2, págs. 8-9, Santa Fe.
2002 "Los túneles de Paraná", *Al filo de la realidad*, Revista Electrónica del Centro de Armonización Integral www.eListas.net/lista/afr, 11 págs.

MIGNOGNA, EDUARDO
1999 *La fuga*, Emecé, Buenos Aires.

MILLÉ, ANDRÉS
1968 *Derrotero de la Compañía de Jesús en la conquista del Perú, Tucumán y Paraguay y sus iglesias en el antiguo Buenos Aires*, Editorial Emecé, Buenos Aires.

MOUTOUKIAS, ZACARÍAS
1988 *Contrabando y control colonial en el siglo XVIII*, Centro Editor de América Latina, Buenos Aires.

MUSICH, WALTER
2002 "El mito de los túneles de Paraná", en *El Diario*, 10 de febrero, Paraná.

2004 "Construcciones subterráneas: entre historia y mito", en *Análisis*, 20 de junio, pág. 27, Paraná.

NADAL MORA, VICENTE

1946 *Estética de la arquitectura colonial y poscolonial argentina*, El Ateneo, Buenos Aires.

1947 *La arquitectura tradicional de Buenos Aires 1536-1870*, El Ateneo, Buenos Aires.

1957 "Los subterráneos secretos de Buenos Aires", *Historia*, Nº 8, Buenos Aires.
La herrería artística de Buenos Aires, Dirección General de Cultura, Buenos Aires.

OLIVER, MANUEL

1926 "Buenos Aires a través de 56 años. Cuartel de Plaza Lorea y un misterioso túnel", *La Razón*, 16 de junio, Buenos Aires.

OUTES, FÉLIX

1920 "Hallazgo de un lago subterráneo en la Capital, cuatro manzanas en peligro", *La Unión*, 6 de octubre, Buenos Aires.

1922 *Nómina de sus publicaciones (1897-1922)*, Imprenta Coni, Buenos Aires.

1927 "En un terreno céntrico se comprobó la existencia de una galería subterránea", *La Prensa*, 26 de noviembre, Buenos Aires.

OUTES, FÉLIX Y DARDO CÚNEO

1938 "Los subterráneos misteriosos de la Casa de Gobierno", *Mundo Argentino*, Nº 1416, 9 de marzo, Buenos Aires.

PAEZ, GUILLERMO; NORMA PÉREZ, MARIANO RAMOS Y MARIO SILVEIRA

1999 *Informe preliminar de las excavaciones en La Panadería, Medrano y Costa Rica, Capital Federal*, informe original, Centro de Arqueología Urbana, Buenos Aires.

PAGE, CARLOS

S/f *La cripta del noviciado jesuítico de Córdoba, Argentina*, mecanoescrito, Córdoba.

1999 *La Manzana Jesuítica de la Ciudad de Córdoba*, Municipalidad-Universidad Nacional, Córdoba.

PATTI, BEATRIZ Y DANIEL SCHÁVELZON

1992 "Héctor Greslebin: La búsqueda de un arte y una arquitectura america-

na (1893-1971)", *Cuadernos de Historia del Arte*, Nº 14, págs. 37-63, Mendoza.
1993 "Los intentos por la creación de una estética nacional: la obra inicial de Héctor Greslebin (1915-1930)", *Boletín de Arte*, Nº 10, págs. 11-23, Instituto de Historia del Arte Argentino y Americano, La Plata.
1997 "Lenguaje, arquitectura y arqueología: Héctor Greslebin en sus años tempranos", *Cuadernos de Historia*, vol. 8, págs. 89-123, Instituto de Arte Americano, Buenos Aires.

PAZ MAROTO, JOSÉ Y JOSÉ MARÍA PAZ CASAÑÉ
1960 *Urbanismo subterráneo*, edición de los autores, Madrid.

PEÑA, ENRIQUE
1910 *Documentos y planos relativos al período edilicio colonial en la ciudad de Buenos Aires*, 5 vols., Municipalidad de la Ciudad, Peuser, Buenos Aires.

PILLADO, JOSÉ A.
1943 *Buenos Aires colonial: estudios históricos*, Editorial Bonaerense, Buenos Aires.

PILONI, ZACARÍAS
1999 "Restos de un horno de cal en la calle Estrada: la construcción ratificaría el detalle del Escudo Municipal", *El Diario*, 12 de septiembre, Paraná.

PIÑA, DELIA
2000 "Otra vida cotidiana", *La Nación*, 8 de julio, 4ª secc., pág. 8, Buenos Aires.

PRIGNANO, ÁNGEL
1998 *Crónica de la basura porteña; del fogón indígena al cinturón ecológico*, Junta de Estudios Históricos de San José de Flores, Buenos Aires.

QUATRÍN, ZUNILDA
2000 *La casa de Pierre Benoit, una familia con historia*, informe inédito, Centro de Arqueología Urbana-Instituto Histórico, Buenos Aires.
Museo Mitre: una acción de rescate arqueológico, informe inédito, Centro de Arqueología Urbana, Buenos Aires.
2001 *Los archivos del suelo: plaza Roberto Arlt, informe primera etapa*, informe inédito, Centro de Arqueología Urbana-Instituto Histórico, Buenos Aires.

QUESADA, VICENTE G. (CÉSAR GÁLVEZ)
1998 *Memorias de un viejo (1881-1889)*, Ediciones Ciudad Argentina, Buenos Aires.

RADOVANOVIC, ELISA
2002 *Avenida de Mayo*, Ediciones Turísticas, Buenos Aires.

RAMOS, HORACIO
1992 *El túnel de cargas del Ferrocarril del Oeste*, Interjuntas, Buenos Aires.

RAMOS, MARIANO Y GUILLERMO PAEZ
1999 *Informe sobre los hallazgos de la obra ubicada en el barrio de Flores, Capital Federal*; manuscrito inédito, Centro de Arqueología Urbana, Buenos Aires.

REY, ALEJANDRA
2002 "Secretos bajo la ciudad: datos de la historia subterránea porteña en la web", *La Nación*, 30 de septiembre, págs. 1 y 18, Buenos Aires.

RIANI, JORGE
2004 "La prueba de Mernes o el dibujo imaginado de un artista parisino", en *Análisis*, 6 de agosto, Paraná.
"Túneles históricos versus espacios subterráneos: un debate que generó el calor en la fría noche de mitad de año", en *Cronista Digital*, 18 de julio, Paraná.
2005 "Dentro de los túneles hay... oscuridad", en *Cronista Digital*, 20 de mayo, Paraná (reproduce nota de la revista *Río Bravo* de noviembre de 2004).

RUIZ DÍAZ, SERGIO
S/f *Los túneles del Ferrocarril del Oeste*, www.geocities.com/ferrocarrilesargentinoshoy/Tuneles.htm

SABATO, ERNESTO
1980 *Abaddón el Exterminador* (1974), Seix Barral, Barcelona.
1993 *El túnel* (1948), Espasa Calpe, Buenos Aires.
2000 *Sobre héroes y tumbas* (1961), Planeta, Buenos Aires.

SABUGO, MARIO
1989 "Como toda ciudad que se respete, no faltan los túneles", *Clarín*, 8 de enero, pág. 27, Buenos Aires.

SALAS, ANDRÉS
1987 "Túneles secretos de Corrientes", *El Litoral*, 31 de diciembre, 2a. sección, págs. 1, 6 y 7, Corrientes.
1988 Diversas comunicaciones personales, mecanografiado, Corrientes.

SÁNCHEZ, MARIQUITA
1952 *Cartas*, Ediciones Peuser, Buenos Aires.

SÁNCHEZ SORONDO, FERNANDO
1974 *Crónicas de Buenos Aires: los túneles, las plazas*, sin datos, 2 págs.

SARMIENTO, DOMINGO F.
1961 *Facundo* (1845), edición y notas de Alberto Palcos, Ediciones Culturales Argentinas, Buenos Aires.

SCAVO, CARLOS
1986 "Misterios en la Plaza Roberto Arlt", *Clarín*, 25 de febrero, Buenos Aires.

SCHÁVELZON, DANIEL
1986 "Excavación arqueológica del antiguo Polvorín de Cueli en el Botánico", *La Gaceta de Palermo*, Nº 4, págs. 4-9, Buenos Aires.
1987 *Arqueología e historia de la Usina Eléctrica de Palermo, informe preliminar*, Programa de Arqueología Urbana, publ. Nº 2, Buenos Aires.
El Polvorín de Cueli en el Jardín Botánico: informe preliminar, Programa de Arqueología Urbana, publ. Nº 5, Buenos Aires.
1988 "Puerto, identidad y transición", *Documentos de Arquitectura Nacional y Americana*, Nº 25, págs. 25-31, Resistencia.
La excavación de un aljibe en San Telmo, transformación edilicia y cronología arquitectónica (1865-1895), Programa de Arqueología Urbana, publ. Nº 7, Buenos Aires.
"Los túneles de Buenos Aires: 140 años entre la memoria y el olvido", *Todo es Historia*, Nº 251, págs. 8-35, Buenos Aires.
La excavación de un aljibe en San Telmo, transformación edilicia y cronología arqueológica (1865-1895), publ. Nº 7, Programa de Arqueología Urbana, Buenos Aires.
1989 "El Cabildo de Buenos Aires: la remodelación de Pedro Benoit 1879-1881", *Todo es Historia*, Nº 263, págs. 28-41, Buenos Aires.
El material arqueológico excavado en el Museo Etnográfico, manuscrito inédito, Centro de Arqueología Urbana, Buenos Aires.
1991 "Buenos Aires subterránea; los descubrimientos bajo la Imprenta Coni", *Todo es Historia*, Nº 287, Buenos Aires.

1992 *La arqueología urbana en la Argentina*, Centro Editor de América Latina, Buenos Aires.

Túneles y construcciones subterráneas de Buenos Aires, Editorial Corregidor, Buenos Aires.

1994 Análisis de las botellas de la Cervecería Henault, Tandil, *Arqueología Urbana*, publ. Nº 24, Buenos Aires.

Arqueología e historia de la Imprenta Coni, Buenos Aires, Historical Archaeology in Latin America, vol. 1, Columbia.

1995 *Arqueología e historia del Cabildo de Buenos Aires: informe de las excavaciones 1991-1992*, Historical Archaeology in Latin America, vol. 8, Columbia.

1996 *Excavaciones en la Imprenta Coni, San Telmo*, Corregidor, Buenos Aires.

"El Cotorro: arqueología de un conventillo", *Crítica* Nº 73, Instituto de Arte Americano, Buenos Aires.

1998 *Excavaciones en Michelangelo*, Corregidor, Buenos Aires.

"Los túneles de Buenos Aires", *Seminario de urbanismo subterráneo*, págs. 75-78, Consejo Profesional de Arquitectura y Urbanismo, Buenos Aires.

"Riqueza e importación entre 1800 y 1850: comparación de contextos excavados en Buenos Aires", *1ras. Jornadas de historia y arqueología del siglo XIX*, págs. 132-140, Facultad de Ciencias Sociales, Olavarría.

1999 *Arqueología de Buenos Aires*, Emecé, Buenos Aires.

Rescate arqueológico en Bolívar 238, Buenos Aires; informe inédito, Centro de Arqueología Urbana, Buenos Aires.

2000 *Informe del rescate arqueológico en el lote de H. Yrigoyen 979-981-985*, informe inédito, Instituto Histórico y Centro de Arqueología Urbana, Buenos Aires.

Informe de las observaciones hechas en Paseo Colón 1138-1150, Buenos Aires, informe inédito, CAU-GCBA, Buenos Aires.

2003 "Los túneles de Buenos Aires (1988)", en *Lo mejor de Todo es Historia*, vol. I, págs. 429-465, Taurus, Buenos Aires.

2004 *Buenos Aires Negra: arqueología histórica de una ciudad silenciada*, Emecé, Buenos Aires.

SCHÁVELZON, DANIEL (EDITOR)

1998 *Las ruinas de San Francisco, arqueología e historia*, Municipalidad de Mendoza, Mendoza.

2002 *Buenos Aires arqueología: la casa donde Ernesto Sabato ambientó Sobre héroes y tumbas*, Ediciones Turísticas, Buenos Aires.

SCHÁVELZON, DANIEL; SERGIO CAVIGLIA, MARCELO MAGADÁN Y SANTIAGO AGUIRRE

1987 *Excavaciones arqueológicas en San Telmo: informe preliminar*, Instituto de

Investigaciones Históricas (IAA, FADU, UBA), informe inédito, Buenos Aires.

SCHÁVELZON, DANIEL, ANA M. LORANDI, S. FANTUZZI Y C. PLÁ
1989 *Excavaciones arqueológicas en la Imprenta Coni (Perú 684), presentación de los trabajos de la primera temporada,* Programa de Arqueología Urbana, publ. Nº 14, Buenos Aires.

SCHÁVELZON, DANIEL Y AMÉRICA MALBRÁN
1997 *Excavaciones en la Casa Ezcurra, primer informe,* informe inédito, Secretaría de Cultura, Gobierno de la Ciudad, Buenos Aires.

SCHÁVELZON, DANIEL Y MARIO SILVEIRA
2001 *Excavaciones arqueológicas en San Isidro,* Museo y Archivo Histórico, San Isidro.

SCHÁVELZON, DANIEL Y ANDRÉS ZARANKIN
1992 *Arqueología de San Telmo: excavaciones en la iglesia y residencia jesuítica de Nuestra Señora de Belén, actual San Telmo,* Instituto de Arte Americano, Buenos Aires.

SCHVARTZ, NATACHA
2002 "El pasado bajo tierra: los posibles túneles de la Catedral", *Revista Oh!,* págs. 4-5, San Juan.

SDRECH, ENRIQUE
1991 "En los túneles hay una reliquia histórica: el Polvorín de Cueli", *Clarín,* 27 de noviembre, págs. 36-37, Buenos Aires.

SERÓ MANTERO, GRACIELA
2001 *La casa de María Josefa Ezcurra, una de las viviendas más antiguas de Buenos Aires,* Secretaría de Cultura, Gobierno de la Ciudad de Buenos Aires.

SILVEIRA, MARIO
2000 *Palacio de las Artes, historia y arqueología,* informe original, Centro de Arqueología Urbana, Buenos Aires.

SLAVAZA, MARTA
1999 *Patrimonio jesuítico rescatado por la historia y la arqueología: la Estancia de Alta Gracia y el Real Convictorio de Montserrat,* manuscrito, La Plata.

SOBRÓN, DALMACIO
1997 *Giovanni Andrea Bianchi: un arquitecto italiano en los albores de la arquitectura colonial argentina*, Corregidor, Buenos Aires.

SOIZA REILLY, JUAN JOSÉ
1911 "Una pesquisa policial: ¿dónde están los dos anarquistas?", *Caras y Caretas*, 28 de enero, Buenos Aires.

TARTARINI, JORGE
2001 *Arquitectura ferroviaria*, Colihue-Cedodal, Buenos Aires.

TERO, CARLOS
1957 "Los túneles secretos de Buenos Aires", *Mundo Argentino*, N° 2469, 25 de junio, págs. 22-24, Buenos Aires.

TISCORNIA, RUTH
1982 *La política económica rioplatense a mediados del siglo XVII*, Ediciones Culturales Argentinas, Buenos Aires.

TJARKS, GERMÁN
1966 "Innovaciones de Liniers en el fuerte de Buenos Aires", *Boletín del Instituto de Investigaciones Históricas*, vols. VII/VIII, nos. 11-13, págs. 222-223, Buenos Aires.

UDAONDO, ENRIQUE
1922 *Reseña histórica del Templo de San Ignacio: 1722-1922*, edición del autor, Buenos Aires.

VIDAL, BLAS
1904 "Una excursión por los subterráneos de Buenos Aires", *Caras y Caretas*, 26 de marzo, Buenos Aires.

VIDELA, EDUARDO
2000 "Los túneles del Cabildo sacan a luz vestigios de la Buenos Aires colonial", *Página/12*, 19 de noviembre, pág. 20, Buenos Aires.

VILARDI, JULIÁN
1940 "El Cabildo de Buenos Aires y el arquitecto Pedro Benoit", *La Prensa*, 15 de septiembre, Buenos Aires.
El Cabildo de la ciudad de Buenos Aires, ensayo histórico, edición del autor, Buenos Aires.

WEISSEL, MARCELO
1997 *Arqueología histórica en la plaza Roberto Arlt, 1er. Informe,* Secretaría de Cultura, Gobierno de la Ciudad de Buenos Aires (manuscrito).

WEISSEL, MARCELO Y COLABORADORES
2000 *Arqueología de rescate en el Banco Central de la República Argentina,* Comisión para la Preservación del Patrimonio Histórico Cultural de la Ciudad, Buenos Aires.

WEISSEL, MARCELO Y SILVANA DI LORENZO
1997 *Arqueología pública en la plaza R. Arlt,* informe inédito, Buenos Aires.

WILDE, JOSÉ ANTONIO
1969 *Buenos Aires desde 70 años atrás,* Eudeba, Buenos Aires.

WILLEMSEN, PABLO
1994 *Cronología edilicia, instalaciones sanitarias y material cultural recuperados en Chile 830, San Telmo,* publicación Nº 21, Centro de Arqueología Urbana, Buenos Aires.

WERNICKE, EDMUNDO
1918 *Memorias de un portón de estancia,* edición del autor, Buenos Aires.

WULLICH, MARIANO
1998 "Vive sepultado el enigma de los túneles de Paraná", *La Nación,* 9 de noviembre, Buenos Aires.

ZABALA, RÓMULO Y ENRIQUE DE GANDÍA
1980 *Historia de la ciudad de Buenos Aires,* 2 vols, Municipalidad de la Ciudad, Buenos Aires.

Índice

III. EL ESTADO ACTUAL DEL CONOCIMIENTO Y LOS ESTUDIOS DE ARQUEOLOGÍA URBANA

IV. DEL BAÑO A LA COCINA: SACANDO AGUA, TIRANDO BASURA

V. TÚNELES PARA TODOS LOS GUSTOS

VI. LOS TERCEROS, O LOS ARROYOS FANTASMAS DE LA CIUDAD (Y OTROS RÍOS ENTUBADOS)

VII. TÚNELES POR TODO EL PAÍS: ¿DIFUSIÓN, IMITACIÓN O SEMEJANZA?

Esta edición de 3.000 ejemplares
se terminó de imprimir en
Verlap S.A.,
Comandante Spurr 653, Avellaneda, Bs. As.,
en el mes de noviembre de 2005.